基于多维视角的英语语言学研究

于慧川 著

中国纺织出版社有限公司

内 容 提 要

本书是关于英语语言学多维探索与研究的著作，由前言、认知语言学研究、文化角度下英语语言学探究、英语语用学研究等部分组成。全书针对全球化背景下语言学研究发生的深刻变化，从多个视角对英语语言学进行了分析，将语言理论和言语实践紧密结合，同时重点研究了语言学理论新的发展趋势。本书对英语语言学研究人员与教育工作者均具有较高的学习与参考价值。

图书在版编目（CIP）数据

基于多维视角的英语语言学研究 / 于慧川著 . -- 北京：中国纺织出版社有限公司，2020.12

ISBN 978-7-5180-8086-1

Ⅰ . ①基… Ⅱ . ①于… Ⅲ . ①英语－语言学－研究 Ⅳ . ① H31

中国版本图书馆 CIP 数据核字（2020）第 210061 号

策划编辑：李满意　　责任编辑：张　强
责任校对：寇晨晨　　责任印制：王艳丽

中国纺织出版社有限公司出版发行
地址：北京市朝阳区百子湾东里 A407 号楼　邮政编码：100124
销售电话：010—67004422　传真：010—87155801
http://www.c-textilep.com
中国纺织出版社天猫旗舰店
官方微博 http://weibo.com/2119887771
三河市华晨印务有限公司　各地新华书店经销
2020 年 12 月第 1 版第 1 次印刷
开本：710 × 1000　1/16　印张：16.5
字数：287 千字　定价：65.00 元

前 言
PREFACE

科学技术的迅猛发展与教育理念的变革使人们的思想观念更丰富、更趋多元化，学科既深度分化又高度综合，这些变化既拓展了外国语言文学的外延，又深化了其内涵。随着全球化深入发展，国与国之间的相互依赖、相互依存明显增强，全球化趋势对人类社会的影响涉及经济、政治、教育、社会及文化等各个领域，为外国语言文学创设了新的发展环境和条件。在这个进程中，我国外语界就全球化背景下外国语言文学的使命和责任、外语教育规划、外语学科发展路径、外语人才培养模式等理论和实践问题进行了积极的探索，为推动我国经济社会发展、促进中外文化交流、培养高素质国际化人才做出了重要贡献。在全球化背景下，我们面临进一步提升高等教育国际化水平、繁荣发展哲学社会科学、扩大中国学术的国际影响力和话语权、增强国家文化软实力、增进国际理解的艰巨任务。哲学社会科学要繁荣发展，既要“请进来”，也要“走出去”，对本国传统文化精髓，既不狂妄自大，也不妄自菲薄；对外国优秀文明成果，既不全盘照搬，也不一概否定。在全球化时代面前，我国学术发展更需要世界眼光、国际视野和“海纳百川、有容乃大”的广阔胸怀。面对新形势、新任务，外语院校和外语系学科有独特的和不可替代的优势，有责任、有义务、有能力推进外国语言文学的内涵发展、质量提升、品牌建设，服务于整个国家学术的发展，服务于国家外交战略能力的大幅提升。

英语语言学这门学科自建立发展到今天已经取得了丰硕的成果。尤其是在现代科学技术的帮助下，人们对英语语言学的研究范围越来越广，新的分支点不断出现，可以说，英语语言学的研究前景将是十分美好的。本书涵盖了语言学研究概论、语言理论与英语教学、英语教学中的语言与文化、文化视角下的英语语言学等，立足理论、突出多维视角，充分且系统地对语言学进行了研究与阐释。本书从多个维度对英语语言学进行了相关研究，旨在推进我国英语语言学理论与实践方面的研究，同时为英语语言学在当代社会中的发展开辟新思路。

于慧川
2020 年 5 月

目录
CONTENTS

第一章　语言学研究概论

语言学揭示了语言及人类的本质。无论哪一种语言学，都需要回答语言的本质问题。从不同的角度看，语言呈现出不同的本质。语言学家研究的角度、方法不同，因此就形成了不同的语言学流派。然而，一种语言学流派，无论它占据多么重要的地位，占据地位的时间有多久，它总会被修正和取代。因此，语言学的价值不在于具体结论，而在于认识论和方法论的价值。在语言学的历史中，无论哪一种流派，哪一个分支，它们之间异同共存是毋庸置疑的。语言在人们的社会生活中扮演着重要的角色，它是人们传达信息、进行交流的重要依据。虽然语言对于人们来讲非常重要，但人们对它的了解却很少甚至将许多与语言有关的现象当成是理所当然的。因此，本章对语言学的相关理论知识进行概述。

第一节　语言学概述

一、语言与语言学

（一）语言及其存在形式

一般来说，人们对语言这一对象的理解与实际生活是密切相关的：语言就是我们所说的话。这样的理解当然不能算错，但很不全面。如果有人问下面几个问题，没有学过语言学的人可能就会犹豫了：任何一个人都不可能掌握他所用语言的所有内容，但是，即便对所掌握的对象没有经过双方或多方验证，交际者彼此也能进行不同层次、不同风格的交流，为什么？既然人的思维能力与方式总体上没有什么区别，为什么世界上有这么多不同种类的语言及其结构形式？语言构成成分有哪些单位？它们之间又可以构成哪些关系？等等。

语言学告诉我们，语言是一种符号系统，是通过系统且组合复杂的声音传达包罗万象的意义和情感等内容的交际工具。从形式上看，语言对我们来说，首先能感知到的是表达意义的声音——语音。语音是由人类根据自己的发音器官发出的语音单位所组成的复杂系统，而且每个民族的语言都有自己的语音构成成分与构成特点。从内容上看，语音所承载的意义——语义，则是由一个个具体单位——语素或词、词汇、句子来表现的，而这些意义不仅包括客观世界本身状态，也有相当程度的认识者的主观态度，甚至有些纯粹是人主观虚构出来的。从组织结构上看，语言除了语音、语义和词汇外，还需要一个将它们串联起来表达复杂内容和思想情感的手段——语法，也就是说，仅仅有了上述三个部分，我们并不能完整、准确地表达自己的意思和情感。比如现代汉语里，假设有三个词（他、看、书），它们有六种组合形式：他看书、书他看；他书看、书看他、看他书、看书他。比较后发现，第一个组合是完全可以独立使用的句子，第二个则必须在特定的语境中才有效，如对比性表达：书他看，电影他也看。而其他四个组合在通常情况下就难以成立了。主要原因就在于这三个词都有自己的语义关系属性。在以语序和虚词为主要语法手段的汉语里，只有其中的两种组合才合理地拼接了成分、有效地传达了意义。但是，同样是这三个词［He（him）、read、book］，如果是简单地直接组合，在英语里就产生不了一个有效的句子，但如果按照英语的组合手段，在词上或词间附加上形态手段，则可以产生多个有效的句子（He reads a book./ He is reading a book./ He read a book./He has read that book. 等）。这是因为在英语等形态语言系统里，有效句子除了基本词语成分和意义外，还有格、时、数等语法范畴，而且必须有相对应的语法形式来表达。可见，语言并不是一个成分零乱且组合简单的使用工具，而是一个由语音、词汇、语义和语法四大部分构成的符号体系，其内部构成复杂、组织严密且功能强大。

另外，从历史的角度看，任何一个语言系统都会发生不同程度的有规律的变化，这些变化有的是社会文化原因所促成的，有的则是语言系统内部相互变化促成的。因此，语言又是一个变动的社会文化现象。语言从本质上看，是一个成分众多、组织严密的符号系统，但由于它的组成成分并不都是可以看得见、摸得着的有形物体（如笔、自行车、计算机等工具），更重要的是制约各类成分得以有效运行的规则系统（如各类语法意义和语法手段等）也同样系统而又抽象，因此，对大多数人来说，语言符号仍然是个时刻离不开但又难以捉摸的东西。但语言又以实实在在的、具体的形式活跃在我们的生活中，那就是运用语言的行为及其所产生的结果——言语，言语包括言语活动与言语作品。如果拿象棋作比，语言就是象棋的形式构成——棋盘、棋子和制约棋子在棋盘上运作的规则，而象棋的实际运行及其无限多样的棋局就是言语。

语言与言语之间具有紧密的联系，也有明确的区别。概括起来说，两者的联系主要体现为：言语是源头，有了大量的言语实践，才会从中概括出一定的规律，因此，言语是语言的存在形式，语言依存于言语。从人类语言的原始状态来说，语言作为符号系统应该不是先验地以完整的形式提供给人类的。相反，就目前语言学的认识而言，人们普遍认为语言是人类自身创造的，也就是说，语言是人类的祖先在实践中随着生产活动的发展、人脑结构的复杂，以及思维的进化等逐渐形成的，这就是言语活动。在长期的言语活动中，人类发展并接受了能使言语行为成为相应民族思维工具和交际工具的制约规则，这便有了语言。就个人来说，生活中的每一个人，之所以能灵活地进行言语交际，创造不同的言语作品，是因为在纷繁复杂的言语行为背后潜藏着为使用者共同约定为规则的对象，也就是语言。

首先，语言是社会性的，言语具有个人性。作为规则，语言对所有人都具有相同的制约效应，它是社会约定的结果。正因为如此，才有所谓的"语言规范"问题，才有对言语活动产生的正确或错误的反应，因此，语言符号及其规则系统是相对稳定的。但语言的这种社会性是就其基本结构与功能而言的，是语言工具性的必然反映，它并不否定言语的个人色彩。相反，在遵守语言规则的基础上丰富多彩的言语行为正是语言的最大目标，因此，具体的言语带有明显的个人性，而这也是促使新的言语规则产生的源泉，是语言发展的动力。

其次，语言是抽象的，言语是具体的。正如前面所说的，语言是制约言语活动的规则，是通过具体的形式及其组合而实现其思维功能、交际功能的系统。语言功能要求其规则系统对使用者来说具有抽象的属性，而不能是单个的、临时的，不允许任何具体的言语行为之间没有共同的规则属性，否则使用者将不胜其烦。语言具有抽象性，使它成为社会的共同交际工具成为可能，也使用有限的符号表达无限的内容成为可能。与语言不同，言语则是运用语言符号规则使用特定场景进行思考和表达的过程与结果，有独特的临时性。例如，"苹果"，其基本意义应该包括"落叶乔木，叶子椭圆形，花白色带有红晕，果实圆形，味甜或略酸"，但具体语境中的"苹果"在形状和色彩及味觉等方面是独一无二的，也正因为言语有了具体性，语言才可以具体感知。因此，语言是相对稳定的抽象系统，而言语是灵活多变的具体实体。

言语是语言的存在形式，它又具体表现为两种样式：口语和书面语。口语就是人们通过发音器官发出声音以表达意义和情感的言语体系，这是语言的原始存在形式。对人类来说，文字产生以前的语言只有口头形式。在文字产生并出现大量文献以后，口语就不一定只是通过发音器官发出声音以表意的言语系统了，有些用文字记录在书面上的言语作品也可以是口语，如古代文献中记录人物对话的文字；另外，从口中说出来的也不一定就是口语，如我国古代的历史文献及很多文学作品在通读时、现在电视主持人在读新闻稿时等，其言语就不属于口语。口语一般来说有这样几个主要特点：可以充分利用声音和体态，如声音高低、长短等的变化，表情手势等；用词浅显易懂，俚俗成分多；句子短小，结构欠完整，语序灵活，常出现省略、倒装等现象；表层语义欠完整，多需要语境的补充，关联成分少；话题灵活，焦点转移较快。

书面语就是长期使用文字记录口语所形成的书面言语体系。相对于口语，书面语是第二性的，是在口语的基础上产生和发展的。从社会角度看，书面语应该是在文字产生很长时间后逐渐形成的。需要注意的是，文字是书面语言得以产生的必要条件，并不是说凡是文字记录的都一定是书面语。书面语的特征主要体现在言语表达上：不能直接利用语音及其他辅助手段表达思想和情感；在词语的选择上，偏向于典雅甚至运用古语词、成语等；句子较长，结构严密完整，语序相对稳定；语义表达主要由具体话语（篇章）来实现，关联成分少有省略；话题集中。书面语具有相对的独立性，能有效地促进口语的发展。可见，口语和书面语之间有着十分密切的关系。

另外，我们还要注意语言与副语言的关系。语言是人类最重要的思维工具和交际工具，但不是唯一的。人类除了以语言符号作为交际工具外，还有其他的辅助工具，这些辅助工具就是副语言。副语言包括两大类型：一类是直接在语言符号的基础上产生的依赖于语言的辅助工具，如文字、盲文、电报代码及交通信号、有附着体的各类示意符号、徽标等；另一类就是相对独立的体态语（包括表情、姿势、动作等）、音乐用语等。

（二）语言学

1.语言学的产生

语言自人类社会产生时就已经产生了，但关注语言本身并研究它，是以后的事。对已有文献的研究表明，人类社会对语言本身加以关注并形成文字成果的最早是在公元前 4 世纪，古印度出现波尼尼撰写的系统的《八章书》（*Astadhyayi*，也作《梵语语法》或《语法规则八章》），列举了 3996 条韵文体的规则。古印度语法学家已经对词类（分为名词、动词、介词、小品词）、构词法以及语音学等做过深入的研究。欧洲的语言学研究最早可以追溯到公元前3世纪前后。到了公元前3世纪，柏拉图识别了名词和动词（也称主词和述词），亚里士多德在《诗学》中划分出八种“叙述”成分（单音、音节、连词、冠词、名词、动词、格和句子），他在《修辞学》中注意了语言的运用。亚里士多德对词类的认识对以后的语法创建起到了促进作用。此后，古希腊出现了亚里斯塔尔库斯、狄奥尼修·特拉克斯等哲学家。前者著有《读写技巧》，在这部只有十五页的书中，作者提出了自己的词类分析体系与形态分析，为后来的希腊句法分析打下了基础；后者在其《语法术》（国内也有人称《希腊语语法》）中讨论了希腊语法，并划出八大词类：名词、动词、形容词、冠词、代词、前置词、副词、连接词。公元前1世纪罗马人瓦尔罗写就的二十四卷本的《拉丁语研究》（*De Lingua Latina*）对词源学和结构学等做了论述。此后，一直发展到17、18世纪西方产生的普遍唯理语法，为即将到来的现代语言学奠定了基础。

在我国，从春秋时期起，就有文献记载了先人对语言的关注（如荀子等人对符号性质的论述、孔子对语言及其表达艺术的讨论，《左传》《穀梁传》《公羊传》等对《春秋》语言的注释等），并在秦汉之际出现了世界上最早的词典《尔雅》。西汉时期出现了我国历史上第一部真正意义的语言学专著——扬雄编纂的《方言》，该书汇集了当时能收集到的不同地区的方言词语，运用同义解释法进行描写说明。到东汉时期出现了另一部重要的语言学专著——刘熙撰写的《释名》。该书概述模仿《尔雅》的体例，但从分析范围与方法上都有较大改变。该书具有重要的语言学价值，对认识当时的社会文化也有很好的参考意义。大约在公元100年前后，东汉经学大家许慎编纂了我国第一部完备的字典——《说文解字》，以“六书”理论将9353个汉字划为540个部首，并从形、音、义的角度进行简单明了的解释。由此开始，逐渐形成了独具中国特色的训诂学、文字学、音韵学等“小学”。

但早期人类对语言的研究有一个共同的出发点，就是训释古代的经籍，为学习、了解前人的文献服务，附庸于经学，即所谓“小学”（也称“语文学”），其目的不是探求语言产生、内在结构等的本质和规律。因此，有些学者认为，其研究总的说来与严格的现代意义的语言科学尚有一定差异，但他们的研究为现代语言学的产生做了充分的准备，是现代语言学产生的基础。

到了19世纪初，由于西方国家全球殖民扩张，加上科学的发展，人们的交往和商业活动突破了国家的界限，语言更加受到关注，西方的一些语言学者如丹麦的拉斯克、德国人J.格里姆、葆朴、洪堡特等人开始用比较的方法研究不同语言之间的关联，主要是欧洲语言之间以及欧洲语言与亚洲语言之间的关联。到了 19 世纪中叶，历史比较语言学已经较为成熟，这是语言学史上真正将语言作为学科对象对其自身特征、规律进行独立研究的开始，标志着语言学的诞生。

世界上最早的较为全面探讨语言一般属性的，一般认为是德国学者洪堡特为其著作《论爪哇岛上的卡维语》所写的引言《论人类语言结构的差异及其对人类精神发展的影响》。而现代语言学产生的标志性论著是瑞士语言学家德·索绪尔的《普通语言学教程》。在此后的近一个世纪里，世界上先后产生了结构主义语言学、转换生成语言学、社会语言学、认知语言学等主要流派，语言学成为人文社会科学研究的一个重要门类。

2.语言学的研究对象与学科类型

顾名思义，语言学就是研究语言及与语言有关的对象、行为的科学。从对古籍经典个别词义的训释到现代语言的运用，从探讨某一种语言的内部结构规律到寻求不同语言之间的亲属关系，从归纳古今音韵关系到探索语言文字的信息处理……它们都属于语言学的研究对象。总的说来，根据研究的方法与目标，一般把语言学分为理论语言学和应用语言学。

语言学与社会科学（包括人文科学）之间关系的密切程度是远甚于自然科学（包括技术科学）的。语言是历史文化和社会文化的核心因素，社会科学各学科的研究既离不开语言文字资料（包括古典文献和现代文献），又离不开语言的研究（包括社会科学各学科对语言文字的研究和语言学本身对语言的研究）。一方面，语言学理论、方法和成果对社会科学其他学科已经并正在产生重大影响；另一方面，语言学又从其他社会科学当中吸取理论、方法、成果来丰富和发展自身的研究领域。因此，语言学和其他社会科学之间的边缘学科，伴随着社会科学的交叉研究和分化发展，显现层出不穷、欣欣向荣的趋势。最近一个世纪对语言学的研究大致经历了一个从静态到动态、从单一封闭的研究到多学科交叉研究的过程。研究范围从一开始的语音学（phonetics）、音位学（phonology）、语法学（grammar）、词汇学（lexicology）等，到后来的功能语言学、心理语言学、社会语言学、认知语言学、文化语言学等。

相应地，语言教学也由原来的教授语言单位（包括词素、词、词组、句子各个层级）的音、形、义转向注重功能教学、文化教学，以及对学习者主动性因素的关注，等等。语言的多学科属性越来越受到重视。语言能力是人类认知能力的一部分，有其生理、心理机制；语言是一种社会现象，是人类传输信息、交流思想、沟通情感的工具，具有社会性；语言又是每个民族文化的组成部分。一方面，语言是文化的载体；另一方面，语言又影响着民族文化的发展，具有鲜明的人文性。这种多角度的研究视角无疑深化了我们对语言的认识，不仅在观念上对外语教学极具启发意义，而且为外语教学的多角度、全方位研究提供了理论、方法、研究手段直至研究成果。虽然并不是所有语言学基础理论都可以直接应用于外语教学，但是要使外语教学有长足发展，没有语言学理论的支持是绝对办不到的。

理论语言学旨在从一般意义上归纳、分析语言的基本特点及结构、功能等。从范围上看，理论语言学又可以分为个别语言学和普通语言学。个别语言学一般分析具体研究某一种语言的构成成分、结构关系等共同特点，以及该语言的历史发展状况和规律。以汉语为例，现代汉语、古代汉语就是对汉语在不同时代语言特点的研究，包括汉语语音、词汇、语法等在内的汉语发展史（汉语史）研究。普通语言学（也称一般语言学）则在此基础上寻找归纳世界语言的共同特点，探求人类文化在语言上的种种表现。应用语言学最初主要是指研究语言教学中的理论和方法的学科，对第二语言教学的研究是其中发展最充分的。但随着语言学研究的深入和社会的发展，应用语言学范围逐渐扩大，现在一般广义的理解是：把语言学理论运用于和语言有关的领域的研究及语言规划、文字改革、语言文字信息处理，甚至日常言语行为等都属于应用语言学。

二、语言的外延

对于语言的外延，这里主要介绍其结构与建构两个方面。

（一）语言的结构

语言是音义结合的词汇和语法体系。语言包含的所有结构要素都有规律地相互联系和制约，构成一个统一的整体。在语言体系中，词汇就像语言的建筑材料。词汇主要包括词和熟语，其中的词是能够独立使用的最小单位，主要由词素构成。而词素是语言中最小的单位，不能再继续划分。例如，英语中的 manly 是由词根 man 和后缀 -ly 两个词素构成的，汉语中的“奶牛”是由“奶”和“牛”两个词素构成的。熟语是词的固定组合，如英语 cast pearls before swine，汉语“对牛弹琴”等。需要指出的是，词汇不能脱离语法的支配，只有在语法的支配下，词汇才具有可理解的性质。

语法是指语言的组织规律。在一定的语法规则的支配下，词素可以构成词或词性，词可以构成词组，词组可以构成句子。词素构成词的规则为构词规则，词搭配成词组的规则为造词规则。语法规则是语言中现成的，它们构成语言的语法，用来组织词汇单位，所以可以将其称为“语言的建筑法”。构词规则即构词法，构形规则即构形法，构词法和构形法合称词法。词法可进一步分为词素分类和词类。构造词组的规则即词组构词法，造句规则即造句法，词组构词法和造句法合称句法。句法又分为词组类型和句型。

词汇和语法都是音义结合的。这里的“音”即语音，是作为语言的物质外壳而存在的，其最小单位是音素。这里的“义”即语义，是语言的意义内容，其涉及词汇意义、语法意义和修辞意义三个方面。对于语义来讲，语音就是表现形式，没有语音的物质形式，语义也就不能得到表达；但是如果只有语义形式而没有语义内容，那么语音也就不能称之为语言单位。总之，语言是以语音为物质外壳、以语义为意义内容、音义结合的词汇建筑材料和语法组织规律的体系。语言体系是在人类历史的发展过程中形成的，是客观存在的，是约定俗成的，具有较强的稳定性。此外，各语言体系还具有民族性。因此，在学习和研究语言的过程中，必须对语言体系及其结构要素间的关系予以足够的重视。

（二）语言的建构

建构的含义主要包括两个方面：一是指利用语言体系中的材料构成话语，二是指利用话语中的创新，在其约定俗成之后，充实语言结构体系。语言的建构有两大特征：连续性与阶段性。这两大特征是辩证统一的关系。连续性使语言结构不断衍生和发展，从而为人们日益改变的交际需要服务；相比之下，阶段性使语言趋于平衡和稳定，从而保证人们日常交际的需要。阶段性使得语言结构相对稳定，能够保证交际的需要；而连续性使得语言结构不断发展，能够满足不断增长的交际需要。任何语言的结构都是在交际和思维活动中建立起来的，并通过使用逐渐形成，形成之后也不是固定不变的，而是不断发展的。因此，建构是动态的。在语言交际过程中，建构无数新话语的同时，话语中的创新成分不断丰富语言体系。

综上所述，语言结构和语言建构是相互联系、相互作用的。如果语言结构离开了语言建构，那么语言结构就不能适应社会交际的需求，语言体系就会显得匮乏。因此，语言学在继续研究语言结构的同时，还应研究语言建构的基本规律，以促进语言的发展。

三、思维模式差异及其对语言的影响

思维方式与文化密切相关，是文化心理诸特征的集中体现。同时，思维方式又与语言密切相关，是语言生成和发展的深层机制。英汉不同的思维方式表现在各自的语言中，对语言产生了较大的影响。

（一）思维方式与语言、文化的关系及特征

思维方式是沟通文化与语言的桥梁。一方面，思维方式与文化密切相关，对文化心理诸要素产生制约作用。思维方式的差异是造成文化差异的一个重要原因。另一方面，思维方式又与语言密切相关，是语言生成和发展的深层机制，而语言又促使思维方式得以形成和发展。语言是思维的主要工具，是思维方式的构成要素。思维以一定的方式体现出来，表现于某种语言形式之中。思维方式的差异也是造成语言差异的一个重要原因。语言的使用体现思维的选择和创造，翻译的过程不仅是语言形式的转换，而且是思维方式的变换。从人类思维的整体上看，思维方式具有时代特点、区域特点、社会特点和民族特点，四者纵横交错，构成网络结构。思维方式是历史的产物，不同的历史时代有不同的思维方式。思维方式反映该时代的社会形态和文化特征，体现该时代的社会生产力、科学发展程度、认识水平、实践方法和时代精神。中国传统思维方式具有反馈性、再现性和稳定性的特征，而西方思维方式具有明显的阶段性。如西方近代的思维方式受实验科学的影响，其特点是注重分析性和精确性，以及抽象思维能力的提高；注重形式逻辑，把形式逻辑视为思维必须遵循的最高法则；注重认识的客体，也注重认识的主体，以及自我意识的增强。

19 世纪以后，特别是 20 世纪以来，人类的思维方式发生了巨大的变化，加上东西方思维方式相互吸收、相互渗透、相互补充，形成了现代的思维特点：一是注重综合性、系统性。特别是系统论、信息论和控制论等知识运用到思维科学领域形成了现代系统的综合思维方式。二是注重形式化、符号化。用人工语言（表意符号）代替自然语言，暂时撇开符号所代表的意义而着眼于形式来描述事物的结构和规律，把对事物的研究转为对符号的研究，思维更具对象性、客观性和精确性。三是注重创造性、多样性。现代思维方式注重立体性、发散性，着眼于新的观念、角度、层次、程序、途径和方法，思维类型越来越多样化，具有创造性。四是注重动态性、超前性。现代人善于用发展、变化的观点和方法思考问题，注重时间的纵向思维和空间的横向思维有机结合。五是注重东西方思维方式互补并重、辩证运用。

（二）中西方思维方式差异对语言的影响

中西方思维方式比较研究表明，英美民族善于抽象思维，汉民族趋于形象思维。从语言结构看，英语是综合性语言，重形合，英美民族以分析性思维为主导；汉语是分析性语言，重意合，汉民族以综合性思维为主导。

1. 直觉思维与理性思维对语言的影响

汉民族的思维方式以直观、感性为主，侧重知觉、体验、感悟。汉字是象形文字，是直觉思维的具体体现。汉字符号系统常常与所指（referent）有联系，它的任意性（arbitrariness）程度低于形态语言，而意象性则高于形态语言。汉语是形象语言，采用表意文字。表意文字以取象为主，是对自然事物的模仿。汉字本身就具有“人文形象的审美信息”。如日、月、山、水、火、田等都是对大自然的直观反映。表意文字的自释性很强，视觉语义分辨率很高。如“人”字好像分腿而立的人的形象；“雨”字中的四点表示雨滴；“明”表示日月；“掰”表示两手分开之意；“月”和“日”在甲骨文中就是月亮和太阳的形象。古人云：“以字解字，其义字明；左形右声，动逢其源。”王力先生指出“汉字是属于表意体系的文字。字形和意义有明显的关系，分析字形有助于对本义的了解。”意符相同的形声字，在意义上大都和意符所标示的事物或行为有关。例如，以“贝”为意符的形声字，如“财”“贿”“货”“资”“贷”“赠”“贵”“贸”“赐”等都是与财物有关的词；以“言”为意符的形声字，如“语”“访”“谈”“请”“读”“谋”等都是和言语有关的词。据统计，汉字中80%左右是形声字。英语是声音语言，采用表音文字。表音或拼音文字与其反映的客观事物之间没有任何联系，文字在表达客观事物的概念时具有任意性，其音素组合的任意程度很大，信息量很低，词的形式和词义之间没有理据性（motivation）。除合成词和少数拟声词外，英语的单词都是自辨性的，与汉语相比，其相应的英语单词大多只说明功能，极少具备事物的形象性。

2. 综合思维与分析思维对语言的影响

综合思维指在思想上将对象的各个部分联合为整体，将它的各种属性、方面、联系等结合起来。分析思维指在思想上将一个完整的对象分解为各个组成成分，或者将它的各种属性、方面、联系等区分开来。英汉思维方式存在较大差异。英美民族的思维是个体的、独特的；而汉民族的思维是整体综合的、概括的。就用词和词义而言，汉语偏好种（类）概念的词，即泛指，词义概括；而英语偏好用属概念的词，即特指，词义较具体。如“酒”可以构成很多词，这些词在英语中则以不同的词来称呼：wine（葡萄酒），spirits（烧酒、烈酒），beer（啤酒），champagne（香槟酒），cocktail（鸡尾酒），gin（杜松子酒）。中国人习惯于综合概念、整体把握，不求形式分析和逻辑推理；英美人则注重个体成分的独立作用及相互之间的关系，强调形式分析和规则的制约。这一思维方式导致汉语表意较模糊，而英语表意较准确。例如，中国人若问“你吃饭没有？”“饭”可指早饭、午饭或晚饭，但从问话的时间就明白问话人的所指，不需细问到底是指“早饭”“午饭”还是“晚饭”。而英语则不同，需要将早餐（breakfast）、午餐（lunch）和晚餐（supper）分得清清楚楚，相当准确。

3. 形象思维与抽象思维对语言的影响

汉语思维模式是形象的、直观的，体现在语言上，汉语用词倾向于具体，常以实的形式表达虚的概念，以具体的形象表达抽象的内容。而英语思维则是概括的、抽象的，体现在语言上，英语倾向于使用表达同类事物的整体词来表达具体事物或现象，用词倾向于虚。汉民族倾向于由具体到抽象的联想综合。汉语中往往用形象可感的成语如“举棋不定”“破釜沉舟”“刻舟求剑”等来寓理，也用由具体并列的词组成的词语指称概括意义，如“锅碗瓢盆”泛指一切厨具；“吹拉弹唱”指所有戏曲音乐活动；“红男绿女”指那些身着盛装的人们。在汉语词库中有许多诸如“冷冰冰”“硬邦邦”“黑乎乎”等重叠词表达具体可感的形象。

由于汉民族传统的思维方式多注重类比推导，故汉语中有很多固定格式供这种思维和表达使用，如“救火”应是“救人”的类比，“打扫卫生”是“讲究卫生”的仿造，“养病”是“养生”的衍生。同样地，像“吃食堂”“恢复疲劳”等搭配在语法上悖理，但在语义上却很清楚。英美民族习惯于抽象理性的思维，常用抽象概念的词语表达一些具体的事物和现象。例如，Comparable statistics are the basis of a single monetary policy（可比统计表是单一货币政策的基础）。

第二节　语言学的研究方向

一、语言的基本属性

（一）任意性

这里的任意性是就语言符号的两个基本方面——声音和意义。任意性是指声音和借助声音表达的意义之间没有必然关系这一属性。如果将符号与指称对象即客观世界、行为及人的内心感受等放在一起，其关系就更为复杂。任意性是符号所具有的基本要求，也是语言的最基本属性。语言的任意性是造成世界语言多样性的最重要的原因。语言的任意性首先表现在语言符号的音义联系的约定俗成上，也表现在语言单位组合方式选择的差异上，如汉语言单位的组合手段主要依靠语序和虚词，而西方形态特征明显的语言则主要借助复杂且规则严格的形态手段，也许个别具体的组合特征可以有认知意义的解释，但从总体上看，不同类型的语言之间的差异很难有发生学意义上的理由。另外，语言系统中意义单位所产生的附属色彩也只能从民族文化习惯上去解释。

理解语言的任意性要注意两点：首先，任意性是就音义联系的最初阶段而言的，即最初用什么声音表达什么意义没有理据可言，不过一旦两者建立联系并应用后，音义之间的关系就有强制性了。例如，今天汉语里就不能再用“狗”去指称“两条腿走路，会制造工具，能说话的动物——人”这个对象，除非是修辞的需要——骂人，或语言发展的结果——词语更替。其次，任意性是就语言的最小音义单位——语素或单纯词而言的，如“天、美”等或“desk，pen，hand”等。对语言系统中以单纯词为基本单位构成的复合词来说，音义之间往往可以解释，如汉语中的“课桌、电脑、手指、向日葵、缝纫机”等，英语中的“blackboard、supermarket、coalgas”等，就是代表。

（二）线条性

符号的样式有多种，各类符号表意的形式也有差别，如视觉符号中的标记、图案，其中的构成成分就以平面甚至立体图形排列表意。而语言则是通过将组成单位（一般为词）按照线性排列的方式传达意义或情感，在口头上表现为语言单位只能以时间先后为序一个挨一个地说出来，无法同时说出两个以上的单位；在书面上则表现为必须按单向线状排列记录语言单位的文字（在中国古代，书写顺序为从上到下、从右向左，现代则为从左到右）。语言符号所具有的这种必须单向先后排列的特点就是其线性特征。

（三）系统性

任何一种语言都是由大量的语言单位构成的，从最小的音素，到音义结合体语素、词及由词构成的句子等，无论从结构要素上说，还是从结构关系上看，语言都是一个结构庞大、体系严密的系统。从结构要素上看，语言系统是由层次分明、单位明晰的各级单位构成的，如最小的单位音位可以构成最底层系统：绝大多数语言都有 30 ～ 50 个单位，这些音位各有自己的区别性特征，如 /f/ 为辅音，/a/ 为元音，辅音又有唇音如 /p/、齿音 /f/ 等的不同，这些音位根据不同的特征形成不同的聚合系统，同时，它们又可以根据特有的规则形成更大的结合体——音节。最小的音义结合体也是一个完整的系统，数量庞大，但彼此也会因意义类型、功能特征等形成聚合系统，同样也按一定规则形成高级单位——词。至于最小的构句单位——词则更是数量庞大、功能复杂，但彼此之间也同样各因自己的意义和功能特征而起着独特的作用。因此，总的看来，语言是一个由数量众多且层次分明的单位组合成的复杂体系。各个层面的诸多单位则通过某种属性形成聚合群，并按照一定的规则组合成更大的单位。

从结构关系上看，语言体系的构成单位虽然众多，层次也非常分明，但如果没有一个严密而复杂的组合关系，这些单位也形同散沙，难以运用。从语音层面看，在现代汉语里有 10 个元音，22 个辅音，但并不是任何两个音位结合都可以构成有效音节；语素构成词时，要受到结构和意义的制约，由词构成句子时，同样受到语义关系和结构关系的制约。可见，各级语言单位在形成有效结构时要受到严密的组合关系的制约。

从这里可以看出，语言符号不仅是一个构成严密的层级系统，而且符号单位之间存在着两种基本的关系：横向上看，符号与符号之间有复杂而严谨的结构组合关系，这种关系存在于语言符号的各个层面，如音素（或音位）可以按照规定的结构规则组合成音节，语素可以组合成词，直至词或词组按照规则组合成句子。纵向上看，在一个复杂的符号链上可以被替换的单位之间构成同功能聚合关系，符号的聚合关系属性也同样存在于任何一级单位中。就音位而言，辅音可以因发音部位构成不同的聚合类，也可以因发音方法构成不同的聚合关系；就词而言，英语里凡是在句子中有“数”的变化形式的词，构成了独立的类——名词。因此，组合关系和聚合关系是语言符号系统内最基本的关系，因为它们使得具有层级特征的语言系统更加完整严密，语言符号也因此能够满足人类复杂的交际需要。

（四）社会性

所谓社会性是就语言与社会具有本质意义的联系而言的。人类是社会性的动物，从有了人类活动开始，彼此之间就再也无法真正地隔离，否则将难以单独面对与其他动物的残酷竞争、团体性的协作、社会性的劳动等，必然地要求作为沟通工具的语言符号的产生。是人类的社会性决定了语言的兴起，这也是人类与其他动物相互区别的一个根本性标志。

语言对人类社会的维系与发展起到了重要作用，同时，人类社会的发展也促进了语言系统自身的发展。从汉语词语的语音形式看，先秦汉语单音节词是词语的主要形式，这种形式适应了当时的社会需要，但随着文化的发展、思想的进步，到近代汉语时，双音节形式逐渐多了起来，最后形成了现代汉语词语双音节化的特点。从语法手段看，先秦汉语里的时态体标记缺乏，从中古开始，本来属于实词的“着”“了”“过”逐渐虚化，最后语法化成固定的表达语法意义的手段。这也是语言随着社会的发展，对表意严密和精确的要求在语法手段上的必然反映。词汇的丰富、发展与社会的关联就更加明显了。

语言与社会关系密切的另一个表现就是，不同的社会系统接触，伴随着物质、思想层面的碰撞变化，语言也会有相应的反应，如汉语自东汉时期与古印度语接触后，大量吸收了佛教的词语。16 世纪特别是 19 世纪以来随着与西方社会的交往，汉语吸收了丰富的来自英语等系统的词汇甚至语法结构。当然，现代英语也从汉语中吸收了不少汉语的词语。

语言的产生与发展与社会紧密相关，它的消亡也与社会的消亡有密切关系，当某种语言不再为社会交际需要，不再作为社会的交际工具使用时，它也就走向了消亡。西方古拉丁语及我国古代契丹语的消亡就属于这类情况。

（五）文化性

语言符号不是自然现象，是人类社会在长期发展过程中产生和运用的工具，是人类区别于动物的标记，作为人类文化的必要构成成分之一，还是记录文化的载体，并受文化的浸染，负载着浓厚的文化信息，甚至作为文化因子而参与新的社会现象的产生与发展。美国文化人类学家对此有过精彩论述：

全部文化或文明都依赖于符号。正是使用符号的能力使文化得以产生，也正是对符号的运用使文化延续成为可能。没有符号就不可能有文化，人也只能是一种动物，而不是人类。

没有音节清晰的语言，我们就不会有人类的社会组织；没有语言，我们就不会有政治、经济、宗教和军事的组织；没有礼仪和道德规范；没有法律；没有科学、神学和文学；除了猿猴水平的戏外，不会有游戏和音乐。没有音节清晰的语言，礼仪和礼仪用品就毫无意义。实际上，没有音节清晰的语言，差不多等于丧失了使用工具的能力，正是音节清晰的语言，才使类人猿那种偶然动用工具的活动，转变为人类具有进步性和累加性的使用工具的活动。[1]

语言的文化性可以从以下几个方面看。

首先，用声音表达复杂丰富的思想、情感等是人类独有的，而且会因不同的民族、地域有不同的表现。那些反映人类对客观事物等有概括抽象反映的词语、句子就不必说了，即便是简单的表示摹声、感叹的词句，不同的语言表现也不完全相同：模拟狗叫，汉语用“汪汪”，英语则用“bow-wow”；模拟鸟

[1] 怀特 . 文化的科学——人类与文明研究 [M]. 沈原，译 . 济南：山东人民出版社，1988：13.

飞的声音，汉语用“呼呼或嗖嗖”，而英语用 whir，如“A bird whirred past”；表示感叹，汉语用“哎哟”，而英语则用“ouch!”表示。

其次，对于同一个对象，不同民族或地方的人往往有不同的认识，用不同的形式去记录。如亲属称谓，在不同语言里差异很大。汉语对父辈男性亲属，属父系的有“伯伯”“叔叔”“姑父”等的分别，属母系的有“舅舅”“姨夫”，但在英语里，只用 uncle 就可囊括了。

再次，某一个客观对象或主观认识，在不同语言里其基本的认识属性相同，但也可能在附属色彩上有很大区别。如（三色）紫罗兰（pansy），在汉语和英语中，其植物学意义是一样的，但在英语里却引申出一个附加意义来：女性化的男子或同性恋的男人。

最后，语言的文化性还可以表现在语言单位的组合手段上。应该说，人类的思维能力和形式并没有很大差异，但进行思维和表达思维的工具——语言，其面貌差异却非常大，以至于不经过专门学习就无法彼此交流。这一点在语言单位的组合手段上表现明显。如“她坐车去上学”，用英语来说，就不能简单将几个词直译出来，必须说成“She goes to school by bus”。有人从认知语言学的角度研究认为，汉语词语组合时的语序体现出明显的时间顺序原则，而英语则更突出目标原则。很显然，句法上的这种属性也是不同的社会赋予的。

二、语言学研究的新审视

传统语文学转型为现代语言学后发展迅速，无论是普通语言学的基础理论研究，还是音位学、音系学、语义学、语用学、语体学、认知语言学、语法哲学、实验语言学、计算语言学、交际语言学、语言风格学、汉字编码研究、神经语言学、心理语言学等分支语言学的研究都有重要进展。音韵学、文字学和训诂学等传统的小学研究也在已有研究成果的基础上进行理论总结，借鉴现代语言学方法建立起理论框架，进一步拓展了研究领域。如音韵学加强了近代音的研究，考探方言底层现象，利用当代方音来论证语音史，通过民族语与汉语相互接触影响的比较来研究上古语音，形成语音史的研究；文字学注重从语言的角度研究文字，既结合语音史、词汇史进行古文字研究，又拓展了近代俗字和现代汉字的研究；训诂学则不仅仅考证生僻词语，而且更注重结合词汇学和语法学的理论来考释词义，探讨常用词的演变，揭示实词虚化的语法化和词组凝固为词的词汇化过程，开拓了词源学、语义学、词汇史的研究。

迄今为止，我国的语言学已取得了前所未有的长足发展，日益趋于现代化，而任何一门科学的现代化看起来是如何走向未来的，实际上就是如何以当代意识来发扬光大传统。因此，从学术上对传统的追溯和反思，实际上是寻求科学自身发展的道路。语言学也是如此。语言学的科学发展既需要21世纪当代意识，也需要根据现实的需要，在传承中发明，融文化传统于现代，发掘中华民族勃发生机的源泉。传统语文学的转型是由孔子、孟子开启的，由毛亨、郑玄建构的，由董仲舒、王弼、朱熹、戴震等历代学者所发展形成的两汉经学、魏晋玄学、宋代理学、清代朴学的进一步发展，传统语文学转型为现代语言学可以说是时代发展的必然，而文献典籍中蕴含的我们中华民族的内在精神依然是我们民族发展的灵魂所在，也是中国“小学”即传统语文学发展的灵魂所在。

继承和创新是语言学赖以生存和发展的前提。没有继承，存在就失去了基础；没有创新，发展就失去了动力，两者是相辅相成的。古人留给我们的文化遗产是十分丰厚的，据初步统计，现存古籍至少在10万种以上。前人留下的文献典籍是我们的宝贵财富。实际上，中国古代语文学研究在作为经学附庸的同时，正是以语文阐释的特殊方式参与了当时重大的和基本的文化问题的探讨。然而转型后的现代语言学随着学科的越分越细，渐渐偏离了原有的阐释传承经典文化的传统，失去了体现现实之需要、通过心理解释以阐发新义、“反之身已心行，推之民人家国”而有所教益的精神。具体表现在如下三个方面：

第一，语言学作为一门领先的学科逐渐趋于与自然科学的学科等同，限于技术科学层面而偏离人文思想层面，往往把一些简单的语言现象分析得非常抽象和复杂，剥离了人的因素和人的作用。众所周知，语言学作为一门领先的学科，其研究的内容与人的活动密切相关，语言的意义不只限于语言系统内部，而是植根于人与客观世界互动的过程。语言结构和意义的形成与人的认知和经验等密切相关。研究语言的起源要涉及人类学和考古学，研究词汇学、文字学、音韵学、语法学同样要考虑到人的因素。

第二，语言学的各分支学科间缺少必要的交流，研究现代汉语和研究古代汉语、研究词汇和研究音韵、研究语法和研究文字等往往各不相关。语言的词汇、文字、语音、语法等彼此关联，构成一个相辅相成的系统。现代科学的发展和学科的划分促进了语言研究的深入，却造成了彼此间的互不相干。如医学分心血管科和脑神经科、内分泌科和肠胃科等，各科分工明确，甚至随着医学研究的进一步深入，还可能发展到有的牙科医生只看门牙，有的牙科医生只看乳牙。语言学也是如此，随着音韵学的研究进一步深入，可能有的学者只研究声母，有的学者只研究韵母，有的学者只研究声调。

第三，语言学的研究渐渐游离于传统的文献学外。由于今天所传文献多为后时资料，一些语言学研究往往没有建立在必要的文献学研究的基础上，而文本的研究和语料的考证历来是语言研究的基础。文献是语言研究的基础，同一文献在传承中总会有或多或少的衍误脱略，有一些文献还有不同程度的增补修订。

上述三个方面究其根源，皆与西学东渐的影响有关。21 世纪科学技术的突飞猛进迅速改变了人类的社会生活和生存方式，世界范围内的文化交流打破了人们封闭的心态和狭窄的视野，而信息的网络化正在推动全球趋于一体化，国际强势“话语霸权”下的西学影响也正在制约着文化的多元性，并且继续深刻地影响着我们的社会发展和日常生活。汉语研究在国际强势“话语霸权”下将何去何从？中国会如何发展？世界又会如何发展？如何顺应现代化的国际潮流而更新强化自身生活世界的话语权和价值取向？这都将是值得我们认真思索和寻求答案的重要课题。中国语言学要创新，变革是必要的，吸取新学是在变革中求生存求发展的唯一出路。然而意识到要变革，还要考虑怎样变革，即传统的更新何去何从？怎样才能融入新学而贯通古今中西？西化似乎在某种意义上代表了现代化，而现代化是全球化的大势所趋，不西化没出路，但舍去自身传统的西化更没有出路，较好的选择应是多元化。他山之石，可以攻玉，我们要与国际接轨，尤其要融会贯通先进的新理论和新方法，但不能只是穿洋装而已，不能邯郸学步，跟在一些隔靴搔痒甚至是与汉语风马牛不相及的洋说法后亦步亦趋。正如人都要吃饭，中餐和西餐都是吃的，但各有自己的特点。同样，人都会说话，而汉语与其他语言具有共性，同时又有自己的特性。语言学本质上仍然是一门人文科学。它也与其他人文科学一样，可以尽量利用技术科学的帮助进行它的工作，但是其自身不会变成一门技术科学。具体而言，可以关注以下三个方面。

（一）注重文本的研究和语料的鉴别

我们要吸收和借鉴西方语言学的理论和方法，注重原创性，但原创性理论本质上不可能是借鉴得来的，只可能生长在自身传统的坚实土壤之中。没有经过踏踏实实基础研究的材料不可能是扎实可靠的语料，用这种语料进行语言研究或者得不出什么结论，或者得出的结论有问题，不大可能有经得起检验的成果。没有扎实可靠的语料，原创性理论就没有生长的土壤，学术上也不会有什么建树。传统与现代是紧密相连的，不能割断传统去空构空谈原创性理论。近年来随着现代科学技术的高速发展，人类利用文献信息的方式正在朝着数字化、电子化、网络化方向发展。运用现代信息处理工具，建立大容量的汉语文史资料库，从而对有关语言现象进行多方面的统计分析，这已成为语言研究的先进手段。目前，我们面临的任务是全面了解各个时段的文献概貌，兼容并蓄不同的文体和内容，系统而有选择地先整理一些重要的、有代表性的文献，理清其文本系统；然后输入计算机，建立有关这些文献的既反映各个时代汉语的面貌特点，又彼此相辅相成反映各时代词语发展演变脉络的系列语料库；揭示出汉语古今演变的脉络，推动汉语史研究的深入进展，使中国传统语言学研究由笼统的定性分析走向现代语言学研究科学的定量分析。如《朱子语类》既是朱熹与其门人讲学问答的实录，也是文人口语的实录，既有书面语成分，又有口语成分，不仅反映了朱熹的思想演变脉络和当时的社会生活状况，而且也反映了当时语言的使用状况和古今汉语演变的概貌，尤其是一些讲学内容，几个弟子都有记载，生动地体现了朱子的理学思想和宋代的民情习俗。这些详略不同的语录形成互补，可以参证，文献史料的可靠程度较高，具体地反映了宋以前汉语原有单音词和唐宋以来新产生的复音词并存的语言事实，以及上古汉语和近代汉语相交叉的中间状态，其不仅是研究宋代语言的一座宝库，而且也是研究近代汉语发展规律的一部重要文献，对汉语演变发展史的研究具有重要的价值。

（二）古今中西的贯通和视野的开阔

语言是一个开放的系统，语言总在不断地发展着。新词的产生、旧词的衰亡、词语的兴替、语音和语法的演变，使得语言系统的新旧质素总是处于动态变化之中。语言的变化和发展同社会的发展息息相关，任何语言的发展都会打上不同时期历史、政治、社会、文化的烙印，特别是在历史大变革时期。现代汉语的形成也不是一朝一夕的突变，而是经历了一个文言与白话此消彼长的漫长过程。清末民初是中国社会急剧发展变化的时期，中国由一个两千多年超稳定的封建社会一下子在短短的几十年经历了封建社会的没落、资产阶级的改良、外来势力的入侵、西学东渐、马列思想的传播等一系列重大的撞击，发生了巨大的变化。

一方面，外国的侵略使中国沦为半殖民地；另一方面，人们对西方思想、文化和科学知识有了进一步的接触和了解。在中西文化的激烈碰撞和交融中，秦汉以来的白话由文言的附庸，借助时代的大变革，取代文言而赢得了现代汉语书面语的正统地位，成为新的语言系统。现代汉语是在秦汉以来不同地域方言白话的基础上融合而成的，随着时代的发展，在中外各民族的交往中不断丰富和发展。古今语言的新旧质素共融和交替，旧义的延续和新义的诞生共存于现代汉语，形成了绝对动态演变、相对静态聚集，杂源而一统、同处而异彩的语言特色，相当于一个压扁了的立体平面叠置着从历史上各个时期传承下来的不同历史层次的词语和当代产生的新词新义。因而古代汉语和现代汉语是汉语的源和流，中国语言学研究的传承和创新要溯源及流，而不能割裂两者相互传承的源流。

现代汉语中的复合词大多是由词组词汇化凝固而成的，很多双音词在发展过程中都经历了一个从非词的分立的句法层面的单位，到凝固的单一的词汇单位的语法化过程，即由短语词或词组演变为词。词组好比混合物，不同的物质仅仅混合在一起；由词组演变而成的复合词则好比化合物，不同的元素经过化学作用，已经结合为一种新的物质。一般来说，单音词大多数是多义的，而由它们组成的复合词大多数是单义的，因而单音词组合成的词组凝固成复合词，实际上也就是多义的单音词抽象虚化或简化成为单义的双音词，即由多义虚化或简化为单义的词汇意义的演变，同时也可以看作由词组虚化凝固为词的一种词汇语法化现象。近年来，学术界在双音词的语义描写或不同阶段、不同类型双音词的数量比较等方面已取得了相当可观的成果。然而汉语史研究发展到今天，我们已不能只满足于对某一时期或某一专书做穷尽性调查、分类和抽样式列举，把不同的材料填入相同的框架，对一些变化事实做粗线条的勾勒；而要进一步在描写的基础上贯通古今，对其演变原因、制约演变的条件及演变所经历的具体过程等做出分析和解释，探寻其演变规律。

（三）人文因素的关注和时代的意识

语言是人类思维的载体，具有社会交际职能。语言中词的产生是建立在大量认识基础上的一种对这些认识成果的凝结，体现和标志着相关的认识成果，反映了人们对这一事物的认识状况。事实上，词之所以有意义，之所以能够作为它所指称的对象的符号，就在于它体现了经验事实，凝结了人们的认识成果。这也就是语言能够影响思维并在思维中发挥作用的原因。语言的词义系统实际上是整个客观世界与人类主观精神凝结的体系，具有反映外界客观事物的功能。人作为说话的有机体是心理学家和精神病学家的研究对象，但是在语言学家中近来有一种趋势，就是偏重研究语言现象中的更省力、更整齐、更清晰、更正规的方面，而把更有意义的和更具体的东西丢在一边。

文化的定型与语言的定型相关联。从初始意义上来说，语言起源于对“实”的命名，语言最初的本质是名与实的关系，但语言在发展过程中逐渐挣脱物质实在的束缚，超越名实对应关系，意义发生衍变、转化，从而抽象化、符号化，最后成为超越物质实在、超越主体而自足的世界，即语言的世界。人的思想、知识、信仰等既来源于经验世界，也来源于语言世界。语言世界形成后，人的认识过程不再是单向地从客观现实世界到符号世界（观念世界），而是包括从语言世界到现实世界和从语言世界到语言世界这两种模式。中国古代文化在春秋战国时期形成正是文言在春秋战国时期形成之时，中国古代文化在两千多年内没有发生根本性变化，从某种程度上也可以说正是因为文言在两千多年内没有发生根本性变化。中国文化的现代转型正是文白的转型，秦汉后的古白话发展至五四时期，在西学东渐中确立了现代汉语书面语的地位，中国现代文化也就确立了。汉语由文言演变为白话和白话由不登大雅之堂到登堂入室取代文言文，在某种程度上也是我们传统文化与现代化相融合的发展过程，因而剖析先秦至明清白话典籍中反映的文白演变现象，探讨现代汉语书面语系统的形成就既要从语言自身的内部原因出发，也要从社会发展的外部原因着手，才有可能廓清汉语古今演变发展的脉络，揭示文言文分离和文言文转变为白话文由量的积累到发展为质变的内在规律。

三、大数据时代语言学研究的发展方向

（一）大数据时代的思维方式

产生于通信技术创新与发展的大数据使人们得以全面感知、收集、分析和共享语言信息，同时为人们提供了一种全新的看待世界的方法，“让数据说话”的思维方式改变了传统的“八九不离十”的思维方式。全球性问题需要全球性思维，全球性思维需要由全球头脑来支撑。在小数据时代，看山是山，看水是水；头痛医头，脚痛医脚。而在大数据时代，看山不是山，看水不是水；头痛可医脚，脚痛可医头；宇宙只有统一的法则，而没有中心，形成的是点对面的网状相连关系，而非点对点的线性因果关系。大数据时代的思维之道是群蜂之道，信奉群体规律和集群智慧，众愚可成智。群体规律是大数据定律，大数据定律也是必然定律，由无形之手操纵。网状世界，没有中心，没有边缘，没有开始，没有结束，周而复始，互为因果。大数据可避免偏见，消除纠结。人们不受时空和形式的限制，全天候、全方位地进行点对点、点对面的交流。以大数据理念观察事物，世界的均衡是暂时的，流变是必然的，均衡的生态系统是僵死的系统，多样化的生态系统是绚丽多姿的系统，是开放多元的系统，也是不断流变的系统。以大数据视角看待语言生态，就是以网状的整体论和循环论观点看待语言和语言数据。数据不仅是名词和代词，更是动词和介词，甚至是

助词、副词和修饰词。数据既是逗号和句号，也是引号和问号，甚至是省略号和惊叹号。数据既是因之果，也是果之因，甚至是一种多重叠加的并行关系或串行关系。

（二）大数据时代为语言研究带来的新机遇

信息时代在给当今的语言研究带来挑战的同时，也为实现上述转变提供了新的契机。之前提到的转变实质上更多的是方法的转变，即从内省方法到数据驱动方法的转变。数据驱动意味着语言研究也可以具有或应该适应信息时代的另一个特征，也就是我们今天常听到的“大数据”。虽然“大数据”这个提法不太严谨（因为“大数据”除了规模大之外，还具有种类多、处理速度快、价值密度低等特点），但无论是“大数据”还是“厚数据”，说的都是我们正处在一个数据唾手可得的时代。对于语言学家而言，我们应该更看重“数据”这个时代特征，更关心数据驱动的语言研究方向，而不只是数据的多少。换言之，我们更应该关心的是能用数据来解决哪些语言学问题，或者能发现哪些过去我们注意不到或无法研究的语言规律。从这个意义上说，数据为我们提供的是一种研究范式，一种观察研究对象的方法和工具。

首先，基于数据的方法为我们提供了感知研究对象的量化维度，令我们对研究对象有一个更清晰、更精确、更细微的认识。宛如从不同的距离和视角观察同一个事物，从宏观到微观，随着观测距离的推近与拉远，人们所看到的世界及给人们带来的体验会很不一样。更多的真实语言材料有助于更深入而真实地反映语言的概貌。基于数据的方法能反映语言的一些本质特征，其中一个特征是语言的概率性。例如，在以内省法为研究手段的语言学中，打星号（“*”）标记的句子，按母语者的语感是不符合语法或不能接受的。然而在日常生活中，这些打了星号的句子实际上有相当一部分人在使用。大量研究表明，人们理解或产出的语言，按照规定性语法，并不是“能接受”与“不能接受”的绝对二分，而是介于两者之间。假如有大量语言数据的支撑，那么在很难描述某种说法的合理性时，也就便于更细致地区分语法上可接受的程度。此外，数据能更好地帮助我们研究人类的语言规律和认知规律之间的关系。我们知道，语言是个符号系统，而以往的很多研究把人与语言分离开来，只做纯粹的形式符号分析。但实际上，语言是由人驱动的符号系统，或更精确地讲，是一种复杂的适应系统。语言的结构模式和演化规律均受到生理、心理、认知等内部因素，以及自然、社会等外部因素的综合影响。其中，内部因素的普遍性决定了语言的共性，外部因素的差异性造就了语言的多样性。一方面，认知普遍性在一定程度上决定了语言的普遍性。例如，递归被认为是人类语言最本质的特点，但实际上递归并不是无穷的，三层以上的递归现象在实际使用中很少出现。人不能完全等同于机器，人是受到认知因素约束的。另一方面，人生活在一定的自然环境和社会环境中，自然、社会、文化等因素可能会对语言有所影响，从而形成了世界上多种多样的语言。因此，从大量来自真实语言运用的数据出发，有助于我们更好地发现或解释人类语言的普遍性和多样性。

第三节 语言学分类

一、语言学的分类

（一）具体语言学和普通语言学

将语言学分为具体语言学和普通语言学是立足研究对象的语言学分类。具体语言学指研究某一种或若干种语言或方言包括三种类型：一种语言或方言，（如普通话、粤语）研究、亲属语言历史比较研究（如汉藏语言学、突厥语言学）、无亲属关系语言类型对比研究（如日汉对比研究、汉维对比研究）。普通语言学概括各类具体语言的研究成果，探讨人类语言的共同规律和一般原理。尽管人类语言多种多样、千差万别，但蕴含着共性结构特点和演变规律。普通语言学的目的是揭示人类语言的共同结构特点和演变规律，以及这些普遍规律在各种语言或方言中的表现类型。具体语言学是普通语言学的基础，语种研究得越多、越深入，普通语言学的内容就越丰富，概括就越全面。随着具体语言研究的深入，人们会不断发现一些新现象，概括出一些新规则，这就需要加强理论探索，丰富和发展普通语言学。另外，普通语言学以其基本原理指导具体语言研究。脱离普通语言学原理研究具体语言，会局限于个别事实或传统方法，从而影响研究效果。

（二）共时语言学和历时语言学

将语言学分为共时语言学和历时语言学是立足时间维度的语言学分类。共时语言学主要关注语言一定发展阶段的状况，如现代汉语、近代汉语、中古汉语、上古汉语等。它主要描写特定时间段的语言结构要素及其相互关系，关注语言共时结构系统及其规律。历时语言学主要考察语言不同阶段的发展变化，比如，汉语史、英语史、俄语语音史等。它重点关注历时变化的语言现象和规律，探讨语言要素和语言系统从古到今的连续性，其研究成果可以进一步解释共时语言现象和规律。共时和历时研究的关注点虽然不同，但不可截然分开。一方面，语言始终处于发展变化之中，任何一个共时语言项目既是历时演变的结果，也是共时变异的开始；另一方面，时间和空间不可分割，如果同时考虑时间和空间维度，就很难确定界限分明的语言共时体系。比如，同样是现代汉语的声调特征，不同方言的声调数量有明显差别。方言分布的空间差异反映了语言演变的时间差异。同一个方言区里，声调也会有差别，同一个方言点中不同社会特征的人如语言背景、年龄、性别、阶层、受教育程度不同，其声调特征也会有所差异。语言共时变异能够反映语言的历时变化，因此，语言共时描写是相对的，应充分考虑语言的历史发展和社会因素，其导致的共时变异语言的历时研究以共时描写为基础。语言共时现象是历史发展的结果，又是继续发展的起点。只有系统描写语言的共时体系，才能有效开展历时研究。比如，直接比较现代汉语和上古汉语，许多现象难以说清楚；如果比较汉语历史发展的连续性特点，就可能得出符合语言演变实际的认识。因此，语言共时体系性和历时连续性相辅相成，既相互独立又不能截然分离。正确的研究方法是，把语言共时研究和历时分析有机结合起来。

（三）理论语言学和应用语言学

将语言学分为理论语言学和应用语言学是立足理论与应用的分类。理论语言学发现语言事实，总结语言规律，形成科学原理，与普通语言学没有严格的区别，甚至可以说是同义词。理论语言学和应用语言学使用不同的名称，只是着眼点或比较对象不同：普通语言学与具体语言学相对，理论语言学与应用语言学相对。理论语言学关心语言实践提出的问题，理论联系实际，解决应用问题，其根本任务是系统阐述语言学的基础理论，为应用语言学提供科学原理、原则及方法论等方面的指导。应用语言学既要利用理论语言学原理，又要研究应用过程本身，即选择合适的语言理论解决实际问题。用什么样的理论原理，怎样运用，怎样有效解决实际问题，这是应用语言学的课题。应用语言学在运用语言理论的同时，不断向理论语言学提出新的问题和要求，促使理论语言学不断发展。

（四）微观语言学和宏观语言学

将语言学分为微观语言学和宏观语言学这是立足学科体系的语言学分类。微观语言学主要研究语言结构系统即语言本体，不大涉及其他领域；宏观语言学不仅涉及语言结构系统，还关心语言本体的相关方面。微观语言学可以进一步分为语音学、音系学、语义学、语法学、词汇学、词典学、词源学等；与语言学有关的交叉学科一般可归入宏观语言学范畴。微观语言学是宏观语言学的基础。宏观语言学可以拓宽语言研究视野，扩大语言研究领域，主要目的有三：一是加深语言本体的研究，即从不同角度加深对语言结构特点和语言本质特点的认识；二是解决立足语言结构本身无法解释的语言现象和语言事实，使语言研究更具解释力；三是为语言学的相关学科提供材料、论据和研究方法。微观语言学和宏观语言学是相对的。事实上，无论是微观语言学还是宏观语言学，都离不开语言本体研究。同时，无论结构语言学还是交叉学科，都可以有微观和宏观研究之分。比如，语言结构的描写分析是微观研究，在描写分析的基础上做综合性的理论和方法论探讨是宏观研究；探讨语言结构和社会结构的共变规律是微观社会语言学的研究课题，探讨语言使用、语言规划、双语教育等应用性问题，是宏观社会语言学的任务。即使在应用性研究中，也还有微观和宏观之分。比如，语言使用个案研究，即某一调查点语言使用状况的调查属于微观研究，而在一系列个案研究的基础上做综合性研究则是宏观研究；调查分析某一类双语教学模式是微观研究，在此基础上综合分析或比较双语教学模式则属于宏观研究。语言研究应将微观分析和宏观探讨有机结合起来。

二、语言学与相关学科

语言活动深入人类社会生活的一切领域，只要有人类活动的地方就需要语言。这种情况必然会使语言的研究和其他学科发生密切关系。在语文学时期，语言研究就和各种古文献的研究密不可分，它的成果是哲学、历史学、考古学、文学、政治学、经济学、逻辑学、社会学、民族学等学科所必须利用的，可见语言研究在这些社会科学中已占据重要地位。随着科学技术的发展，语言研究不仅与社会科学，而且还和很多自然科学有着密切的关系。运用语言进行交际的过程是瞬间的事情，却包含着一系列复杂的问题。如果借用信息论的术语来说，这一过程大体上可以分为“编码—发送—传递—接收—解码”五个阶段。说话人为了表达某一信息，首先需要在语言中寻找有关的词语，按照语言的语法、语义规则进行编码；说话人力求编码清晰明确，避免失误。编码完成，通过发送器输出。口语的发送器是肺、声带、口腔、鼻腔、舌头等发音器官。信息一经输出，说话人的发音器官所发出的声音就通过空气等通道传递，到达听话人的一方；听话人的听觉器官开始运转，接收信息，并进行解码，将它还原为说话人的编码。这里的每一个阶段都需要进行专门的研究，这种研究自然与语言的研究有密切的关系，但又不是语言学所能独立完成的。编码和解码是交际过程的两个根本环节，人类大脑怎样进行编码和解码，需要和心理学等学科合作，进行深入的探索。很多学科都从自己关心的角度来研究语言。生理学研究语言的发音原理，物理学研究语言的音响传递，心理学关心语言的听觉接收，神经学研究语言在中枢神经系统中的生理基础，病理学通过说话的种种现象判断和治疗失语症，情报学研究语言的情报编码以便储存和使用，等等。以上学科与语言学的交叉形成了实验语音学、病理语音学、神经语言学、心理语言学等交叉学科。

语言是一个交际工具，在长期的语言实践中与使用者、使用场景等形成特定关联。因此，人们又可以从一些社会角度来观察、分析语言，形成了社会语言学、性别语言学、方言地理学、语用学、话语语言学等分支学科。随着文化交流的频繁，不同民族之间的交往对语言学研究提出了更高的要求。语言学的研究则为其间第二语言的教学、语言比较提供了理论和实践条件，形成了以第二语言教学为基础的应用语言学。

20 世纪 40 年代以来，科学技术的发展突飞猛进，某些领域要求实现交际过程的机械化、自动化，因而语言研究与通信工程等学科的关系越来越密切。例如，为了改进和扩大语音的传递方式，发明了录音设备，乃至利用激光通信设备。为了保证通信质量，提出了通信清晰度的问题；为了提高通信线路的效率，使它负荷最大数量的通信量，提出了多余信息的压缩问题。再如，深水、外层空间、极度嘈杂环境下的通话及保密通信等，也各有自己的特殊问题。这些问题需要声学、无线电电子学、实验语音学、通信技术、信息论、控制论、符号学等学科来研究解决；它们在解决这些问题的时候又需要利用语言研究的成果，因而向语言研究提出了一些特殊的要求。例如，语言信息的处理需要将语言符号转换成各种代码，如何有效地编码、译码，以便在机器中使用，就产生了计算机、数学与语言学的结合，从而出现了计算语言学。语言学正在日益开拓它和现代科学技术的协作领域。

由此可见，语言学既是一门古老的科学，又是一门年轻的科学；与社会科学有密切的关系，也与自然科学有密切的关系。它的研究成果越来越为其他学科所关心和运用。它在整个科学体系中占有重要地位。

第二章　现代语言学的发展研究

在研究现代语言学的过程中，我们可以知道语言是什么，语言为什么是这样的，语言使用涉及哪些方面的因素等，对我们了解语言的本质特征，了解语言学习过程的主要特点，提高语言学习和使用的效率有十分重要的指导意义。本章对现代语言学的发展展开研究，可以在一定程度上减少学习者在语言学习和使用过程中的盲目性，使他们少走弯路，达到事半功倍的效果，尤其是对于主修语言的学生来说，懂得一些语言学的知识和语言学理论是完全有必要的，因为这不但有利于学生更好地掌握语言，而且也有利于提高学生的语言修养。

第一节　现代语言学的特点和发展趋势

一、现代语言学的历史回顾

语言学有三个重要的传统：古印度传统、古希腊传统、阿拉伯传统。

为了传播和阅读古代印度的宗教颂歌《吠陀经》，古印度的语言学家用经验的方法对梵语语法做过相当精细的描述。著名语言学家波尼尼的《梵语语法》由 3996 条诗歌体的规则组成。这些规则分成章节段落，讲解梵语的形态现象和主意现象。古印度语法学家把词分为四类：静词、动词、介词、小品词。表示实体意义的词叫静词；表示动作的词叫动词；介词的功能是限制静词和动词的意义；小品词包括比较小品词、连接小品词及诗歌中做形式成分的小品词。代词和副词不算独立的词类，分别归入静词和动词中。古印度语法学家还研究构词法，他们把词分为词干和词尾两部分。词干是不变部分，词尾是变化部分。他们把静词分成七种变格形式，分别叫作第一格、第二格等。

古印度的语音学也很发达，提出了发音器官、发音部位、塞音、擦音、元音、半元音等语音学上的概念。他们把元音看作独立的语音成分，把辅音看作从属成分，因为没有辅音也可以构成音节。由此可见，古印度语言学已达到了相当高的水平。如果说古印度语言学是采用经验的方法来研究语言现象的，那么，古希腊的语言学则是从哲学方面来研究语言问题的，而且语言研究也主要是由哲学家来进行的。词与物的关系是古希腊哲学家研究的主要问题之一。有的主张“按性质”研究，即语言是出于天然的，是合乎逻辑的；有的主张“按规定”研究，即语言是由人们规定的，它的结构有许多是不合逻辑的。这两派各持理据，互不相让，争论了几个世纪。斯多噶学派从理论的角度确定了语法范畴，提出了格的名称。这些名称后来在希腊语和拉丁语语法中巩固了下来。直到公元前 2 世纪，形成了亚历山大里亚学派，古希腊的学者才开始从语言的角度出发，用批评的眼光来研究语言。他们研究语言学，把语音分为元音和辅音，又从辅音中分出半元音，但他们的研究水平远远赶不上古代的印度人。他们研究词类和形态学，把词分为八类：静词、动词、形动词、代词、介词、副词、连词和成分词。他们指出，静词有格和数的变化，动词有时间、人称和数的变化，动词可以分出五种式（直陈式、命令式、能愿式、从属式和不变式）、三种态（主动态、被动态和中态）、三种数（单数、复数和双数），三种人称（谁说话、对谁说、说及谁）、三种时（现在时、过去时和将来时）。

古罗马人对语言研究的贡献并不是很大。瓦罗把亚历山大里亚学派的语法体系运用于拉丁语，著成《拉丁语研究》（*De Lingua Latina*）一书，共 24 卷，是拉丁语法的专著。传统语法的术语便是用拉丁语形式书写的，这些术语至今大部分还通用。阿拉伯人很早的时候就开始研究哲学、天文学、数学、化学和医学，著作众多，水平很高，他们创造了世界文化史上灿烂辉煌的阿拉伯文化。阿拉伯语言学是阿拉伯文化的一部分，也达到了相当高的水平。

阿拉伯语有着丰富的词汇和严密的句法，阿拉伯学者吸收了古印度语言学和古希腊语言学的经验，建立了阿拉伯语的语法体系。著名语言学家巴维希写出了第一部阿拉伯语的语法著作《书》（*AI-kitab*），这部权威性著作的完整性和系统性使后代学者赞叹不止。

中世纪欧洲在语言学理论上停滞不前。这个时期，拉丁语成为科学上的通用语，只有掌握了拉丁语才能打开教会教育和世俗教育的通路，因此，拉丁语成了语言学的主要研究对象。学者们特别强调“规范性”，认为“语法就是使话说得好，写作写得好的技术”。拉丁语这时已是一种死的语言，主要用于书面交际，因此这个时期语音学的研究完全被忽视了，学者们研究的是字母，而不是语音。由于学者们主要研究拉丁语法，拉丁语法与一般语法便被混为一谈。当他们研究其他语言的时候，往往机械地把拉丁语法的规范硬套在这些语言上面，结果弄得削足适履。

17 世纪，法国出现了一个唯理语法学派，其代表人物是法国波尔·洛瓦雅尔教派的阿尔诺和兰斯诺。1664 年，他们出版了《唯理普通语法》(*Grammaire generale raisonne*) 一书，用逻辑的方法来研究语法，试图找出“语言艺术的自然基础”和“适用于一切语言的一般原则”。唯理语法是以法国哲学家笛卡尔 (R. Descartes) 对于良知和理性的理解为出发点的。他们认为，人类的心理、人类的概念是处处相同的，是不可变易的，语言是思想的表现，语言和思想之间有着内在的联系，因此，语法和逻辑之间也必然有着内在的联系，语法应该依赖于逻辑，逻辑的标准应该是确定语法现象正确性的标准。德国政治家和语言学家洪堡特探讨了语言的本质和功能、语言与思维的关系、语言的文化内涵等具有普遍意义的理论问题，为现代语言学思想奠定了基础。他的《论爪哇岛上的卡维语》的导论《论人类语言结构的差异及其对人类精神发展的影响》是第一部关于普通语言学的著作，被后人誉为“语言哲学的教科书”。洪堡特认为“语言绝不是产品 (ergon)，而是一种创造活动 (energeria)”。语言能力是人类大脑功能的重要组成部分，正因为语言是大脑的一种能力，说话人才能运用有限的语言手段创造出无限的语言行为。他认为一个民族的语言和思维是不可分割的，声称“一个民族的语言就是他们的精神，一个民族的精神就是他们的语言”，语言的不同，对于客观世界的理解和解释也不同。洪堡特还根据语音、语法和词汇上的相似性，把世界的语言区分为孤立语 (isolating language)、黏着语 (ag-alutinative language) 和曲折语 (inflectional language) 三种类型。他认为汉语是典型的孤立语，梵语是典型的曲折语，而包括黏着语在内的其他语言则处于这两种极端类型之间。

15 世纪由意大利兴起、16 世纪逐渐发展到整个欧洲的文艺复兴运动，大大促进了研究古典文学遗产的语言学 (phiology) 工作的开展，地理上的新发展、殖民地扩张的开始、对新民族宣传基督教教义的要求，开阔了欧洲学者的语言学视野，他们积累了大量的语言学素材。西班牙学者赫尔伐士

于 1800 年出版了《语言目录》(*Catalogo de las Lenguas*) 一书，共分六卷，包含 300 多种语言材料，这些材料不仅限于词汇，而且对某些语言（约 40 种）的语法也做了简短的说明。德国语言学家阿德隆于 1806—1817 年间出版了四卷本的《米特里达脱斯或普通语言学》(*Mitridates oder allgemeine Sprachenkunde*)，援引了差不多 500 多种语言的材料。这些都为语言的历史比较研究提供了有利的条件。

二、现代语言学的特点

（一）从语言系统的研究到语言使用的研究

索绪尔区分语言和言语，区分语言的语言学和言语的语言学，强调语言学的对象只能是“就语言和为语言而研究的语言”。在《普通语言学教程》出版后半个世纪，对语言系统的研究不论在理论上和方法上都有重大进展，取得了丰硕的成果；但对语言使用的研究相对来说显得十分薄弱，言语的语言学没有建立起来。正如瑞士语言学家鲁莱所说的那样：“索绪尔提出的这种区分所引起的结果是，对语言系统的研究迅速发展起来了，但同时也产生了不幸的后果，它导致语言学家脱离对语言使用的研究。”这就不能不引起众多语言学家的重视，要求开展对语言使用的研究。吕叔湘在《语言研究》创刊号的题词中指出：“语言的研究不应局限于语言本身，也要研究人们怎样使用语言，研究语言在人类生活中的作用。”从 20 世纪 50—60 年代开始，对语言使用的研究在国外语言学界蔚然成风。这种研究是在打破原有的三个理论框架的过程中发展起来的。

第一，打破了把语言看作纯一系统的框架。在语言学家看来，语言是储存在人们头脑中的一套词汇和语法，它对任何人都是共同的。但随着研究的深入，语言学家发现，语言是非纯一的，是多方面、多层次的系统。除了共同的东西之外，它还以种种变体的形式储存在人们的头脑中。主要的变体有地方方言和社会方言。地方方言是因地理因素和时间因素引起的语言变体，这是古人早就注意到的。我国扬雄的《方言》成书于公元 17 年，而方言学作为一门学科是在 19 世纪下半叶建立的。社会方言是因社会因素引起的语言变体，这是语言近期研究做出的贡献。不同的社会阶层，从事不同职业的人，乃至不同年龄、不同性别和不同文化程度的人，他们所储存的语言成分各异，表现为在遣词造句上有差别。还有一种情景方言，是指人们在不同情境中使用的语言变体，又叫风格（key），美国的裘斯把它分成五级：①严肃的（frozen），如 Miss Smith must keep silent! ②正式的（formal），如 Kindly stop talking now，Miss Smith. ③商量的（consultative），如 Do mind not talking now，Miss Smith? ④随便的（casual），如 Better not talk now，Mar. ⑤亲密的（intimate），如 Darling——sh! 最后是语言的个人变体，又叫个人方言（idiolect），是指个人在使用语言时表现出来的各种特点（职业的、社会的、地区的、心理的等）的总和。个人方言因人而异，就像世界上没有两片完全相同的树叶一样。

第二，打破了把语言看作一种自足、封闭系统的框架。索绪尔区分语言的内部要素和外部要素，把一切与语言的组织、语言的系统无关的东西排除出去，只留下属于系统内部的成分。这样，语言与社会、语言与文化、语言与时间及空间等的关系全被搁置在一边，而对研究语言的使用来说，这些因素恰恰是必须考虑的。人是使用语言的主体，人们正是在一定的时间和地点、一定的社会环境、一定的文化中使用语言的。美国的海姆斯（D. Hymes）把言语事件（speech event）涉及的各项因素，按词的起首字母归成八组：

S——涉及包括时间、地点在内的实际环境的背景（setting）和场面（scene）；

P——涉及说话和听话的参加者（participants）；

E——涉及“结果”和“目标”的目的（ends）；

A——涉及形式和内容的行为序列（act sequence）；

K——涉及信息表现方式的风格（key）；

I——涉及言语传播渠道的媒介手段（instrumentalities）；

N——涉及发话人达到预期效果的规范或规约（moms）；

G——涉及通过他们使用的词语加以识别的体裁（genres）及其范畴。

这些起首的字母拼起来正巧是 speaking 一词，它的意义与索绪尔所说的言语大致相当。

第三，打破了把语言看作从音位到句子的层级系统的框架。传统语言学家研究各种语言单位，其下限是句子，他们所做的工作是给各种句子分类。索绪尔把自由组合的句子列为言语单位，从而导致其对句型的研究。总之，在传统语法和结构主义语法中，其研究对象一般不超出句子的范围。但是人们在实际使用语言的过程中总是把句子组成话语。这就要求对大于句子的结构句群、段落、篇章一一进行研究，研究句子与句子、段落与段落之间的各种关系及它们的衔接手段。

对语言使用研究的直接结果是语用学、篇章语言学、语篇分析和言语交际学等新兴学科的建立和发展。语用学（pragmatics）的名称是美国哲学家莫里斯在 1938 年提出来的。在这以后，语用学问题的研究主要在哲学家和逻辑学家的圈子里进行，因此带有语言哲学的性质。由德国学者弗雷格最早提出的预设（presupposition）概念，以及美国犹太学者巴尔—希列尔提出的指示（deixis），是较早被列入语用学研究范围的两个课题。英国人奥斯汀和塞尔勒的言语行为理论及美国人格赖斯的会话合作原则充实了语用学的内容。语用学作为一门语言学学科建立于 20 世纪 70 年代。

言语行为理论的基本出发点是认为人类交际的基本单位不是句子或话，而是一定的行为，如断定、提问、命令、描述、解释、致歉、道谢、祝贺等。奥斯汀提出三种不同的言语行为：言内行为、言外行为、言后行为。其中言外行为是主要的，它构成分析句子的间接意义的基础。例如，曹禺的《雷雨》第四场中有这样一个场面：与周萍有暧昧关系的后母周繁漪苦苦哀求周萍带她离开家庭，但是周萍另有所爱，想摆脱这种关系而拒绝答应。仆人鲁贵在门外偷听了这段对话。周萍走后，鲁贵进门对周繁漪说："太太，给您请安来了。我在门口等了半天。"后面一句话的言外行为便是"威胁"。塞尔勒提出间接言语行为的概念来补充奥斯汀的理论。同一句话在不同的情境中可能表达不同的言语行为，例如，I promise I'll be there by three o'clock. 如果这句话是听话人所要求和期望的，它的言外行为是许诺；如果是违反听话人意愿的，它的言外行为可能是警告或威胁。塞尔勒主要对间接请求问题进行了分析。格赖斯在他的会话合作原则中提出了量、质、关系和方式四项准则。它的意义不仅在于阐明对话双方的意图，而且在于解释他们的语用寓义。篇章语言学（textlinguistics，又译为话语语言学）这一术语是德国语言学家瓦恩里希于 1967 年提出来的。这是一门与语用学几乎并行发展起来的学科。篇章语言学的对象是连贯性话语，它研究话语的发生和理解及话语模式等问题。篇章语言学具有以下七个方面的属性：①外在接应（surface cohesion）；②内在接应或意思连贯（coherence）；③目的性或意图（intentionality）；④可接受性（acceptibility）；⑤信息度（informationality）；⑥情景性（situationality）；⑦篇章之间的关联性（intertextuality）。布拉格学派的马泰休斯从功能的角度观察句子，发现句子各组成部分的相对重要性及其所表示的新信息或旧信息与它们在句中的位次有密切关系。他提出的分析句子的方法叫"句子的实义切分".（actual division of sentence）。实义切分按交际功能分析句子的语义内容，把句子分为主位（theme，缩写成 T）和述位（rheme，缩写成 R）两部分。主位是句子表述的出发点，述位则是表述的核心。从句子传递的信息来说，主位一般是已知信息，述位则是说话人提供的新信息。就其在句中的位次来说，一般是主位在前，述位在后。

篇章语言学主要在欧洲（特别在德国）盛行。在美国，对连贯性话语的研究一般称作"语篇分析"（discourse analysis，又译为"话语分析"）。这个术语是由哈里斯在 1952 年提出的。哈里斯采用转换和分布的方法来分析大于句子的结构，试图在话语平面上找出类似音位、语素的结构单位，结果收效甚微。因为哈里斯撇开语义因素，不从意思连贯入手，是难以确定句子以上序列的结构组织的。语篇分析主要研究以下一些课题：指示、指称（reference）、外在接应和内在接应（cohesion and coherence）、话题和说明（topic and comment）、替换（substitution）等。不难看出，语篇分析通过言语主体（发话人和受话人）与语境的联系，分析句子序列的主位结构、信息结构和语篇结构，着重动态分析，与语用学和篇章语言学有不少交叉和重叠的地方。值得一提的是，荷兰语言学家戴伊克于1985年编辑出版的《语篇分析手册》四卷本是这门学科的集大成之作。

言语交际学（speech communication）是研究言语交际现象及其规律的学科。这门学科建立于20世纪70年代初。米勒于1972年出版了《言语交际学导论》，以后又有学者出版了不少这方面的专著，使这门学科得到引人注目的发展。言语交际学研究的重点：一是把处于交际中的言语形式看作一种过程，二是设计出言语交际的模式。过程观把一切人类行为（其中包括言语行为）看作动态的、进行着的、不断变化的连续体。对过程进行分析有三个必要的条件：①承认系统的相对封闭性；②选择和确定每个系统的相关变项；③发现和提出变项之间的关系。模式与过程观密切相关。设计言语交际模式就是建立一种分类的封闭系统，对过程中潜在的变项进行抽象并使之范畴化。模式应该成为值得模仿的典型和理论的范例，但因为言语现象极为复杂，从20世纪60年代开始，学者们曾设计出不少模式，都没有达到应有的高度。这里仅以伯洛于1960年提出的SMCR模式为例进行介绍。伯洛选择了言语交际中四个主要方面，把它们作为相对封闭的系统：S为发话人（source），M为信息（message），C为信道（channel），R为受话人（receiver）。每个系统包括五个变项。

系统中每个变项的变化会影响其他系统中的变项。例如，发话人的编码技巧的优劣会影响受话人对他的态度（信任程度的递增或递减）。这些不断变化的变项的相互作用构成并反映了动态的、持续进行的、不断变化的交际过程。

言语交际是与非言语交际（nonverbal communication）相对的。非言语交际包括手势、身势、面部表情、目光注视、触摸、服饰、时间观念和空间利用等。从20世纪80年代开始，对非言语交际的研究也有很大的进展。不论言语交际或非言语交际，都与一定的文化有密切的联系。文化与言语交际和非言语交际的关系在具有不同文化背景的人们的交际活动中表现得最为明显，因此近二三十年来，又有一门新的学科——跨文化交际学（intercultural communication）开始建立并得到发展。

（二）语言理论的多元化

在西方语言学中，传统语法、历史比较语法和结构主义语法都曾经各领风骚，在它们的时代处于主导或独尊的地位。而从20世纪50—60年代起，过去那种归于一统的局面已被打破，出现了众多的语法理论，形成了流派林立、诸说纷呈的景象。这些语法理论从不同的侧面来解释语言机制，从而表明了它们各自的语言观，因而也可以说是出现了语言理论多元化的局面。下面介绍若干主要的语法理论。为便于叙述，依据它们的渊源关系分成三组。

第一，与结构主义语言学相关的语法理论。

到20世纪50年代，捷克的布拉格学派和丹麦的哥本哈根学派已告衰落。美国描写语言学派在布龙菲尔德去世后分出了两个支派：一个是以耶鲁大学为中心的耶鲁派；另一个是以密歇根大学为中心的密歇根派。

耶鲁派提出的语法理论叫层次语法（stratificational grammar），形成于20世纪60年代，由兰姆创立，以他的《层次语法纲要》为代表作。兰姆除继承布龙菲尔德的传统外，还接受了叶尔姆斯列夫的观点，把语言看作一个纯粹由各种关系组成的网络。这个网络一方面与思想概念相连，另一方面与语音实体相连，其间存在着若干层次。语言结构中可以分出四个最主要的层次（音位层、形位（语素）层、词位层和语义层），通过配列关系和体现关系加以连接。前者指同一层次中各个单位的组合排列，处理横向上语言单位之间的关系；后者指不同层次间各个单位的转化联系，处理纵向上语言单位之间的关系。可见层次和关系是层次语法的核心概念。这一语法理论在20世纪60—70年代有相当大的影响，但由于兰姆目前不再继续进行研究，层次语法已趋沉寂。

密歇根派提出的语法理论叫法位学（tagmemics），也形成于20世纪60年代，由派克创立，以他的《语言与人类行为体系通论》为代表作。派克接受了布龙菲尔德行为主义的语言观，把语言作为人类的一种行为加以分析。法位学认为，语言由语音、语法和它们所指向的三个层级系统组成。语音系统包括音素、音节、重读组、节奏组等，语法系统包括语素、词、短语、小句、句子等，所指向的系统包括语义内容、语用成分、人物、事件等。法位学分析的核心概念是法位。在每个层级系统中，大小单位层层叠叠，依次排列，可以按序进行法位分析。若干法位构成法位段，如句子包含小句，句子是法位段，小句是法位；小句包含短语和词，小句是法位段，短语和词是法位。等等。值得注意的是，派克在20世纪80年代对法位学进行了全面的革新。他吸收了现代语义学和语用学的研究成果，提出要从组合体学、聚合体学、语用学和概念—

背景关系四个方面来分析法位，以探索和描写人类总的行为中言语活动的规律。系统语法（systemic grammar）是在英国伦敦学派学说的基础上发展起来的语法理论，形成于20世纪60年代，由韩礼德创立，以他的《语法理论的范畴》和《论英语中的及物性和主题》为代表作。这一流派以澳大利亚悉尼大学为中心。韩礼德接受了弗斯的理论，主张从社会的角度而不是从心理的角度来研究语言，旨在揭示语言的社会功能。系统语法把语言分为三个层次：语义层次、词汇语法层次和音系层次。语言的功能表现为传递信息、进行交际和构成篇章，分布在语义层次中，组成一个包含潜在意义、交际手段、话语构造的庞大网络。词汇语法层次包括三个阶和四个范畴：三个阶是级别阶、精度阶和标示阶；四个范畴是单位、类别、结构、系统。音系层次主要描写语音结构。到20世纪70年代，系统被提到中心的位置，系统语法因此而得名。系统语法不拘一格，博采众长，而且涉及语义和语用，日益受到语言学界的重视。

第二，转换生成语法及与之相关的语法理论。

20世纪50年代后期，由乔姆斯基创立的转换生成语法诞生了。这一语法理论是对美国结构主义的猛烈冲击。它以马萨诸塞理工学院为中心，曾一度跃居主流，在西方语言学界特别是在美国语言学界占据首要地位。从20世纪70年代中期起，这股势力有所减弱。转换生成语法的早期代表作是乔姆斯基的《句法结构》和《句法理论的若干问题》，特别是后者，曾被宣称为“标准理论”。“标准理论”提出，语法由句法、音系和语义三个部分组成，句法是出发点，音系和语义都以句法为基础；句法具有生成性。它当时研究的重点是探讨个别语言中的具体句法规则，其作用在于生成某种语言中一切合格的句子。在这以后，乔姆斯基曾几度局部地更易自己的理论模式。到20世纪80年代，他的研究重点已转移到探讨自然语言中普遍存在的抽象原则，其作用在于限制句子结构和语义解释。1981年出版的《管辖约束讲稿》是他的代表作。

20世纪60年代后期，在转换生成语法内部曾围绕语义问题展开了一场辩论，结果引起分裂，导致生成语义学（generative semantics）和格语法（case grammar）的建立。生成语义学形成于20世纪60年代末，以波斯塔尔、雷科夫、麦考莱、罗斯等人为代表，他们是乔姆斯基的学生和同事。与标准理论相对立，生成语义学认为在句法、音系、语义三个组成部分中，语义是出发点，句法以语义为基础，音系以句法为基础，语法还包括语用问题。与此同时，他们提出语义具有生成性，而逻辑又是语义的基础。生成语义学在20世纪70年代初期和中期曾获得不少人的拥护，一时声势浩大，但到了70年代后期，它已由盛转衰。

格语法也形成于20世纪60年代后期，由菲尔莫尔创立，以他的《论格的问题》为代表作。格语法也是就句法和语义的关系问题对“标准理论”所做的一种修正。它提出语义为主，句法结构为辅，认为主语和宾语只是表层中的关系，在深层中，动词和名词的关系则是格关系。菲尔莫尔提出的格关系有施事、工具、承受、结果、方位、对象等。但随着不断发现新的语义现象，他在不同文章中所提到的格的名称和数量也不断发生变化，格语法也因而受到指摘。1977年，菲尔莫尔发表了《再论格的问题》一文，提出底层语法关系平面，以弥补原有单一的格分析平面的不足。每个句子都有参与者承担的格角色和在底层中通过透视域选择出来的语法关系两个平面，它们把句子所描述的事件与句子联系起来，以解释语义现象和句法现象。

第三，其他语法理论。

当前比较活跃和引人注目的还有其他一些语法理论。它们或是另辟蹊径，异军突起，或是与前面所述的语法理论有一定的渊源关系，但又具有自己的特色。

蒙塔古语法（Montague grammar）形成于20世纪70年代，创始人是美国数理逻辑学家蒙塔古，以他的《普通英语中量化的特定处理》为代表作。他把内涵逻辑应用于自然语言的分析，提出了对语言做精密化、形式化研究的另一模式。蒙塔古去世后，这一语法理论在马萨诸塞理工学院、得克萨斯大学、俄亥俄州立大学等处建立了基地，马萨诸塞理工学院的帕蒂和巴赫取得了比较显著的成绩。蒙塔古语法把语言学看作数学的一个分支，主张采用递归定义来描写并解释自然语言和人工语言（逻辑语言）。它的体系由句法、翻译、语义三个部分组成。句法部分主要通过一套规则把小单位组成大单位，翻译部分把句法部分的语言材料翻译成内在的逻辑表达式，这一表达式最终可以在语义部分通过语义规则得到模型论的解释。

广义短语结构语法（generalized phrase structure grammar）是受蒙塔古语法的启发发展起来的，形成于20世纪80年代初，由英国的盖兹达、萨格、克莱因和美国的普伦创立，以他们四人合作撰写的《广义短语结构语法》一书为代表作。它的语法体系主要由句法和语义两个部分组成。句法部分只用单一的层次描写句子的成分结构，不做深层结构和表层结构的区分，语义部分参照蒙塔古语法的模式，对句法输出做模型论的解释。盖兹达等人坚持严格的形式化，制定出一套繁复的标记和公式，它使一般读者感到琐碎，却便于计算机的演算，因此受到计算语言学家的欢迎。关系语法（relational grammar）形成于20世纪70年代初，由美国的珀尔玛特和波斯塔尔创立，以珀尔玛特等人编辑出版的《关系语法研究》1、2卷为代表作。这一语法理论主要研究语法关系在不同层次中的转换。在关系语法中，语法关系指的是诸如主语、直接宾语、间接宾语等概念的语法功能。语法通过不同的规则允许语法关系的转换，同时又运用不同的定律制约转换。珀尔玛特等人认为，各种语法关系的总和组成语言的关系网络，个别语言的语法研究在于确定该语言中的关系网络，普遍语法的研究则在于定义自然语言中合格的网络。关系语法在70年代曾一度时兴，后来逐渐走向衰落。词汇—功能语法（lexical- functional grammar）形成于80年代初，由美国的布雷斯南创立，以她的《语法关系的心理表达》为代表作。这一语法理论是计算语言学和心理语言学相结合的产物，它既坚持形式化的数学描写，又要求反映心理机制的作用。布雷斯南把语法功能（主语、宾语等）作为语法研究的主要概念，通过它使语义和句法联系起来。语法功能首先在词库中用词汇编码规则与表示语义的谓词相匹配，然后在句法平面上用句法编码规则与成分结构相联系。这样，语法功能起的是中介作用，它把语义引入句法部分。词汇功能语法以斯坦福大学为中心，目前尚呈上升趋势。

纵观当今各派的语法理论，可以看出以下一些带倾向性的特点。

首先，语言研究的形式化，即一切从形式出发而不是从内容出发，对研究对象（包括语法和语义）做形式化处理，以便精确地加以分析和表达。形式化的研究可按不同的模式进行，有的是生成模式，如转换生成语法；有的是非生成性质的，如蒙塔古语法。随着语言学日趋紧密地与计算机和工程技术相结合，这种研究还将继续发展。语言研究的形式化与前面说过的语用学和后面要说到的社会语言学互相对立，但这并不妨碍它们按照自己的方向发展。

其次，功能语法的兴起形成一股学术思潮，足以与上述形式化的倾向相抗衡。目前功能语法的研究大致可以分两类：一类以自然语言的功能观为基础，着重研究语言在交际中的作用，除韩礼德的系统语法外，还有荷兰狄克和美国库诺的功能语法较为著名；另一类以语言成分在结构中的功能关系为基础，着重研究它们在话语中的作用，关系语法和词汇—功能语法与之接近。

最后，阐释语言的共性或普遍现象（universals），寻求各种语言间的共同点。这种研究在观点和具体做法上并不一致。有些语法理论主张，只要对一种语言做深入的分析，就有可能发现语言的普遍现象，例如，转换生成语法是在英语研究的基础上发现自然语言中存在的普遍原则，然后用其他语言（尤其是非印欧系语言）来验证，并加以补充和修改；而功能语法学家则主张从各种语系和各个地区中选取有代表性的语言，就某些问题进行分析和比较，找出它们的普遍现象。

三、现代语言学的发展趋势

现代语言学主要是描写特定语种的语言系统，展开对某个特定的言语社团的纷繁复杂的言语活动现象的观察、描写、分析，以便从中提炼出该社团使用的语言符号系统。形式主义在现代语言学描写成果的基础上开始集中关注语言中规则化。现代语言学的研究不仅需要对语言实质进行探索，还需要关注语言现象的描写，更重要的是对语言事实、语言现象及存在于不同语言系统之内的变异情况做出尽可能合理的解释。形式主义、功能主义和类型学三大研究取向共同作用，产生了当代的认知语言学。无论其研究对象、方法、目的有多大区别，其本质还是对语言本体的研究。类型学、功能语言学及认知语言学共同关注的“语法化”，尤其是“主观化”现象的研究是当代语言学全面走向探求人类语言能力、语言知识以及语言运用领域所存在的认知理性的一个最为有力的证据。语言是一个不断变化的有机体，语言的发展现状同时也反映着人类生活的方方面面。通过语言学的研究，可以发现人类社会生活的一些现象，语言作为人类社会交往中一种特殊的沟通工具，在语言的研究中是否能更科学地为人类的科技发展及生活提供服务，打开未知的语言领域，语言学家需要不断地从边沿学科获得新的启发，不仅需要在自己的语言学领域做到很好地研究工作，还需要学习语言学学科前沿其他领域的知识、技能，或者是取各自所长，构建综合的语言学科科研平台。

计算机的使用是今天语言学研究迅速发展的重要因素。同时，计算机也离不开语言学，因为计算机软件的核心是算法语言，计算机科学的主要理论基础是形式语言学。可以说，没有现代语言学，计算机就无法得到充分的发展和广泛的应用。语言学与计算机是紧密联系、互相促进的。

语言学是一门复杂的科学。对于其中的许多问题，各种学派的观点很不相同，看法还很不一致。可以说，语言的奥秘至今还没有完全被人类真正认识，许多问题还需要做进一步的探索。现代语言学的发展说明，我们应该多角度、多层次、全方位地研究语言，对语言体系、言语活动、言语机制等各方面进行深入广泛的研究，才能全面深刻地认识语言的奥秘，更好地运用语言和充分发挥语言的作用。随着语言科学的发展，语言学的应用越来越广。不同学科之间的互相渗透，产生了应用语言学、社会语言学、心理语言学、神经语言学、数理语言学、计算语言学（工程语言学）、统计语言学、模糊语言学、语料库语言学、话语语言学（篇章语言学）、教育语言学、对比语言学、人类语言学、类型语言学、民俗语言学、文化语言学、艺术语言学、传播语言学、公关语言学、写作语言学、生理语言学、生物语言学、辅助语言学、宇宙语言学等众多分支学科，而且今后必然还会出现更多的与语言学相关的交叉学科。此外，速记、机器翻译、信息处理、情报检索、语言规划等许多与语言有关的问题也值得我们进一步认真研究。

语言是人类特有的宝贵财产，没有语言，就没有人类的文明。语言学是一门领先的科学，它的发展对人文科学、社会科学和自然科学的发展都有重大意义。人类对语言的认识经历了漫长的道路，如今还在继续向前探索。从古到今，语言学家的视野逐步开阔，探索逐步深入。语言学家的研究从古代语言转向现代语言，从书面语转向口语，从个别的语言项目转向整个的语言系统，从一种语言的某些特征转向多种语言的共同特征，从语言的结构转向语言的功能，从语言的表面形成转向语言的深层意义，从语法、词汇转向语义、语用，从把语言作为一个孤立的研究对象转向研究语言与社会文化等的千丝万缕的联系，研究范围越来越广，头绪越来越多。近几十年来，语言学的迅速发展已经引起了学术界的关注。语言学和各种科学思潮的关系是近代自然科学和社会科学交叉渗透的重要部分，语言学的思想和方法对哲学和其他学科都产生了极大的影响，推动着语言科学不断向前发展。人类在探索神奇的语言奥秘的过程中，视野必然会越来越开阔，认识也将会越来越深化。语言学的研究有着非常美好的发展前景。

随着人们对语言现象更广泛和更深入的研究，以及社会实践中即其他科学领域中所提出的各种语言问题，加上新技术革命的挑战，语言学面临的问题也越来越多。与之相应，在语言学中出现了许多新的学科，这是很自然的。这一形势造成了语言学不可能再是封闭式的和单一的局面。西方现代语言学中出现了各种新的流派和学说，它们跟传统的语义学、结构主义、转换生成语法等并存，并进一步繁荣和发展。

在新的繁荣时期，我们注意到了两种可能的趋势：一是功能语言学的兴起。现代功能语言学不同于传统的功能语言学（如布拉格学派，马丁内特等），它把功能和形式结合起来。这就使它区别于形式化的语言学。这方面值得一提的是英国的新弗斯学派的代表人韩礼德。他提出的功能语法正在发展中。二是认知语言学的兴起和发展。随着认知科学的新生，围绕人类的认知问题，不同的学科都开展了自己的研究。与认知有密切联系的语言理所当然地受到了人们的重视，加上计算机科学的进展，人们迫切需要了解语言信息的处理过程及如何运用语言获得知识。认知语言学自然应运而生。但目前这只是一个可能的苗头，也只能说正在孕育之中。人们期待着它的诞生。语言学的地位和作用正在逐步为人们所认识。人类离不开语言，人类的特点也在于有自己的语言。为了了解人类自身，也为了了解语言在人类社会实践中所发生的各种奇妙的作用，语言研究必须深入，随之也将不断产生新的理论和方法。西方新时期的现代语言学正在向广度和深度两方面发展。随着时代的前进，新时期将成为旧时期。人类经过一代又一代的更新，最终将会更全面地认识语言和人类自身。这是人们的希望，也是语言学光明的前景。

第二节　现代语言学的主要流派

现代语言学一百多年来的发展经历了三个主要时期，历史比较语言学、结构主义语言学、转换生成语言学分别是这三大时期的代表。

一、历史比较语言学

历史比较语言学从前又称比较语法，通过语言亲属关系的比较研究语言的发展规律，拟测它们的共同母语。历史比较语言学是在 19 世纪逐步发展和完善的，主要是印欧语系的历史比较。19 世纪之前，这种研究不是没有，但都是孤立的、分散的研究，到 19 世纪才进入系统的研究，并使语言学走上了独立发展的道路。历史比较语言学的产生有两个不可或缺的条件：一是广泛收集世界各种语言材料，二是认识到梵语在语言比较中的地位和作用。欧洲商贸业和航海业的发达开阔了人们的视野，使语言学家有可能接触到更多的语言，从而进行比较研究。19 世纪历史比较语言学在理论和方法上的发展大致可以分为三个阶段。初始阶段，丹麦的拉斯克、德国的格里姆和葆扑被称为历史比较语言学的奠基者。拉斯克在他的《古代北欧语或冰岛语起源研究》一书中第一个对基本语汇中的词进行了系统的比较，找出了其中的语音对应规律，由此确定语言的亲缘关系。格里姆在拉斯克的书的启发下，在他的《日耳曼语语法》里确定了希腊语、峨特语和高地德语之间的语音对应关系，即所谓的“格里姆定律”（Grimm’s Law）。格里姆明确指出，语音对应规律是建立印欧语系和其他语系的基础。维尔纳后来补充解释清楚了“格里姆定律”难以解释的一组例外，世称“维尔纳定律”，这就使音变规律的研究日臻完善，历史比较语言学的发展也就有了扎实的理论基础。葆朴的主要著作是《梵语、禅德语、亚美尼亚语、希腊语、拉丁语、立陶宛语、古斯拉夫语、峨特语和德语比较语法》，旨在把梵语和欧洲、亚洲的几种其他语言相比较，找出它们在形态上的共同来源。远离欧洲的梵语在这些语言中找到了它应有的位置：它既不是拉丁语、希腊语和其他欧洲语言的母语，也不是由其他语言演变而来的，它和其他语言都出于一种共同的原始语言，只不过它比其他语言保留了更多的原始形式。

19 世纪中期，历史比较语言学发展到第二阶段，最有代表性的人物是德国的施莱赫尔，其代表作是《印度日耳曼诸语言比较语法纲要》。初期的比较语言学者已经认识到历史上有亲属关系的语言的共同原始母语是一种不再存在的语言，到了中期，施莱歇尔则开始具体“构拟”这种原始母语的形式，并用星号（*）来标示构拟的形式。他受到生物学物种分类的启发，为有亲属关系的语言的历史演变过程设计了一种树形普系图，使语言之间的亲属关系以直观的形式呈现在人们的面前。这是历史比较语言学的一大进展。这一理论的弱点是只考虑语言的分化，而没有考虑语言的统一和语言之间的相互影响，后来他的学生施密特用“波浪说”对此做了修正。

19 世纪的最后 25 年是历史比较语言学的“新语法学派”时期。这个学派的代表人物是奥斯特霍夫和布鲁克曼，他们在自己创办的刊物《形态学研究》上正式宣布：语音演变规律不允许任何例外。前面提到的“维尔纳定律”也是这一时期的一项重要研究成果。他们在坚持这个原则时，以语言材料为依据，借鉴生理学和心理学的研究成果，强调“类推”在语言演变中的作用。这个学派的代表著作有布鲁克曼和德尔布吕克合著的《印度日耳曼语比较语法纲要》和保罗的《语言史原理》。德国语言学家保罗相比其他语言学家又有了一大进步：他以前的历史比较语言学家研究语言侧重于词法，保罗除了词法外还讲句法，这样就扩大了语言的研究范围。

19 世纪历史比较语言学家为语言学的发展做出了重要贡献。他们收集了丰富的语言材料，进行了广泛深入的调查和比较，不仅提出了人类语言演变过程的假设，画出了世界语言的谱系，而且还创造出比较科学的研究方法，提出了有关语言起源、语言本质的新理论，为后来结构主义和描写语言学的产生和发展创造了有利条件。所以历史语言学是语言学史上的一个里程碑，从历史语言学开始，人们才认识到，研究语言还可以跨出本民族语言的圈子，到一个更加广阔的天地研究语言、寻找语言的亲属，通过亲属语言之间的比较研究，找出语言发展的规律特点。

历史比较语言学在语言学史上具有十分重要的地位。在历史语言学产生以前，语言学还不是严格意义上的语言学，一般称之为语文学，还不是独立的学科，只是其他学科的附庸。语文学缺乏独立性，缺少科学的研究方法。语文学时期的学者对语言的研究多是主观的规定和臆测，缺少客观的描述和检验，研究对象往往仅限于书面语，目的是校勘古书，给政治、哲学、宗教、文学方面的经典著作注解，解释传统经典中的微言大义，以便更好地理解古籍，不准违背古人的说法，忽视语言本身的结构与发展，更不理解语言作为交际工具和思维工具的社会功能。比如我国古代的语文学研究，主要是围绕阅读先秦经典著作的需要来研究文言的，不重视口语的研究。语文学时期，不重视口语研究，对于当前口语视而不见，今天的语言学非常重视口语，而且往往以口语作为直接研究对象，因为国家制定语言规范、确立共同语的标准都要依据口语研究的成果。

历史语言学建立了比较的方法，既注意语言古今的对比，又注意现代不同语言的对比，重视当代语言的研究，运用达尔文的进化论观点，考察语言的历史来源和亲属关系，为语言建立了谱系，对各种语言做出了谱系分类，后来又建立了语言学的各个部门，语言研究才发展成为一门独立的学科。所以历史比较语言学是语言学走上独立发展道路的标志，是语言学史上的一个里程碑。

历史比较语言学所采用的比较方法给其他学科以很大的影响。过去，语言学是向其他学科学习，学习它们的观点和方法；而现在，语言学成为方法与观点输出的学科，像文学、社会学、心理学、民族学、音乐学、法学等都充分吸收语言学的研究成果并为己所用，尤其是历史比较方法对这些学科产生了很大影响，建立起了比较文学、比较法学、比较宗教学等新的学科。这可以说是语言学对社会科学的一大贡献。同其他学科相比，语言学还非常年轻，但它一经产生，就以其研究方法的先进性而得到了迅速发展，并对其他学科产生了广泛的影响。一方面，其他学科学习语言学的研究方法，建立起了新的学科；另一方面，语言学与其他学科相互结合产生了很多边缘学科。

由于历史的局限性，历史语言学也有一些不足之处。总的来说，过分偏重语言的历史即纵向的研究，注重语言的历时性，忽视语言的共时性研究，也即语言的横断面的系统性研究。当然，从把语言学引向独立学科来看，历史比较语言学的贡献是非常大的。

归纳起来，历史比较语言学建立以后，语言学成为一门独立的学科表现在这样几个方面：第一，语言学具有了独立性，创造了科学的研究方法；第二，语言学的研究目的是分析语言的结构，探讨语言发展的共同规律；第三，语言学重视当代口语研究，注重语言的现实分析描写，目的是指导人们更好地运用语言；第四，语言学对其他学科产生了广泛的影响；第五，语言学和其他学科结合，产生了许多新兴的边缘学科。

二、结构语言学

结构语言学是语言学的重要流派之一，兴起于20世纪30年代的欧洲，基本理论源出于索绪尔的《普通语言学教程》，反对对语言现象进行孤立的分析，主张系统地研究。结构语言学的主要论点扼要地说有两个方面：第一，认为每种语言都有一套独特的关系结构；第二，每种语言的个别单位都不是孤立存在的，而是在与其他单位的区别、对立中存在的。其鼻祖索绪尔有一个著名的例子：语言结构类似于象棋，每个棋子都有一定的意义和动作范围，以若干个区别特征与其他单位对立，按一定的规则相互作用，离开了象棋的结构关系，这些单位不过是毫无意义的木块或石子。语言中的词或语素都可以比拟为这样的棋子结构主义强调不能孤立地从事物的个别性去认识它，而要同时从各个成分之间的关系、从结构的分层符号系统的整体性去认识，这无疑是正确的，但结构主义语言学后来陷入了形式主义的死胡同，过于追求抽象形式，而忽视语句的具体内容，显得比较片面。结构语言学内部又分为三大学派：布拉格学派、哥本哈根学派、美国结构语言学派（也称美国描写语言学派）。

（一）布拉格学派

布拉格学派又称“结构—功能学派”或“功能学派”。狭义的布拉格学派是指21世纪20年代后半期以来，参加布拉格语言学会，以及在学术观点、学术活动上跟这个学会有密切联系的一批语言学家和文艺理论家。

广义的布拉格学派则包括参加捷克斯洛伐克语言学会等语言学团体，继承布拉格语言学会传统的当代语言学家。

布拉格学派的先驱是马泰修斯，成员主要有雅科布逊、特鲁贝茨柯伊、哈弗阿奈克等。1926年10月，由马泰修斯和雅克布逊等六人发起，建立了布拉格语言学会。该学会在第一届国际语言学会议上第一次把音位学的观点公之于世，引起了很大反响。1929年出版了会刊《布拉格语言学会论丛》。布拉格学派集体观点的全面论述见于他们在第一届国际斯拉夫学会议上所提出的《论纲》。《论纲》强调语言是一个功能体系，对语言现象的评价应着眼于它的功能。特鲁贝茨科依的《音位学原理》是这一学派的一部重要的代表作。

该学派在理论和方法上的贡献大致可以归为以下几点：

（1）提出语言是多功能的结构体系。《论纲》写得很明确：从功能观点出发，语言是为一定目的的服务的表达手段。根据语言行为与超语言现实的关系，语言的功能可以区分为交际功能和诗歌功能，前者是针对表达对象而言的，后者是针对表达本身而言的。德国语言学家布勒曾在《布拉格语言学会论丛》第一卷上发表过一篇论文，重申他在20世纪20年代提到过的语言“三功能说”：描述（针对所说的事物或现象而言）、表达（从说话者角度出发）、召唤（针对交谈的另一方面而言）。雅科布逊以后又根据信息论的模式把三功能说发展成为“六功能说”：所指（referential1）或指示（denotative）、表情（emotive）、意动（conative）、沟通（phatic）、后语言（metalinguistic）、诗歌（poetic）。反映布拉格派音位观的代表作是特鲁贝茨柯伊的《音位学原理》。在此书中音位体系被定义为能用以区别词汇意义和语法意义的音位对立体的综合。此作对世界各国音位学的研究都有很大的影响。以后，雅科布逊又通过实验和对音位学的研究，对布拉格语言学会早期的音位理论进行了某些补充和发展。把音位学的概念、类型学的原则应用于语法研究。雅科布逊、特伦卡、斯卡利奇卡认为语法平面的基本单位是形位（morpheme），形位在一定场合下也会出现中和的现象。形位学上的对立也有偶项特征，但不对称，一个强（有标记项），一个弱（无标记项），可以通过对语言符号的不对称性来分析语法意义提出“语言联盟”的理论。他们认为，邻近地域的语言由于相互影响，常常获得一些共同的或相似的特征。所以某些语言的共同特征不一定都来源于语言的亲属关系。

（2）第二次世界大战后，布拉格学派认为：正确理解语音外壳和意义的关系、语言功能特征与结构特征的关系，以及语言体系开放性特征等问题，仍是语言学理论发展的基础，应该把对上述问题的研究成果充分运用于对本族语的分析，以促进语言文化的发展。他们在语言研究中还发现了语言存在着中心区和边缘区，结构规则在中心区表现得十分明显，而在边缘区则显得模糊。当前布拉格语言学家对语言形式与超语言因素间的关系也给予了足够的重视，并主张在语言学研究中运用电子技术，因而，在数理语言学等方面的研究中也取得了一定的成绩。

（3）布拉格学派颇有影响。美国语言学家鲍林格做过这样的评价：“在欧洲语言学团体中，影响最大的莫过于布拉格语言学会，美国语言学的每一项重要发展都与这个学派的学说有关。”第二次世界大战爆发，布拉格学派的主要成员散居于世界各地，影响衰落。1956年，布拉格语言学会与斯拉夫语言学会等团体合并，成立了捷克斯洛伐克语言学会，何拉莱克担任第一任会长。这个新的学会继承了布拉格语言学会的传统，因此其成员被称为“当代布拉格学派”。布拉格学派接受了索绪尔关于语言是系统的思想，特别致力于音位系统的研究，建立了音位学说。它的另一个特点是不仅研究内部语言学，对广义的语言学问题也很感兴趣，运用语言学理论研究文学作品及外部语言学的其他各领域。

（二）哥本哈根学派

哥本哈根学派又称丹麦学派。代表人物有叶尔姆斯列夫、布龙达尔、乌尔达尔等。1931 年，叶尔姆斯列夫和布龙达尔共同创建了“哥本哈根语言学会”，该学会成为当时欧洲结构主义语言学的一个中心。1938 年创办会刊《语言学学报》，1939 年，创刊者布龙达尔发表了他的论文《结构语言学》，遂成为这个学派的纲领。叶尔姆斯列夫任哥本哈根语言学会会长，他的《语言理论导论》和《普通语法原理》是哥本哈根学派的代表性著作。这一学派以索绪尔的语言系统学说为基础，注重语言形式的研究。该学派发展了索绪尔的“语言是形式，而不是实质”“语言是价值系统”的论断，主张把语言从物理方面的声音和心理方面的语义抽象出来，并且排除语言对社会的依存和语言历史演变因素的制约，以便集中研究语言的内在结构。叶尔姆斯列夫主张以经验主义原则和演绎法看待语言，一方面认为语言理论要经得起语言事实的检验，另一方面又认为语言事实和语言理论是互补的，可以进行单纯的理论研究。哥本哈根学派特别注重语言的组合关系，这是这个学派区别于布拉格学派的一个主要方面：它把语言理论看成一个“纯演绎系统”，采用“假设—推理”法对语言进行分析，不大涉及具体语言事实的研究，因而其影响面比较小。

哥本哈根学派试图通过要素和关系来说明语言的内在结构，对语言的表达平面和内容平面，以及这两大平面之间各个形式要素的依存关系和网络做出理论的解释。语符学十分抽象，试图实现人文学科和精密科学的结合。该学派的理论为韩礼德所欣赏，在 20 世纪 70 年代后期的著作中，韩礼德曾多次引用叶尔姆斯列夫的观点。叶尔姆斯列夫逝世以后，该学派逐渐衰落。

（三）美国描写语言学派

布拉格学派和哥本哈根学派共同汇成欧洲结构主义语言学，它区别于美国的结构主义语言学。美国结构语言学又称美国描写语言学，是结构语言学中发展最完善、最重要的一个学派。它是 21 世纪美国的一些学者在对美洲印第安语的调查和研究的基础上逐步形成和发展起来的。先驱是鲍阿斯和萨丕尔，分别著有《美洲印第安语手册》和《语言论——言语研究导论》，前者所写的序言可以说是美国从事人类学的语言学家对印第安语调查和研究的初步理论总结，其中特别强调了语言描写的一条原则，即对语言事实要做客观的描写，不要用其他语言或者传统语法的框框去套，为了描写不同结构的语言应当创立新的概念和方法；后者把语言研究同人类心理、社会和文化联系在一起。二人都强调要尊重语言事实，主张记录口语作为研究素材，然后对它们的结构做客观的、共时的描写。

这个学派最重要的代表人是布龙菲尔德。1924 年，布龙菲尔德和鲍阿斯、萨丕尔等人一起创立了“美国语言学会”，这可以看成美国描写语言学的摇篮，1925 年出版会刊《语言》。1933 年，布龙菲尔德的《语言论》出版，对美国结构主义语言学的形成和发展产生了重大影响，是这一学派的奠基性著作，他们把语言看成一系列代替实际的刺激和反应的行为，在语言的分析中着眼于可以观察到的言语素材，主张依靠形式特征来描写语言结构，反对用非语言学的标准（特别是心理因素）来分析语言，在共时描写中完全排除了历史因素，这些论点影响巨大，使它进入“布龙菲尔德时期”。

20 世纪 50 年代，美国结构主义语言学进入“后布龙菲尔德时期”，哈里斯和霍凯特是这一时期的主要代表。霍凯特 1958 年出版的《现代语言学教程》是美国结构语言学集大成的理论著作，对美国结构语言学的发展进行了一次科学的总结。1951 年，哈里斯的《结构语言学的方法》出版，被人视为后布龙菲尔德时期的象征和转折点。美国结构语言学派的显著特点是注重口语和共时描写，这不同于欧洲结构主义学派注重书面语的传统。他们的主要贡献在于制定了一套对语言结构进行形式分析和描写的技术。这一学派对汉语研究影响很大。

总的看来，这个学派具有以下显著的特点：①注重口语的描写和共时的研究。这是这一学派的传统，因而他与欧洲传统的语言学主要着眼于书面语，以及 19 世纪的历史比较语言学以历史为主的研究有明显的不同。②注重形式的分析，回避意义问题。从经验主义的立场出发，这一学派在结构分析中主要根据可以观察到的语言形式进行研究，不考虑语言以外的事实。由于忽视意义，这就使他们对一些同形异构的歧义现象难以解释。③在结构分析中主要运用分布和替换的方法，以便从一堆言语素材中切分出独立的单位并加以归类。④对句法结构进行层次分析，这是分布和替换的方法在句法研究中的具体运用，并由此发展出直接成分的分析法，即把句子或词按层次区分出它的组成部分。⑤建立语素音位这个新的单位，这是在语法和语音结合的基础上建立的一个新的单位。它是由出现于某个语素变体的一组音位所组成的语音单位（如英语名词复数的词尾 -s，-z，-iz 是由不同的音位组成的同一个语素音位）。⑥强调验证。这一学派认为语言研究必须根据话语的素材，采用严格规定的步骤对这些素材做形式的分类，而且分析的结果必须经受验证。

布拉格学派、哥本哈根学派、美国结构语言学派虽然各有自己的传统和特点，但也有共同之处：都接受了索绪尔的一些基本理论，如区分语言和言语，在语言中又区分共时和历时，认为语言是一个符号系统，系统中的成分依据成分之间的差别和关系从话语中切分出来，并加以分类归并，而后从它们之间的紧密联系、互相制约的关系中去研究语言的系统。结构主义语言学自产生以来不仅影响了语言学研究的各个领域和各个流派，而且还影响了其他人文社会科学的发展，其严密的分析方法已渗透到人类学、哲学、心理学和文艺批评等其他领域。这样，结构主义就由一种语言学理论演变成几乎对人文社会科学各个学科都产生影响的思潮，因而引起学术界的广泛关注。

三、转换生成语言学

转换生成语言学出现于20世纪50年代末，以美国乔姆斯基为代表，运用转换生成的理论和方法研究语言。其活动中心是在美国马萨诸塞州的麻省理工学院；另外，在欧洲有一个专门研究转换生成语法的学术组织，称为“旧大陆生成语言学协会”，它是一个国际性的生成学派的组织，于1975年秋成立于荷兰。

1957年乔姆斯基的《句法结构》出版，标志着“转换生成语法”的诞生。这一理论是建立在理性主义的哲学基础之上的，它完全不同于建立在经验主义基础之上的美国结构主义，因此，它的出现是对当时居于主流地位的美国结构主义语言学的一大挑战，被人称作“乔姆斯基革命”。

乔姆斯基受美国描写语言学的影响，曾经运用结构主义的方法研究希伯来语的语法，他发现以分布和替代的原则和方法对语言素材进行切分和分类的“分类主义”的方法，虽然对语言结构的表面现象做了一定分析，但对于语言结构内在的联系却解释不了，如某些“同形异构”的现象，主动句和被动句之间的关系。他举了一个例子来说明结构主义分析的不足：

Flying planes can be dangerous.

按结构主义的分析是：Flying | | planes | can | | | be | | dangerous. 而其中的 Flying planes 可以有两种结构关系：一是动 / 宾“驾驶飞机”，一是形 / 名“正在飞行的飞机”，这在结构主义直接成分分析法的分析中是无法显示出来的，这种意义是在语言的深层而不在表层。也就是说，结构主义只分析了表层结构，而没有分析也无法分析深层结构。实际上，上面的句子就含有两个不同的深层结构，是由两个深层结构转换而来的，其中一个深层结构中的 planes 是受事，一个深层结构中的 planes 是施事。

又如下面两个句子：

John is easy to please.

John is eager to please.

这两个句子按结构主义直接成分分析法分析，其语法结构完全是一样的，不能发现二者的本质区别，而实际上它们的意思根本不同。前一句的意思是“约翰很容易被讨好”（直译是“人们容易使约翰高兴”），后一句的意思是“约翰急于讨好别人”（直译是“约翰急于使别人高兴”）。这是因为第一个句子可以转换为 It is easy to please John. 第二个句子不能，如果转换为“ It is eager to please John”，意思就完全错了。

这就促使乔姆斯基和其他一些语言学家积极思索，另辟语言分析的蹊径，于是产生了转换生成语言学，这就是该语言学产生的背景。转换生成语法从提出至今已经 40 多年了，这期间，主要经历了以下四个阶段：

第一阶段是“古典理论”时期，从 1957 年到 1965 年，《句法结构》是这个时期的代表作，有重要影响的理论有短语结构规则、转换规则及语素音位规则。古典理论最显著的一个特点就是主张语法自主，把语义排除在语法之外。转换生成语法。

第二阶段是“标准理论”时期，从 1965 年到 1971 年，代表作是《句法理论要略》，其语法包括四部分规则，即基础部分、转换部分、语义部分和语音部分。标准理论中最引人注目的修正是把语义纳入语法，提出语法结构有深层和表层之别，深层结构决定语义，通过转换规则转化为表层结构。这一修正使它与古典理论有了原则性的区别。

第三阶段是“扩展的标准理论”时期，从 1972 年到 1979 年，1972 年出版的《深层结构、表层结构和语义解释》标志着这一时期的开始，而以 1977 年出版的《关于形式和解释的论文集》为代表，则对这一时期的理论又做了一些修正，因而也称为“修正的扩展的标准理论”。1972 年的主要变化在于表层结构对语义解释也起了一定的作用，而在 1977 年的理论中，语义解释则被全部放到了表层。此外，这一阶段还提出了“虚迹”的理论。

第四阶段是从 1979 年至今，以《支配和约束论集》为代表。这本书是根据乔姆斯基 1979 年在意大利比萨的一次学术会议上提出的“支配”和“约束”理论整理成的。这一阶段的理论有两个重大变化：一是在原来的规则系统之外增加了原则系统，二是提出了“虚范畴”。目前，支配和约束理论仍然处于不断的修正和发展中。

转换生成语法强调对人的语言能力做出解释，而不是仅仅描写语言行为，它要研究的是体现在人脑中的认知系统和普遍语法。乔姆斯基认为“语言”不是实际存在的东西，这个概念是从语法中派生出来的，只有语法才是实际存在的，因此，转换生成语法研究的对象是语法而不是语言。另外，转换生成语法采用的是现代数理逻辑的形式化方法，根据有限的公理化的规则系统和原则系统用演绎的方法生成无限的句子，以此来解释人类的语言能力。所以说，转换生成语法无论是在研究目的、研究对象，还是在研究方法上都和传统语言学、结构主义语言学有原则性的区别。它为语言研究开辟了一条新的道路，展现了一个全新的发展方向，使语言学以新的面貌呈现于世。它对其他人文社会科学的发展也产生了重要的影响。

转换生成语言学认为简单、主动、肯定、陈述句是核心句，其他形式如否定句、疑问句、被动句等，都是从核心句转换来的。实验证明：这有一定道理，因为给受实验者几十个各种类型的句子，让他们回忆，结果是核心句被正确回忆起来的最多，其他形式的句子都有被回忆成核心句的倾向。这说明，每经过一次转换，句子就复杂一些，理解和记忆的心理过程也就复杂一些，所以在大脑存储系统的深层，基本结构还是核心句的完形。

现在这一理论还被用于心理测试研究方面：西方一些企业在招聘人才时，往往要进行心理测试，测试的方法是给出一些材料，让被测试的人员写出句子，这些句子可以是主动句也可以是被动句，在表义上没有什么差别，但实际上往往是以使用主动句居多的人被录用的概率要大一些，因为主动句的大量使用反映在一个人的心灵深处就是具有主动性、积极性，进一步分析，这样的人往往都富有进取精神。

转换生成学派的研究还包括生成音系学，它是生成语法学的一个分支，其任务是研究人头脑中的音系知识。生成音系学从酝酿、形成到标准理论，直至现在的非线性理论，也经历了四个发展阶段。代表人物有雅科布逊、哈勒、乔姆斯基等。1952 年，雅科布逊、哈勒等人合写的《言语分析初探》、1956 年乔姆斯基、哈勒等合写的《英语的重音与音渡》，以及 1968 年乔姆斯基和哈勒共同撰写的《英语语音模式》分别是前三个阶段的代表性著作。《英语语音模式》中提出的标准理论使生成音系学在 20 世纪 60 年代的美国音系学中居于主流地位。1975 年以后，生成音系学进入非线性理论时期，演化出各种名目的音系学，如自主音段音系学、节律音系学、词汇音系学等。在这一时期，乔姆斯基退出了音系学领域的研究而专攻句法，哈勒则仍是这一领域的旗手。

生成形态学也是转换生成学派的一个研究范畴。乔姆斯基在《论名物化》一文中首先确定了形态学在生成语法中的特定作用，哈勒于 1973 年进一步提出了生成形态学的第一个明晰的模式，继而西格尔、杰肯道夫、阿罗诺夫等人跟进，又对生成形态学的模式做了一些改进。

转换生成学派的影响不仅体现在语言学方面，在其他学科，如计算机科学、人工智能及认知科学等方面也产生了一定的影响。乔姆斯基认为，转换生成语法将促进认知科学的发展，并把语言学的研究和神经科学、心理学及生物学等学科的研究结合起来，共同为探索人脑的奥秘做出贡献。

第三节　英语语言的发展史

一、英国英语和美国英语的演变与发展

根据各个国家英语的变化渊源和近似程度，英语首先可以分成英国英语和美国英语两大类，每一类又分别为不同的国家所使用。英国英语主要用于英国、爱尔兰、澳大利亚、新西兰、西印度群岛及南非等；美国英语主要用于美国和加拿大。一提到英国英语和美国英语，很多人都认为与汉语的普通话一样，分别指在英国和美国使用的“普通话”。其实，无论是在英国还是在美国，都不存在任何形式的法定标准发音。根据英国语言学家斯基特的调查，苏格兰有 9 种主要方言，爱尔兰有 3 种，英格兰和威尔士共有 30 种。而我们所说的英国英语，只不过是这几十种方言中的一种，即以英格兰东南部的语音为基础，以伦敦音为标准的语言。这种超越地域差异的标准发音被语言学家称为“被接受的发音”（Received Pronunciation，简称 RP）。在著名英国语言学家琼斯和吉姆逊合编的 *Every Man's Pronouncing Dictionary* 的引言中对 RP 的定义是：在南方家庭，一些在公共学校中受过教育的人及大多数受过教育的伦敦人中可以经常听到的发音（Jones & Gimson）。英国的另一位语言学家阿莉斯曾指出，RP 是首都伦敦、法院和教堂等处有教养的发音。而美国英语是指在美国相当于标准语的，或起标准语作用的那部分英语，在语言学研究中通常被称为普通美国英语（General American English，简称 GA）。在全国性的广播、电视系统中使用的就是这种发音。据统计，美国有 71% 的人说 GA。目前在我国的英语教学中采用的发音就是指英国英语的 RP 和美国英语的 GA。

由此可见，在英美英语以卫星运行的空间范围和电波传递的时间速度相互交融的今天，了解英美英语的起源、发展及它们的特点，对英语教学和英语使用都具有十分重要的意义。

（一）英国英语的发展阶段和美国英语的起源

1. 英国英语的发展阶段

语言史的分期同历史研究中的分期一样往往是有争议和分歧的，不同的学者由于着眼点不同而有不同的分期。斯特朗将英语的发展分为九个时期：370年以前、370—570年、570—770年、770—970年、970—1170年、1170—1370年、1370—1570年、1570—1770年、177—1970年。怀尔德（H.C.Wyld）则把英语的发展历史分为三个时期：古英语时期（1150年以前），中古英语时期（1150—1400年）、现代英语时期（15世纪至今）。其中，1400—1550年属于早期现代英语时期，19—20世纪属当代英语时期（Wyld）。李赋宁采用了多数英语史学者的观点，把英语的发展历史分为3个时期：古英语时期（450—1150年）；中古英语时期（1150—1450年）；现代英语时期（1450年至今），其中公元1450—1770年属于早期现代英语时期。

2. 美国英语的由来

美国英语不是一种独立的语言，它来源于英国英语，只是在北美特殊的文化、历史及社会环境里形成了若干独特的形式和含义。用现代语言学的术语来说，美国英语是英语的一种变体，是近400年来英语使用于北美这个特殊的地理环境，受美国社会文化影响而形成的一种变体。

美国英语源于伊丽莎白时期的英语。1607年，首批殖民者120人乘三艘大船横越大西洋，在弗吉尼亚州的詹姆斯河口建立了詹姆斯城（James town）。1620年又有120个殖民者乘“五月花号”（May Flower）船驶抵马萨诸塞州的普利茅斯（Plymouth），建立了殖民地。当时英国正处于伊丽莎白一世统治时期，从英语的发展史来看，正处于现代英语的早期开始阶段。在最早移居新英格兰的清教徒中有100多名还是牛津大学和剑桥大学的毕业生，他们将伊丽莎白时期的英语带到了北美新大陆，成为美国英语的起点。从这时起，两国都说伊丽涉白时代的英语。在很长一段时间里，美国英语与英国英语之间并没有什么显著的不同。狄更斯到美国去了一趟之后，写了一本小说《马丁·朱述尔维特》（*Martin Chuzzlewit*）。在这本书里，他借用了美国人物口中说出的英语，除了发音和重音之外，和英国人说的英语也没有显著差别。

（二）英语的迅猛发展及其原因分析

1. 英国英语的巨大变化与美国英语的继承性

自17世纪初伊丽莎白时代向美洲移民以来，英国英语发生了很大变化。

（1）语音方面。

16 世纪末英国开始向北美大陆移民时，fast，bath，calf 等词中，元音都发成 [æ]；直到 1780 年英国人谢里丹出版了发音词典，fast，bath 等词中的元音还是发成 [æ]；到了 1800 年以后 [a：] 的发音才逐渐出现在伦敦附近的英语中。1800 年以前元音后的字母 r，如在单词 earth，firm，turn，word 中，是要发音的，但 1800 年以后，这样的 r 在伦敦方言中已经不发音了。在 which，when，what 等词中 wh 发为 [hw]，which 与 witch 不同，而在 19 世纪伦敦英语中，wh 读为 [w]，which 和 witch 无发音区别。在 17 世纪伦敦英语中，due，duty，true 等词中元音发成 [ju：]，如 [ju：]，[diu：t]，[triu：]。到了 19 世纪，除了在 r 后，u 仍然发 [ju：]，如 [du：]，但是 [tru：] 例外。以上所列的 17 世纪伦敦英语在 19 世纪虽然发生了变化，但在今天的美国中西部英语中仍保留着 17 世纪的伦敦音。由此可见，以中西部为代表的美国普通英语（GA）在不少方面确实比今天的伦敦英语更接近伊丽莎白时代的英语。

（2）词汇方面。

美国英语不仅在语音方面比英国英语更遵循伊丽莎白时代英语的传统，在词汇意义方面也是如此。在英国英语使用者的眼里，大洋彼岸的英语比他们本土的“嫡传正宗”英语反而保留了更多的“古体词（archaism）”。*Dictionary of American* 的编者克雷吉很早就注意到美国英语的这种倾向。1850 年出版的由哈利维尔主编的 *Dictionary of Archaism and Provincialism* 收集了 300 多个古体词，这些词在英国已陈旧不用，而在美国却依然流行。例如，loan 这个词做动词的用法起源于英国，可以追溯到 1200 年前后，在亨利八世（1491—1547 年）时期曾以 lonyng 的形式出现于文书之中，后来，loan 的动词用法在英国逐渐少见，因而《牛津英语词典》（*Oxford English Dictionary*）在为loan的动词用法举例时，18 世纪以后的例句大多来自美国。baggage 在 15 世纪进入英语，到 18 世纪结束时已趋消失；在英国现在用 luggage 表示原来 baggage 的意思，而 baggage 在美国仍在使用，保留了“行李”的原意，并构成了 20 多个合成词，如 baggage room（left luggage office）、baggage car（行李车厢）、baggage man（行李收发员）、baggagc master（车站，行李车等的行李负责人）等。fall“秋天”，1545 年始于英国，后来逐渐转用 autumn 一词，现在很少有英国人用 fall 表示“秋天”，而在美国则为常用词。这就是英国英语的巨大变化与美国英语对英语传统的继承性在语音和词汇方面的一些表现形式，也是英美英语走向分离的原因之一。

2. 美国英语的独特发展

美国英语的独特性最明显、最大量地表现在来源众多、数量丰富的外来词或借词（loan word）方面。据统计，在今天的美国英语中约有1700多个词来自印第安语的借词，其中大部分与印第安人的组成和生活有关，如wigwag（印第安房子或帐篷），其余的多为北美特有的动物、植物及食物名称等，如moose（驼鹿）、raccoon（浣熊）等。一些美国的地名也来自印第安语，如Chicago、Massachusetts等。此外，印第安语的借词还通过合成的方式构成很多复合词，其中在*Dictionary of Americanism*中所列举的由Indian一词构成的合成词竟多达80个，如Indian meal（玉米粉）、Indian summer（晚秋晴暖宜人的气候）、Indian weed（烟草）等大多数在17世纪进入美国英语。北美土生土长的印第安词汇在丰富美国英语并使之适应新大陆交际需要方面做出了积极的贡献。还有很多来自法语的借词，一类是有关探险、旅行和表达西部景色、风俗的词，如charivari（对新婚夫妇恶作剧的胡闹音乐，大吵大闹）、lacrosse（长曲棍球）等；另一类是颇能反映法国文化特色的烹调饮食词汇，如jambalaya（火腿、鸡或牡蛎等煮成的什锦饭）、praline（果仁糖）。这些词大多于18和19世纪进入美国英语。而西班牙语早在移民开始前的探险时期已经开始与英语交融，而且现在西班牙语仍是美国的第二大语言，在南方诸洲尤为流行。在两种语言和文化的接触中，许多西班牙语词汇陆续进入了美国英语。有不少词汇，如tomato、barbecue、savannah（美国东南部无树木生长的热带或亚热带大草原）等已融入世界通用的英语，无论在美国英语还是在英国英语中都同样适用。西班牙语借词在发音方面有一个明显的特征，即许多词含有o音，如broncho（北美西部草原的野马）、potato（马铃薯）、patio（院子）、puelo（村、镇）等。不仅印第安语，法国和西班牙的语言以借词的方式对美国英语的发展也产生了重要影响，荷兰语、德语也对北美英语的独立发展产生过作用。

综上所述，美国特殊的自然和社会环境推动了美国英语的独立发展，而北美各民族和文化的接触、交融又为美国英语的这种发展提供了丰富的语言材料。这正是美国英语偏离英语传统的创新倾向。

（三）美国英语的影响

英美英语由离而合的这一现象在第一次世界大战前后是美国英语和英国英语关系的转折点。在此之前的倾向是美国英语偏离英国英语，在此之后的主要倾向是英国英语向美国英语靠拢。随着英国经济的衰落，英国失去了称霸世界的地位，而美国对全世界的经济、军事和文化的影响逐渐增大。20世纪30年代美国电影的流行，40年代第二次世界大战期间美国士兵来到欧洲，都对扩大美国英语的影响起到了非常重要的作用。美国英语中的大量词汇渗入英国英语，使两种英语在某种程度上再次走向融合，两者之间的差别又有所缩小，呈现出相互靠拢的趋势。这种趋势的发展在发音上首先导致一种介于英国英语和美国英语之间的混合体的出现，即人们所说的大西洋中部发音（mid-atlantic Pronunciation），有几位电影演员还把这种口音用到了电影表演中。美国英语就这样通过广播、电影、电视等强大的传播网及大批美国旅游者深入到世界的每一个角落。许多美国英语所特有的用语也随之进入英国英语和其他英语国家的语言。在这一过程中，美国英语对英国英语的影响大于英国英语对美国英语的影响，也就是说，英国英语从美国英语中汲取的多于美国英语从英国英语中所得到的，从而出现了英国英语向美国英语靠拢，英国英语与美国英语之间的差异逐渐缩小的趋势。由于这一原因，在 1976 年美国独立两百周年的时候，一个 BC 的广播节目特别感谢美国英语丰富了英国英语，同时指出，当前“总的趋势是美国词汇流往英国”。福斯特也指出：“可以肯定地说，在美、英两国英语的相互作用之中，目前主要的流向是由西向东。”例如，俚语“to corne down to brass tacks”（做或说真的，不要绕弯儿）最初使用于美国，现在传入了英国。

二、美国英语的融合与创新

（一）关于美国英语的沿革

门肯在《美国语言》（*The American Language*）一书中汇集了有关美国英语丰富、有用的材料，把美国使用的英语看作一种独立的语言，强调美国英语与英国英语的差异。美国哥伦比亚大学教授克拉普在《美国英语》（*The English Language in America*）这部专著中深入研究了美国英语的特有形式及其起源和沿革。克拉普不赞同门肯把在美国所使用的英语称为“美国语言”或“美语”，而称之为“运用于美国的英语”。在美国使用的英语和英语传统保持着密切的联系，同时含有许多源于美国独特的历史环境和反映美国特有的文化传统。克拉普的主张对英国英语和美国英语的共性强调有余，而对其差异因素则考虑不足。

后来，不少语言学家不断探讨美国所使用的英语问题。马克华德特在《美国英语》一书中指出“ American English”这个名称十分贴切：English 一词表明它属于英语，排除了门肯所主张的将它当作一种独立的语言的可能；而修饰语 American 比起克拉普表示地点关系的修饰“in America”具有更严密的限制意义，体现了这种语言的文化和历史属性。美国英语反映了美国文化、历史和社会特定含义、运用于美国的那种美国标准语。美国英语（American English）逐渐被人们所接受。总之，美国英语不是一种独立的语言，它是起源于英国英语，在北美特殊的文化、历史、社会环境里被长期使用并受美国社会文化影响而形成的一种英语变体。

（二）民族同化与语言融合

美国社会常被称作一个大“熔炉”（melting pot），是多种民族和多元文化的融合。北美最早的土著居民印第安人在长期的渔牧耕作中形成了自己独特的文化传统。在英国人建立北美殖民地前后，法国、西班牙等国的殖民者也纷纷来到新大陆。在随后的300多年中，欧洲、西亚的移民先后来到美洲大陆，其中还有非洲的黑奴贩卖到北美从事农场劳动。许多不同的民族生活在一起，他们的历史、文化传统相互交融，彼此渗透。在这一过程中，他们的语言也必然发生相应的变化。美国社会的特殊环境要求语言发生变化以适应交流的需要。美国社会不同民族的文化和语言相互接触，既对美国英语的独特发展提出了要求，又为这种发展提供了可能。在各民族语言交融的过程中，人数与社会地位占优势的英裔美国人吸收了其他民族有用的语言因素，特别是词汇，以丰富与改善自己的语言，使英语变得更有活力，更能成为实际生活的工具。在各民族相互接触的过程中，英语成了北美的主导语言。与此同时，英裔美国人又把融合中的英语强加给其他各族裔居民，使英语成为北美各族裔的共同语言。美国前总统杰斐逊在论述民族与语言的关系时指出，语言和民族是交织在一起的，民族进步了，语言也会随之发展。他认为，美国英语不仅来自英国英语，而且是美国多民族语言的融合体，先后从印第安语、欧洲大陆诸语言中吸收了许多有用的营养。许多学者指出，只要美国还有新的移民涌入，语言融合始终是美国英语的主要特征之一。

1.美国英语与印第安文化遗产

印第安人是北美洲最早的土著居民。印第安人种植庄稼的方法被早期移民所学习和继承，早期移民的狩猎技巧为美国人所学习。欧洲殖民者来到美洲大陆，看到了他们从未见过的特殊地理、生态环境及当地土著居民印第安人的奇特服饰、用品和风俗习惯等，这就需要用新的词汇来表达眼前的这一切。语言发展的一个普遍规律是每一种语言都有能力使自己适应和满足使用环境的需要。在实际交际需要的推动下，表达新大陆特有事物和现象的词汇便在新大陆上创造和使用起来。长期居住在这里的印第安人的语言便成了现成的语言材料库，欧洲殖民者向土著居民借用词汇就成了创造新词的一个方便的办法。据统计，在美国英语中，约有1700多个词语来自印第安语，其中大部分与印第安人的组成和生活方式有关，其余的多为北美特有的动物、植物、食物名称，如社会风俗、制度及政治生活的词汇：powwow（狂欢典礼）、totem（图腾）、caucus（秘密会议）、mugwump（政治上的游离者）；生态环境词汇：bayou（海湾）、slew（沼泽）；交通工具词汇：canoe（独木舟）；动物名称词：opossum（负鼠）、chipmunk（金花鼠）；植物名称词：timothy（梯牧草）、pecan（美洲核桃）、squash（笋瓜）；食物名称词：johnnycake（玉米馅肉饼）、hominy（玉米粥）等。就美国的地名而言，门肯指出，印第安名称对于美国的专用名词（nomenclature）的影响是显而易见的。在美国，至少有26个州名是借用土著居民的词汇，如Missouri、Oregon、Wisconsin、Connecticut、Massachusetts、Arizona等。许多城镇、县的名称也是借用土著居民的词汇，如今成为世界首要工商业、金融中心之一的纽约市曼哈顿（Manhattan）仍保留其印第安土著语名称。美国主要的河流、湖泊和著名的景观都是以印第安土著语命名的，象征着美国民族精髓的密西西比河（the Mississippi）就源于印第安语，意为“众水之父”。北美土生土长的印第安人的词汇丰富了美国英语，并在适应新大陆交际需要方面做出了积极的贡献。

2.法裔移民的语言融合

早在英国人到来之前，法国探险家和开拓者在北美内地就已非常活跃。法国人深入圣劳伦斯河和密西西比河流域并逐渐占领这些河流沿岸所有的重要地带。新奥尔良（New Orleans）在当时是法国的中心，成了北美最欧洲化的城市。在新奥尔良及其周围地区，一种法语混合语（Creole French）和标准法语同时交叉使用。在殖民地时期，美国殖民者在向西的扩张中与两种法语文化产生碰撞：一种是非正式的殖民地文化，另一种是相当发达的城市文化。英语和法语在北美产生了广泛的接触和交融。在英、法两种语言长期的交汇过程中产生了三种不同的词语融合方式，即直接借入法、间接借入法和变音借入法。在殖民地时期，英语主要通过直接借入法从法语吸收新词，主要是植物与动物、探险与旅游、地理名称、生活食物等词语。美国英语在这期间从法语中借用了近500个词。在这些借入词中，prairie（大草原）是最常用的一个词。在美国英语中，与prairie相关的词有level prairie、rolling prairies、salt prairies、chocolate prairie等。除此之外，还有许多由prairie构成的合成词，共有80多组，如prairie dog（草原牧狗）、prairie fire（草原大火）、Prairie State（伊利诺伊州的别名）等。

英语与法语之间早有长期的接触历史，但由于两种语言在拼写和读音方面存在明显差异，词语借用前往往需要一定的修饰，使法语词美国化，使之符合美国人的口味和习惯。人们通常把借入的法语词在拼写或读音上进行改造。最早改造的词如 pumpkin（南瓜）便是从法语 pompion 而来。再如 gopher 一词来自法语 gaufre，指一种北美的地鼠及它们挖土时的蜂窝形状，它与法语中的原词在发音上并没有太大的差异。有些词即使从法语中原封不动地搬过来，在美国英语中其重音也有所变化，如 coulee、bureau、depot 和 picayune 等。其重音均放在第一个音节上。再者，法语 u 的读音与美国英语 u 的读音不一样，如 butte、fume、bureau 等词，其 u 的发音就以英语的为准，这种借入称为变音和变形借入。法裔移民语言文化的融合推动了美国英语的独立发展。

3. 荷兰移民的语言融合

荷兰人是较早来到美洲的民族之一，美国化的速度较快，对美国社会生活起着十分重要的作用，对美国文化的贡献也很大。荷兰人在与美国人的交融过程中，荷兰语对美国英语产生了较明显的影响。在殖民地时期，人们经常听到荷兰语和英语的混杂语，这给语言的融合创造了良好的条件。由于美国英语的主导地位，早期的这种混杂语最后融入了美国英语中。

英荷两个民族在北美殖民地相聚的历史过程中，作为主导语言的英语在很大程度上受到荷兰人语言、文化的影响，并从荷兰语中吸收了许多词语和具有鲜明民族文化特色的表达方式。在货币流通领域里，dollar（美元）一词就是从荷兰语借用而来的。在荷兰语中，人们通常用 daler 一词意指“在山谷铸造硬币的”。作为国际交往最重要的港口，纽约（荷兰殖民时期称新阿姆斯特丹）具有良好的语言接触和融合的有利条件。纽约最著名的一条街道荷兰人给它取名为 Bredweg（宽敞的路），美国人直译成 Broadway（百老汇）这个动听的名字。美国英语在语言融合中常直译或把许多早期荷兰词汇吸收过来，使之英语化，并赋予其新的含义。而地名的借用主要是直译过来的，如 flushing（弗勒欣）早期叫 Vlissingen，当时是荷兰的一个港口。Brooklyn（布鲁克林）早先叫 Breuckelen，在荷兰语中指“沼泽地”。哈来姆（Harlem），世界黑人身份的象征，早期曾叫 Haarlem，也来源于荷兰语。

美国英语大胆借入外来语词和复合词。在美国英语中，复合词的扩展在早期受荷兰语的影响很大。美国人把荷兰语 hoi-berg 变成自己的 hay barrack（草屋），当今哈得逊河谷新泽西一带多数居民偏爱使用 haystack 的形式。美国英语中的 storm door（防风暴的外重门）直接从荷兰语 storm deur 借用而来。Pot cheese（瓷装干酪）在方言中又称 cottage cheese，来自荷兰语 pot cheese，Hot cake（煎饼）在较早的英语中叫 pancake，来自荷兰语 heete koek。荷兰的语言文化对美国英语的影响巨大，荷兰移民的语言融合对美国英语的丰富和发展有积极的推动作用。

4. 西班牙移民的语言融合

在美国英语中，一般不用 Spanish American（西裔美国人），而多以 Hispano 称呼。这在美国外裔人中是十分少有的。这种语言差异包含了许多历史文化的内涵，其中最根本的一点是西裔人在美国总人口中占的比例和西裔殖民者最早到达美洲的历史作用。

西班牙语中的大量词汇进入美国英语的语言融合现象，有多种原因，其中最为重要的是语言本身的原因。在一些情况下，英语中找不到对某些事物的恰当的表达方法，而西班牙语正好有，于是出现了语言借用的现象。西班牙语其地方色彩浓厚、语言内涵丰富、表现力强和富有幽默感，因此常被美国英语大量借用。从历史角度来看，19 世纪美国人开始不断与西南方讲西班牙语的邻国打交道，两种语言开始有了频繁的接触，西班牙语词汇逐渐成为美国英语中比重最大的外来词汇。

在美国英语中，-eria 是一个常见的后缀，它便是从西班牙语中借用过来的。它最早是从西班牙语 cafeteria（自助餐馆）一词衍生而来。在当今美国西班牙裔居住的城市或乡镇四处可见以 -eria 后缀构成的许多带自助商业性质的店名，如 carniceria、ferreteria、planchaderia、carpinteria、drogeria、loncheria 等。美国以西班牙语为母语的人在总人口中占很大比例，他们主要居住在南部和西南部地区，如新墨西哥、得克萨斯、加利福尼亚等。早期住在加利福尼亚和得克萨斯的西裔人除了会西班牙语外，几乎不会讲英语。在新墨西哥，奇卡诺人主要用的仍是西班牙语，会英语的人很少。美国政府为此采取过许多措施，但效果不佳，在无其他更好办法的情况下，只好同意在这些地方采用双语制——英语和西班牙语共用。这就出现了在公共生活中使用英语，而在日常生活中使用西班牙语的多元社会。

总之，美国英语的形成与发展与美国的移民有着密切的联系。世界各地移民的不断涌入给美国的语言融合创造了有利的条件。美国英语在多民族的语言文化中吸收营养，从而充实了自身的内涵，加快了语言的多元发展，因此具有鲜明的融合特征。

几个世纪以来，大批外来移民来到美国。到目前为止，美国的民族已达 100 多种。可以说，美国几乎融合了世界上绝大多数民族的语言文化。不管你从世界哪个角落来到美国，你都可以找到自己的同胞。从美国英语中对移民的称呼就可知道美国的移民来源：Spice（西班牙人），Bohunk（移入美国的东欧人），Chicano（墨西哥人），the Orientals（亚裔），Afro-american（非洲裔美国人），Asian-american（亚裔美国人），Chink（华人）等。外来移民带来了不同的语言、文化、风俗、价值观念及宗教信仰。各民族不同的语言、文化、风俗等的交错融合构成了当今美国英语的一大特点。美国英语中有许多生动、丰富多彩的词汇被用来形容当今美国民族拼花板，如 American Mosaic（美国马赛克）、a diverse society（多元社会）、cultural bouillabaisse（文化大杂烩）、kaleidoscope（万花筒）等。

三、美国英语的创新

（一）社会环境对语言创新的影响

美国特殊的自然和社会环境推动了美国英语的独立发展，而北美各民族和文化的接触交融又为美国英语的发展提供了丰富的语言材料。美国英语在其发展过程中出现了偏离英语传统的创新倾向，而创新恰恰是美国英语成为美国英语的根本特征。美国英语的变迁与发展与自然环境和社会环境有着密切的联系。美国英语在一种多变的历史时代中创造和借用了大量的新词汇来反映生产力的发展、文化形态的变异、政治经济制度的改革、外来民族的融合等。正如美国历史学家丹尼尔·布尔斯顿所说，美国英语的形成关键在于这个民族的人民在新的社会和新的生活环境中不拘一格地创造和使用新词汇。

美国英语在词汇方面的创新与刘易斯和克拉克远征队的探险记录有密切关系。1804 年，杰斐逊总统命刘易斯和克拉克带领 45 人去西部进行科学考察与探险。在逐日记录地理环境和创造语言的过程中，他们的日志中有近 2000 个专门名词被视作美国英语的创新词，其中最少有 1000 个单词是首次见于日志的。从这些记录里，我们可以看到英语如何扩展并使自己与新世界的景象相适应。描写新的植物或动物界现象的专门名词多达 500 个，当中大多数是从印第安语中借用过来的。在这些日志中发现的美国创新词也有许多成为人们日后的常用词，如 cent（分币）、malze（玉镯漆）、interpretress（女翻译）、portage（水陆联运）、prarie（大草原）、Yankee（美国佬）等。还有许多词汇是用美国的独特形式把英语单词连接起来构成的复合词，如 back track（走回头路）、cut off（捷径）、black walnut（黑胡桃）、half-breed（混血儿）、mountain sheep（山绵羊）、rocky mountain（落基山脉）等。许多英语单词在刘易斯与克拉克远征队使用时被赋予了新的含义，如 baggage（行李）、bar（酒吧）、biscuit（软饼）、brand（商标）、chunk（块）、onion（洋葱）等。

（二）社会发展对语言创新的影响

吴世雄指出，一般而言，一个民族的生产力水平越高，这个民族的语言中就记录着越先进的内容。第二次世界大战以来，美国在科技和经济领域的发展走在世界最前列。在英语世界里，起主导作用的已不是英国英语，而是美国英语，有人将美国英语的渗入称作“可口可乐殖民主义”（cocacolonialism）。在科技领域出现的新科技、新发明、新创新要求有与之相适应的新词汇来表达。以太空领域为例，space shuttle（航天飞机）、space station（空间站）、space biology（太空生物学）等显示了美国在太空领域探索的世界领先地位。此外，bionics（仿生学）、fiber optics（纤维光学）、gene splicing（基因剪接）、diaphanography（透照法）等率先在美国英语中使用。

第三章　语言理论与英语教学

高等院校外语系英语专业的任务是为国家培养能正确、熟练地用英语进行交际，并具备从事英语教学、翻译和语言研究能力的英语人才，这是在业务方面对学生的要求。研究语言理论与英语教学对于学习者的学习与成长有着积极的促进作用。语言的定义是什么？语言的基本特征是什么？对于大学英语教学而言，有关这两个问题的讨论是非常重要的，其重要意义在于：该讨论涉及对于语言本质的研究；英语教育所涉及的英语教学原则的制定、英语教学方法的设计，以及英语教学手段的选择都离不开对语言本质的认识。本章就相关问题展开论述。

第一节　语言与语言学习环境

一、什么是语言

为了弄清楚语言的特征，了解什么是语言，语言学家、哲学家和心理学家做了大量的研究工作，他们从不同的角度对语言的本质和特点进行了描述。概括起来，语言有如下一些特征。

第一，语言是一个系统，并且是一个生成系统，它有着自身的结构。这种结构是多层面的：第一个层面是音位（phonemes），第二个层面是音节（syllables），第三个层面是语素（morphemes），第四个层面是词（words），第五个层面是句子（sentences）。语言这个系统储存在人们的大脑之中，并为规则所支配（rule-governed），这些规则既是复杂的，又是抽象的。人们可以凭着对语言规则的掌握形成无限的句子，并可以凭借这些规则判断某些句子是否正确。

第二，语言是一套具有任意性（arbitrariness）的符号，这些符号是声音符号，但也可能是视觉符号。语言符号所表示的意义是约定俗成的，语言符号和它们所指的事物没有内在的必然联系，这叫作语言的任意性。例如，某种有四条腿、食肉的哺乳动物在汉语中叫作狗，在英语中叫作 dog，在法语中叫作 chien，在德语中叫作 hund，这就是任意性的一例，因为我们无从解释为什么要这样叫。但用什么语言符号去表示意义是一种社会规约，意义的规约性往往会受到不同社会和不同文化的影响，因而总是具有人文性这一特点。

第三，语言是一种交际的工具。作为交际工具的语言是在社会交际需要中产生的，并在使用中得到发展，人们通过语言的运用而掌握语言，在交际中学会使用语言。

第四，语言在语言社团或语言文化中发挥作用。语言和文化有着极为密切的关系，语言是文化产生与发展的基础，而文化的发展也促使语言变得更加丰富和精细。从某种意义上讲，语言可被看成文化的一部分。

第五，语言为人类所独有。科学家对动物交际的研究表明，虽然一些动物可以以某一种方式或通过一定的手段把有关的信息传给它们的同伴，（例如，蜜蜂可以通过舞蹈来传播有关蜜源的信息；海豚可以对不同的灯光信号发出不同的信号；猿猴也能学到某些语言符号），但是它们并没有和人类相似的交际系统，它们之间的“交际”不是人类那样的语言“交际”。语言是人类独有的，人类语言有它的神经生理基础、社会基础，以及用于抽象思维的特点和用于传递指称对象特殊信息的特点。从这些方面来看，人类语言与动物“语言”是不同的。

第六，所有的人都以大致相同的方式习得语言。语言和语言学具有普遍的特征。如果我们可以把人们描述为聪明、较聪明、不那么聪明等各种类型，除了一些有生理或心理障碍的人，所有的人在儿童阶段都能以大致相同的方式习得语言。儿童具备学会任何一种语言的能力，只要他们能够接触到周围讲某种语言的人，与某一种语言环境保持接触，他们到一定时期——五六岁时，都能使用某一语言进行交际。认识语言的本质和特征，有利于我们探讨英语教学的问题。对语言不同的看法会使我们在英语教学研究中采取不同的态度和方法。如果我们把语言看成一种任意符号，而这种符号首先是有声的，那么我们在英语教学中就会强调口语教学，加强听、说方面的训练，我们会“听说领先”；如果我们把语言看作交际工具，我们会以能成功地进行交际作为学习语言成功的标志，也会在教学中让学生参加各种语言交际活动，使学生在语言交际中学习语言；如果我们相信语言和语言学习具有共同的特征，我们也会去寻找学习者学习语言的共同方法、共同策略，看哪一种方法、哪一种策略更有利于语言学习。我们会更清楚地看到不同的语言观对语言教学的影响，不同的语言观会直接影响某种具体方法和教学技能的运用，不同的教学方法都是以不同的语言观和语言学习观为基础的。

二、教与学的关系

（一）教师的教是主导，学生是学习的主体

在教学活动中，教与学的关系一直是人们关注的焦点，因为教与学的关系是教学过程的主要矛盾、主要问题。一方面，正确认识并把握好教与学的关系，关系到教学水平的提高和创新人才的培养。另一方面，对教与学关系的认识也是发展的、与时俱进的。人们对教与学关系的认识一直存在多种看法，这反映出教与学关系的复杂性。例如，在教与学谁主谁辅的关系问题上，德国教育家赫尔巴特曾提出“教师中心论”，强调教学过程中教师的权威，学应服从教，要以教为中心，并主张学生保持一种被动状态。与此相反，美国教育家杜威则秉持“儿童中心论”，提倡“在做中学”，认为教学是学生可以自为的活动，强调学生是太阳，教师是月亮，主张教师围绕学生转，从而分别得出教学过程教师是主导和学生是主体的单极主体结论。显然，这两种观点都有失偏颇。它们放大了教与学在某一方面的作用，把本应是辩证统一的两者对立，致使教与学的关系在教学过程中难以妥善处理。在我国教学实践中，长期以来受“应试教育”思想的影响，教学出现了“唯分数论”的倾向，教学中注重认知，“认知方法上主要是灌输”，致使教和学的关系形成了“教服从于考，学服从于教”的“考试中心论”怪圈。这种错位的教与学的关系不仅束缚了教师的主观能动性的发挥，而且严重地扼杀了学生的学习积极性和创造力，束缚了学生个性的发展。

教育应做到既重视教又重视学，这就要求教要为学服务，教师在深入钻研教材时，既要熟练地掌教材的整体性，又要把握重点、难点、关键点和知识形成过程，只有这样，才能做到围绕教材中心自觉地引导学生去掌握知识和技能，在熟练地掌握教材的基础上还要了解学生，并掌握每个学生学习中存在的具体问题，针对学生存在的具体问题因势利导，充分调动学生学习的主动性、积极性和自觉性。在掌握教材和了解学生的基础上，要切实做到教学从实际出发，既从知识传授的实际出发，又要从学生接受知识的实际出发，并把两者有机地联系和结合起来。根据学生思维和认识的规律，由此及彼、由表及里、从

低级到高级、从具体到抽象、从现象到本质，系统地、循序渐进地进行有效的教学。教法必须灵活多样，教学有法但无定法，教师讲课时，要突出重点、抓住关键、说明疑点、解决难点。教学的重点是指教材中最重要的、最基本的知识；教学的关键是指对学习某部分教材起决定性作用的内容；教学的疑点是指那些容易引起学生怀疑的地方；教学的难点是指教材中学生比较难以理解和掌握的部分。好的教学方法应该使学生听懂、学会，而且能使学生掌握规律和方法。

教学过程是一种特殊形式的、高效率的认识活动，教学活动的最基本因素是教与学，因此要想达到认识的预期目的关键就在于如何把教师和学生双方的积极性、主动性充分调动起来，并使之实现最佳结合。长期以来，传统教学只重视教师的教，不重视学生的学，没有把教师的主导作用与学生的主体作用统一起来，结果达不到教与学的最优化。那么，应如何改革才能更好地处理教与学的关系呢？本人认为在教学过程中，教与学始终处于相互联系、相互依存、相互影响、相互促进的矛盾统一体中。从教学过程来讲，教是矛盾的主要方面，教师应当起主导作用，但是从学生的学习过程来说，学生又是学习的主体，所以教学中应正确处理好教与学这两者的关系。我国实施素质教育以来，学校的教学正经历着一场深刻的变革，教学出现新特征，教与学表现出新关系。教学的新内涵是由教师教学行为引起并维持、促进学生学习行为的双边动态的交互活动。教学应以弘扬学生的个性、培养学生的创新精神和实践能力为本，应使每一个学生都得到发展，应使每一个学生在各个方面都得到发展，应使每一个学生在各个方面都得到和谐发展的基础上有特长的发展，即教学应关注学生的全体性、全面性、和谐性与差异性。新时代，教与学的关系体现为“以学定教”的教学价值取向，即教应主动服务于学，学应积极与教呼应。也就是说，教应该立足于培养学生的创新精神和实践能力，并积极促进学生自主、合作、探究式学习，为学生成为创新型人才服务；而学应改变过去被动“唯分数论”的学习状态，在教的指导下，积极主动地学习，成为学习的主人。可见，在素质教育观下，教与学建构的是一种服务与被服务、交往互动的新关系。

（二）如何处理教师的主导作用和学生的主体作用的关系

教育的影响不能简单地、直接地移植到人自身上，它必须以学生自身的活动作为中介，才能使外部的教育影响纳入受教育者的主观世界。教师是不可能超越或脱离学生自身的活动而为所欲为的，因此在教学过程中为了更好地处理好教师的主导作用和学生的主体作用之间的关系，达到最优化结合，必须高度重视以下几个方面：

第一，教学实践经验证明，在教学过程中，如果不充分发挥教师的主导作用，就不可能真正调动起学生学习的积极性、主动性，理所当然也就不会有学生主体作用的发挥。同样，在教学过程中，如果不能充分发挥学生学习的主体作用，也就谈不上什么教师的主导作用，之所以如此是因为教师的主导作用作为一种外部影响，永远无法自动地转化成学生的思想意识。教师应该认真做到关心、启发和引导学生，不要包办代替；要以理服人，不要把自己的观点强加给学生；要从实际情况出发，不要“眉毛胡子一把抓”；针对学生的实际情况和需要，做到对症下药，不要照本宣科；积极指点，不要漫无边际、放任自流。总之，发挥教师的主导作用的教学应当是：教师做到热爱学生、尊重学生、信任学生、放手培养学生和锻炼学生，把学生看成学习的主人，严格要求学生，严格管理学生，坚持以正面教育为主，积极诱导，使学生能够心服口服。

第二，充分了解学生，建立亲密无间的师生关系，这是实现教师的主导作用和学生的主体作用最优化结合的基础。既然学生是学习的主体，那么教师首先要了解他们的思想状况、学习态度、学习基础、学习方法、年龄特点、心理特征，等等。只有这样，才能把学生学习的积极性和主动性调动起来。其次，是必须建立和谐的师生关系，教师要满腔热情地关心学生、热爱学生，特别是对待后进生更应该细心地循循善诱，真心实意地给予具体的启发和帮助，充分信任和尊重学生的人格，对学生的独立思考和创造精神给予肯定，只有这样才能更有效地教育学生，明确学习目的，端正学习态度，使学生懂得学习的社会意义，把提高学生学习的自觉性和责任感贯穿教育和教学的全过程，寓目的教育于学科教育之中，以激发学生的求知欲和学习兴趣。在充分发挥主体作用的条件下，才能实现主导作用与主体作用的结合。

第三，在课堂教学中，处理好主导作用和主体作用的关系是关键，整个教学工作的中心环节就是课堂教学，因此上好每节课是提高教学质量的前提条件。对此教师必须重视课堂教学，尽量做到教学目的的正确。它包括的主要内容是思想教育目的、开发智力目的和知识教学目的。在进行教学时，必须把这三个主要方面结合在一起并同时应用在同一个教学过程之中。培养学生各方面的能力。接着是教学内容的科学性和思想性。教师在教学内容的安排上及进行教学的过程中，必须做到既注意突出重点、分散难点、说明疑点、抓住关键，又兼顾教材的系统性和连贯性；既注意新旧教材的联系，又注意理论与实际相结合；既使课堂教学内容丰富多彩、生动活泼，又注意分量适当。之后是教学法的选择与运用及高度的组织计划性，还有就是提高师生双方的积极性。总之，在教学过程中，必须使师生心理活动协调一致，教师提出问题与学生解答问题相结合；教师传授知识与学生消化吸收知识相结合，教师启发学生，鼓励学生，拓展思路，与学生创造性的学习活动相互结合，培养学生的创造能力和开拓精神。这就要求教师在教学过程中善于帮助和指导学生发现矛盾、分析矛盾和解决矛盾，使学生在分析与解决矛盾的积极思维过程中获得知识增长能力。教师应善于联系教材与学生实际之间的关系，提出富有启发性的问题，引导学生去分析解决问题，以激发他们的独立思考能力，指导他们利用旧知识包括事实、经验、理论知识、具体材料和概念进行比较、分析，综合、抽象、归纳、演绎、判断、推理，发展学生的逻辑思维能力。

第四，注意培养学生良好的学习动机。学生的学习动机分为内部学习动机和外部学习动机。要恰当地运用激发动机的方法，如创设问题情境，激发认识兴趣和求知欲，变换教材呈现形式，力求生动形象，让学生参与模拟活动，加深逼真的情境体验，激发学生的认知内驱力，引导学生及时了解自己的学习效果。教师对学生作出恰当评价、给予必要的表扬或批评，以及适当开展学习竞赛活动，不断提升学生的内驱力。教师在课堂内外要注意运用不同的方法，培养学生良好的学习动机，并注意引导学生由外部的学习动机向内部学习动机转化。教师要在培养学生学习动机上发挥主导作用，也就是说，教师在教学过程中能够在心中时时想着自己的任务，有意识地根据教学内容考虑采用怎样的教学手段，充分发挥教师的主导作用。

我们不能离开学习去讨论教授。可以说，教授的目的要指导和促进学习，使学习变得容易些，为学习的顺利进行创造有利的条件和提供各种帮助，最后促使学习者能学习到有关知识和技能。因此，教无时无刻不与学联系在一起，语言学习的理论直接影响着语言教学理论的建立，也影响着教学方法的采用。从这个意义上来说，语言学习理论和语言理论一样都对教学方法产生直接的影响。

三、母语、第二语言和外语的学习环境

（一）母语的天然习得

每个人出生后听到的第一句话通常是亲人们讲的话，排除极少数的双语家庭，这些语言是其人生接触的第一门语言，多数是会伴随其一生的语言，是我

们所说的母语。正常智力发育的人在习得母语的过程中不会产生障碍，而到了青春期，也就是所说的“语言关键期”之后，学习第二语言就会与母语的学习过程完全不同，困难重重。这样我们不仅对母语习得的过程产生好奇：是什么样的习得机制，什么样的学习环境使得母语如此轻松地被大多数人所掌握？

母语的习得是自然而然发生的，它与生活息息相关，母语的学习是在这样的有意义的语言环境下发生的。这样的语言环境可以理解为胡塞尔现象学中的生活世界。“生活世界是原初的自明性的领域。这种被自明地给予的东西，根据情况，或是在知觉中作为在直接先前中的它自身被经验到的东西，或是在回忆中作为它自身而被想起的东西。每一种直观的方式也都是将它自身当前化。每一种展示这个领域的间接的认识，广泛地说，每种归纳方式，都具有由对可直观东西而来的归纳这种意义，也就是说，具有也许作为事物自身而可能知觉的东西，或作为已被知觉的东西而可能回忆的东西等的意义。一切可以想象到的证明都回溯到这些自明性的样式，因为（各种样式的）事物自身作为主观的世界上可经验的东西和可证明的东西，就存在于这些直观本身之中，而不是思想的构成物，而另一方面，这种构成物，只要它毕竟要求真理，就只有通过回溯到这种自明性，才能具有真正的直观。”❶

首先，母语习得的世界是一个直观的世界，是一个可以被经历着并可以被经验到的世界。母语作为一种语言是生活世界的一部分，在这样直观的世界里是直接给予我们的生活世界，是自然而然的世界，在自然而然地、平平淡淡地过日子的态度中，我们成为与其他主体的开放领域相统一的、有着生动作用的主体。生活世界的一切客体都是由主体给予的，都是我们的拥有物。母语习得的过程区别于目前外语的学习过程，它不是以学习字、词、句和语言规则为前提，而是以一种鲜活的面孔直接给予我们。生存在这个世界的人们是这个生动丰富的世界的一部分，要实践了解这个世界，就要以这个世界的本来面目作为实践和研究的对象。生活世界同时也是一个主体间的世界，作为一个人，活着就生活在社会的框架之中，我们都一同生活在一个共同体之中，这个共同体作为一个视界而为我们拥有。在这样的世界，主体性才是第一性的。人们获得的经验不是通过经验的总结而得出的，而是来自非抽象的直观。

其次，母语习得的世界是一个“前科学”的世界。母语习得的世界是我们的生活世界。这里说的生活世界是胡塞尔在《欧洲科学危机和超验现象学》中

❶ 洪汉鼎．重新回到现象学的原点——现象学十四讲[M]．北京：人民出版社，2008：253-254.

定义的前科学的非概念化的生活世界。近代科学的世界“开始偷偷摸摸地取代了作为唯一实在的，通过知觉实际地被给予的、被经验到并能被经验到的世界，即我们的日常生活世界。于是，自伽利略起，观念化了的自然就开始不知不觉地取代了前科学的直观的自然”。[1]这样的生活世界是区别于符号化、课题化的科学世界，是一个可经验的、直观的世界。这样的世界具有完整性和全面性，生活在其中的人与这个完整的世界相互交融，交互给予。母语作为一种语言，是生活世界的一个部分，是人们所有社会生活必不可少的交流工具，往往学习母语和使用母语是不可分割的，人们接受这一语言也不是刻意的学习语言的各种规则和字词来实现的，使用是学习语言的唯一目的。语言作为丰富生动的生活世界的组成部分，是可以直接地被人经验到，是直接的给予我们的。

最后，母语习得的世界是一个自然给予的世界。生活世界是科学世界的根基，科学世界是在生活世界的基础上产生的，科学世界的一切文明成果都源于生活世界，语言就是这些成果之一。“这个生活世界本身所要求的并且是在其普遍性中所要求的科学性，也许是一种特殊的科学性，而恰好不是一种客观的逻辑上的科学性，但作为最终奠基性的科学性并不是较低级的科学性，而是按照价值来说较高级的科学性。”课题化的世界是人们依据不同的目的建立的主题单一、目的单一的世界，人们依据不同的目的建立起不同的主题世界，科学世界就是其中之一。在科学的世界里，人们的目的完全是功利的，除此以外，与这个目的不相关的一切都不在科学的视界之内。这与生活世界的本来面目相差甚远，甚至已经是一个片面的、错误的世界。我们要研究生活世界中的任何一个方面，都必须真正回到生活世界的本来面目中去，这样的研究才有意义，这样的理解才不至于偏颇。母语就是生活世界中的一个部分，因此母语的学习一定要回到最本源的世界当中，以自然的态度来面对。

（二）以母语习得的方式获得第二语言

社会生活的信息化和经济的全球化使第二语言的重要性日益突出。人们之间的交往活动已远远超过本族语言所应用的范围。学习外语已成为进一步接受教育和求职的重要手段。就我国而言，英语是目前人们选择最多的第二语言。英语作为重要的信息载体之一，已成为人类生活各个领域中使用最广泛的语言。许多国家在基础教育发展战略中都把英语教育作为公民素质教育的重要组成部分，并将其摆在突出的地位。要掌握一门语言不仅要学习语言的使用规

[1] 洪汉鼎．重新回到现象学的原点——现象学十四讲[M]．北京：人民出版社，2008：255.

则，而且要将语言作为生活的一部分，融入人们的生活世界中。如果能做到真正的融入第二语言的生活世界，习得一门语言而不是学习一门语言，我们就能够以一种全新的方式获得语言的习得理论。史迪芬·平克在《语言本能》开篇这样说："语言跟生活的经验紧紧结合在一起，使我们几乎不能想象没有语言的生活会是什么样子。事实上，在地球的任何一个角落，加入你能找到在一起的两个人（或更多），他们很快就会彼此交谈。假如没有人可以对谈，人会自言自语地对自己说话，对狗说话，甚至对盆栽说话。"❶

既然语言和生活的经验息息相关，那么语言和经验又是什么关系呢？"我们似乎在用词汇创造着虚无（生活经验）中的什么（概念、理论、情感），然而，这些词汇却永远实现不了我们的目的。这或许因为语言总是使我们的意识理智化——语言是一种认知工具。在现象学的研究中，我们试图通过语言并以好奇的形式唤起对经验的理解，而这种理解似乎是非认知的。"❷类似的观点在史迪芬·平克的《语言本能》中也有所体现：语言不是文化的产物，我们学语言跟我们学如何看钟、知道时间、知道政府如何运作是不同的。语言的学习是我们大脑中预先设定的一个特别控制。语言与思维密不可分还体现为每一种语言都包含一种世界观。"一个人作为认识主体，必然会把他的主观意念带入客观的知觉和思维过程之中""一个人的世界观更多的是通过语言形成的"。❸维特根斯坦把语言等同于一种生活形式。语言的生活形式可以说是他后期哲学思想的核心部分，其中著名的"语言游戏"就是该理论的精髓所在。"维特根斯坦认为，我们使用的所有语言，实际上不过是如同儿童玩耍的游戏或人们常玩的各种游戏，语言的真实意义呈现于丰富多彩的生活形式之中，使用一种语言就是采取一种生活形式。"❹

维特根斯坦认为："想象一种语言就意味着想象一种生活形式。""语言游戏"这个术语在这里意在突出下列事实：语言是一种活动的组成部分，或者是一种生活形式的组成部分。语言作为生活世界的一部分，是可以直接给予的。正因为如此，语言不仅具有生活世界的一切属性，同时拥有一些特有的属性。

❶ 史蒂芬·平克．语言本能——探索人类语言进化的奥秘[M].洪兰，译．汕头：汕头大学出版社，2004：23.

❷ 马克斯·范梅南．生活体验研究——人文科学视野中的教育学[M].宋广文，译．北京：教育科学出版社.2003：46.

❸ 史蒂芬·平克．语言本能——探索人类语言进化的奥秘[M].洪兰，译．汕头：汕头大学出版社，2004：24.

❹ 王攀峰．走向生活世界的课堂教学[M].北京：教育科学出版社，2010：69.

“在维特根斯坦看来，语言的使用是一种社会活动，是一种生活形式，语言活动是人的活动，语言游戏是人的游戏，这样就使得语言活动与习俗礼仪和人文生活融为一体，就使得语言现象成为一种社会和文化现象。他认为，生活形式是人们在特定时代的生活方式，它具有一套独特的语言游戏规则，要掌握这套语言游戏规则，首先应理解其生活方式。”所以可以这样认为，学习一种语言就是学习一种生活形式，也就是我们通常所说的民族或者国家的文化。每一种语言都是一种生活形式的缩写，我们学习一门新的语言通常要熟知其民族的文化背景，了解国家的风土人情，这些都是生活形式的一部分。

目前我们的母语习得过程和第二语言习得过程最大的不同便是前者是作为生活世界的一部分自然地给予我们，而后者则是作为一门科学使人们理性地接受。“理性化的科学语言虽然能够精确地解释和说明自然世界，却不能描绘和显现个体的情感色彩和审美体验；虽然能够阐明复杂的经验事实和科学命题，但是无法表现出真挚的生命体验和价值判断，难以走出科学语言的迷宫。”第二语言本身也是一个民族或者一个国家的母语，同样也是一种生活形式的缩写。如果能够使第二语言作为生活世界的一部分，就可以对所有人自然给予，这一过程要求第二语言学习者首先要融入第二语言的生活世界，把第二语言作为一种特有的生活形式，作为习得的前提条件。以母语习得的方式学习第二语言，就要求我们摒弃外语教学中的传统的观念——把语言教学当作一门科学来教，把学习一门语言等同于学习一项技能。

（三）外语、第二语言、母语及其他

第二语言与外语有什么区别？它们是同一概念不同风格的用语，还是两个截然不同的概念？从事外语教学理论研究的人大概都有这样的感受：术语使用的不同往往会引起概念上的混乱和误解。更令人困惑的是，在介绍和评价国外外语教学理论研究成果时，遇到 second language 是译成我们中国人更能接受的“外语”，还是直译成“第二语言”，以示区别？实际上，就是在国外外语理论界，second language 一词的使用也存在着混乱的现象。

Stern 在 *Fundamental Concepts of Language Teaching* 一书中区分“第二语言”和“外语”时指出，第二语言一般指在本国有与母语同等或更重要地位的一种语言。如在美国，TESL 就指教外国移民英语的英语课程，一般指在本国之外使用的语言，学习常常是为了旅游和阅读文献等。Stern 还指出，second language 还可以用作广义，泛指任何一种在母语之后习得的语言，有时还可以与“外语”同义替换。

Ellis 在他 1985 年出版的 *Understanding Second Language Acquisition* 一书的第一章中明确指出，第二语言并不意味着与外语相区别，第二语言习得（SLA）是泛指，用来指代自然习得和课堂习得两种情况。然而这两种情况下的习得是否有差异仍是一个有待讨论的问题。因此，在 Ellis 看来，第二语言与“外语”假如有区别，主要是在是否在“自然”环境下习得。

William Littlewood 在 1984 年出版的 *Foreign and Second Language Learning* 一书中对该书中术语的使用有一个专门的说明。在谈到“第二语言”和“外语”时，他说，人们常常区分“外语”和“第二语言”两个术语。简单说来，“第二语言”在学习所在地有其社会作用（如作为一种通用语或者作为另一社会集团的母语），而学习“外语”主要是为了与本语言社团之外的人接触。但是从 Littlewood 的书名来看，他本人却没有始终如一地坚持这一标准。

由此我们可以看出，“第二语言”这一术语有两种用法：一是泛指母语之后习得的任何一种其他语言；二是与“外语”相区别，指在本国内作为通用语或其他民族用语的语言。一词多义，这也许就是“第二语言”一词引起混乱的根源所在。

其实，我们知道，second language 与 first language 相对，而 foreign language、non-native language 是与 mother tongue 和 native language 相对的。first language、mother tongue 和 native language 的共同特点是：①最早习得的语言常常是在家庭环境中习得的；②熟练程度高，语言直觉强。两个术语一般情况下同指一个概念。第二组术语，second language、foreign、language 和 non- native language 的共同特点是：①是一种双语现象；②在掌握的时间顺序上次于第一语言；③熟练程度一般不如第一语言；④习得方式一般是学校教育、家庭教育或通过自学。

这两组术语的区别实际上是相对的，有时有的特殊情况往往会模糊这种区别。

例如，My native language was Hungarian, but I now use English as my first language. 这一情况下，说话者的母语是匈牙利语，英语虽然是他的“第二语言”或“外语”，但是由于生活或工作环境的原因，“第二语言”或“外语”却成了他的“第一语言”。

由此我们可以得出结论，以上这些术语的区别是相对的，因人、因时、因地而异，并没有什么客观的标准。我们在碰到以上术语时，应该根据语境和其他背景知识做出判断。在我国，除了少数民族学习汉语，汉族人学习少数民族语言可以把对方的语言称作第二语言外，中国人在中国境内学习的其他语言一般情况下都应称作外语，这也许是为什么我们在阅读、介绍国外“第二语言”研究成果时，对 second Language 的理解和翻译感到困惑的原因之一。实际上，在欧美，20 世纪 70 年代以前，几乎所有的外语教学文献都是用“foreign language”一词来泛指母语之外的其他语言。我们认为，鉴于国外外语理论界对 second language 一词用法的不统一，我们有必要严格区别第二语言作为泛指和作为特指的情况，在译成汉语时分别译为“外语”和“第二语言”，以示区别。即使直译，也应区分情况，做出说明。

我们的主要依据是，狭义的“第二语言”与“外语”在语境、语言输入、学习者的情感因素、认知基础和掌握程度方面都有着明显的差异。两者不可“同日而语”。

首先，在语言环境方面，第二语言与外语有着根本的差别。第二语言的学习者一般都有一个比较自然的语言环境。周围有众多的该语言的本族语使用者，由于种种原因，他们之间可能会发生各种各样的联系。同时，由于该语言或语言社团可能是官方语言的一种（如英语、语法在加拿大，英语在印度等），新闻媒介、官方文件、广告等为学习者提供了一个比较真实和自然的语言环境，这些对外语学习者来说是无法与其相比的。

其次，从语言输入来看，第二语言学习者一方面有自然的语言环境，另一方面，如果他通过课堂教学学习该语言，教师的语言程度、同学的语言程度等都给他提供了较理想的 comprehensible input，其中包括 foreigner talk、teacher talk、peer talk 等；而外语学习者则不同，他一般不可能得到 foreigner talk 之类的输入，由于外语教师语言水平总体上不能与第二语言教师相比，teacher talk 质量和数量都不如第二语言教学课堂，peer talk 在很大程度上也受到限制。

再次，第二语言学习者和外语学习者在影响学习过程的情感因素方面也有着本质的区别。在第二语言学习环境中，由于第二语言在本语言社团的特殊地位，学习者往往有强烈的学习愿望和动机。如由于英语在印度和一些非洲国家是一种影响择业和提升的重要因素，学习者的工具性学习动机就很强，再如，美国和德国，这些国家的语言成为移民和客籍工人减少种族歧视、争取同等社会待遇和机会的工具，因此他们学习这些语言有着强烈的归附性动机。所有这些与中国学生在本国学习外语有着根本的差别。这并不是说中国学生缺乏学习外语的动机，但中国学生很少会有对外语学习非常有用的归附性动机，而且就整体而言，中国学生学习外语的工具性动机也不十分明确，这不能不说是中国外语教学的一个严重缺陷。就情感因素的其他方面而言，如态度、个人性格等，由于语言学习环境的制约，其潜在的对外语学习过程的促进作用也受到极大限制。

更为重要的是，由于第二语言、外语与母语之间的关系的不同，母语知识对另一种语言知识习得的影响也不一样。大家知道，母语交际能力在学习另一种语言时会发生正负迁移现象，在欧美国家，由于学习者所要学习的第二语言一般都是与他们的母语有着同源关系的语言，相近的文化背景和相似的语言特征使得他们语言能力的正迁移远远超过负迁移。与此截然不同的是，中国学生所学外语一般与母语分属不同语系，文化传统、语言特征，包括语音、语法和文字系统迥然不同，他们在学习中所遇到的困难远远超过欧美学生。根据欧美学者的研究，无论学习者有什么样的文化背景和语言背景，无论在什么样的语言环境里学习，其掌握某种第二语言的程序（route）是不变的，学习者的个人差异只会对学习的进度（rate）产生影响而不会对程序产生影响。然而，从他们研究的对象（主要是母语为印欧语系语言的学习者）以及从中国学生学习中发现的独特性错误来看，我们有理由怀疑这一结论的可靠性。

最后，由于以上种种原因，第二语言和外语学习者掌握语言的熟练程度大不一样。第二语言学习者往往能达到native-like的程度，特别是在口语表达方面，而外语学习者就很难达到相同的程度。我们只要看看中国成千上万的外语学习者花上近十年的时间学习外语，而最终都以失败而告终就可以体会到这一点。

这样看来，外语教学有着与第二语言教学完全不同的特点，中国学生学习外语更有其特殊的地方，因此，我国外语教学界必须从中国外语教学的具体情况出发，建立自己的外语教育理论体系，对国外的外语教学理论，尤其是对第二语言习得的理论应该采取慎重的态度，在吸收和借鉴的过程中应充分考虑到中国学生学习外语的特殊情况。

（四）外语学习环境

有语言学家认为，在语言学习的所有方面，也许除了发音之外，成年人都胜过儿童。也就是说，如果儿童和成年人都具有最佳的学习环境，成年人掌握一定的语法和词汇所花的时间要比儿童少。可见，学习环境对成年人的外语学习是十分重要的。然而，传统的外语课堂教学过分强调了教师“讲授”的作用，把外语学习看成一种“知识”的获取，而不是一种技能的习得。在这种外语教学课堂中，教师讲得多，学生练得少。学生学了几年外语之后，虽然对外语知识掌握了不少，却始终无法用外语进行有效的交际，尤其是口头方面的交际。实践证明，这种重语言知识传授、轻语言交际训练的课堂教学环境是十分不利于培养学生的外语运用能力的。正如Ellis所说：“没能给学习者提供自然交际机会的教学活动，将会使学习者失去学习语言材料的主要来源，进而阻止习得的进行。”

根据第二语言习得的理论，理想的外语课堂教学应向学生提供这样一个外语学习环境：它能使学生获得更多的直接使用外语的场所和机会，让学生沉浸在使用外语的环境之中，进行有意义的交际，并能激励学生参与解决问题和完成任务的交际活动。具体来说，这种有利于学生习得语言的外语课堂教学环境应具有以下几个特点。

（1）创造尽可能自然、真实的语言环境。真实、自然的环境有助于使学生的注意力从语言形式上转移到信息的沟通上。对于学生所犯的语言错误，只要不影响正常交际的进行，教师应采取宽容的态度，不必每错必纠，这样有利于减轻学生运用外语时怕犯错的心理压力，增强他们的自信心，以提高学生语言习得的成功率。

（2）课堂教学的组织要使学生能直接参加交际。我们知道，语言习得依赖大量的可理解性语言输入，而大量的可理解性语言输入的获得，不仅需要习得者广泛地接触语言材料，而且还要直接参与交际，使接触到的语言材料通过说明、证实、修正重新组织等交际手段变成可理解性的语言材料。

（3）减轻情感因素的影响。Krashen 认为，语言习得必须满足两个条件：一是提供可理解性语言输入，二是减弱学习者的情感过滤机制。输入提供了习得的必要条件，但学习者能否掌握输入的内容在很大程度上取决于其情感因素。在作用于语言学习的诸多因素中，兴趣是影响输入的主要因素之一。如果学生对所输入的内容根本不感兴趣，语言输入就被拒之门外了。因此教师应从看得见、摸得着的内容入手，根据教学内容把课堂变成较为具体的交际场所，让学生直接地参与到交际中来。这种具体的、学生比较熟悉的内容，往往会使他们产生较大的兴趣，能激发他们参与交际活动的积极性，从而能降低学生的情感过滤程度，使语言习得更加有效。

（4）教师以组织者和参与者的身份参与课堂交际活动，而不是以知识的化身、教学的主体出现在课堂中。教师的主要任务是挑选出具有知识性、趣味性和真实性的教学材料来组织学生进行课堂交际活动，并在学生遇到表达和理解困难时，及时给予引导和帮助，以便使交际活动顺利地进行下去。同时，教师还应该设法缩小师生之间的距离，积极参与课堂交际活动，与学生打成一片，这样才有利于给学生提供一个轻松愉快的语言习得环境。

（5）课堂教学形式要做到多样化，力求动静结合，口、耳、笔结合，讲授、操练、测验结合，以拓宽语言输入的方式和渠道。课堂是学习外语的主要场所和途径，而我国的课堂教学却依然十分缺乏自然的交际环境。以教师为中心的课堂教学以对语言知识、结构和用法的讲解为主，学生往往因不能在其中获得习得的机会而使语言能力的形成受到影响。我国学生中普遍存在的语言能力与语言知识严重脱节的现象应该引起各位外语教师的高度重视，并为此做出更大的努力。只有在课堂教学中为学生提供足够的可理解性语言输入，并创造出学生能在其中习得外语，并能发展语言能力的语言环境，语言能力的形成才能成为可能。

第二节　语言观主要流派对语言教学的启示

一、语言的首要功能及其本质

语言的首要功能是交流而不是表征，语言在本质上是一种社会现象。语言至少具有两大功能：公共交流和思维表达（几乎没有人否认这一点）。但是，对于“哪一个是语言的首要功能”这个问题，人们的看法却有很大的分歧。比如，乔姆斯基认为语言的首要功能是作为思维的工具，而部分学者则坚持认为交流才是语言的首要功能。[1]这两种不同看法将导致很不同的理论后果，因为思维可以是并且主要是个人的事情，乔姆斯基因而强调语言是个人的一种天赋能力，有遗传学基础，具有普遍性、自主性等特征。交流却必须在社会中进行，其目的是合作。合作是社会共同体的行为，受集体意向性支配，因此笔者强调语言的社会性和意义的公共性等特征。因此，对语言首要功能的不同看法将会产生两种不同甚至对立的语言观和意义观。

首先，语言因人的交流和合作的需要而产生。人类祖先是一种高度发达的类人猿，在身体机能的许多方面都比不上其他动物。为了防御野兽的袭击，也为了获取食物及其他生存资料，它们需要成群而居、相互协作、共同“劳动”，由此产生交谈的需要，以便沟通思想、交流情感、协调行动，并且向下一代传递积累起来的生存经验。马克思和恩格斯都明确肯定了语言、意识与交流在发生学意义上的相互关联：交流和协作的需要促使语言和意识的产生，而语言和劳动一起又促使从猿到人的转变最终实现。

其次，没有公共交流的需要，就没有人类语言的存在。那位广为人知的漂

---

[1] 诺姆·乔姆斯基.语言与心智[M].3版.北京：中国人民大学出版社，2009：46.

流到孤岛的鲁滨孙原来是人类社会中的一员，带着他先前的人类生活经验和语言能力。现在设想有另一个人叫“罗宾逊”，他从来就没有与人群一起生活过，也没有任何先前的语言记忆，他因为某种未知的原因从小被抛到一座孤岛上独自生活。他会想到去发明一种只供他自己使用（例如，用于思考和记忆）的语言吗？回答是：大概不会，因为他没有这样的需求、智力和经验。从个体发生学的角度看，虽然每个人都有来自遗传的生理基础，如健全的大脑、灵活的发音器官和敏锐的声音器官，由此可以发展出实际的语言能力，但这种语言能力的真正实现却离不开后天社会环境的触发。从小离开人群生活的婴儿（例如，在印度发现的几位“狼孩”），他们都不会说话甚至我们也不能教会他们说话，早期脱离人类社会的生存环境已经使他们失去了掌握人类语言的能力。甚至长期离开人群而独自生活的成年人，其原有的语言能力也会逐渐丧失。

最后，语言随着交流需求的增加而繁盛，随着交流需求的萎缩而衰亡。一门语言，当其使用人口越来越多时，它必须满足的交流需求也就越来越复杂，其使用者的生活世界和生活经验逐渐沉淀到该语言中，使得它在音位、词汇、句法和语义诸方面都得到扩展和丰富，其表达手段也更趋于灵活多样，更加具有生命力。汉语、英语、俄语、法语等就是这样的语言。一类事物在一门语言中被分割和刻画的细密程度，常常与该类事物在该语言使用者生活中的重要性成正比。例如，由于中国长期处于受儒家文化支配的宗法等级社会中，为了做到亲疏有别、长幼有序、尊卑有别，必须明确每个人在家族中的角色和等级，以区分其不同的权利、义务和礼仪标准，故在汉语中表述亲属关系的词汇特别丰富，而在印欧语系等其他语言中的情况却并非如此。

假如一门语言失去了它所依附的社会，不再充当这个社会的交流工具，它的生命力也将随之丧失，最终会变成一门“死”语言。比如，在历史上，拉丁语原本是意大利东南方拉提姆地方（Latin）的方言，在公元前5世纪初成为罗马共和国的官方语言。随着罗马帝国的军事和政治势力的扩张，拉丁语作为行政语言传播到世界上的广大地区。中世纪，拉丁语是当时欧洲不同国家交流的媒介语，也是研究科学、哲学和神学所必须使用的语言。直到近代，通晓拉丁语仍然是研习任何人文学科的前提条件。但时移势迁，因为拉丁语不再担负社会交流功能，其最终变成了一门“死”语言。

以上论述表明，交流是语言最基本和最重要的功能，语言的其他功能，如作为思维的工具、作为表情达意的工具，都是交流功能的派生物。若一门语言失去了交流功能，就不能再充当思维和表情达意的工具。由“交流是语言的首要功能”可以推知：语言在本质上是社会的。这个推论不仅意味着语言主要是在社会环境中使用，我们使用语言与其他人交流，在学习语言时必须依赖其他人，也经常彼此借用表达式及其用法；语言还帮助我们去完成各种社会功能，它们甚至已经成为社会制度性实在（如货币和婚姻）的构成要素。更重要的是，这个推论还意味着语言表达式的意义是由语言使用者及其共同体所赋予的；离开使用者共同体的生活、意向、习惯和传统，语言与其意义的关联就得不到正确的解释和说明，将会变成某种无法理解的神秘物。

二、主要流派对语言教学的启示

语言学作为系统性研究语言产生及发展历程的学科，具有极其强大的生命力和指导性。外语教学作为语言学在具体社会实践活动中的表现形式，与语言学有着十分密切的关联。语言学为外语教学提供了一套系统性、科学性、指导性的教学理念、方法及手段，是外语教学中不可或缺的理论支撑。随着 21 世纪的到来，众多现代语言学流派获得迅速发展和繁荣。现代语言学流派虽然因为自身理念及研究角度不同在外语教学方面存在差异，但都是从语言和语言学习的深刻内涵出发来研究教学问题的，从而为外语教学提供了有益的借鉴和指导，为外语教学及世界范围内语言的发展提供了强大的推动力。

（一）传统语法与外语教学

传统语法是指以早期的拉丁语法或希腊语法为源头，在 19 世纪中期之前对语言进行系统描述和具体分析的现代语言学流派。传统语法诞生于前语言学时期，而并非理论意义上的语言学产生时期。传统语法追求语言描述及表达上的准确无误，十分讲究利用文学手法进行语言雕琢和完善，赋予语言以特殊的文学意义。此外，传统语言多使用拉丁语法，在进行语言表达和书写时，强调使用书面语言进行表达和论述，注重语言的规范性。在外语教学活动开展的过程中，编写外语教材及安排语法知识常常以传统语法作为理论根基，将早期一些具有语言权威性的学术作品作为教学资源使用并将其视为教学典范。随着语言形式不断退化，外语教学不断将书写能力作为教学重点加以强化，而并不太关注对学生口语能力的培养和锻炼。在实际教学活动中，教师注重从细节出发，研究语言某一层面的用法和结构，而并不重视对语言整体的探究。因此，外语教学中，学生经常被要求注意一些禁止使用的语法和禁止出现的语言错误。

外语课堂教学中，翻译和语法探讨是整个外语教学的重点。教师作为教学过程的指导者和监督者，常常教授语言的定义、用法及使用规则。此教学方法注重语言使用的规范性，将语言学习过程看作知识的传递和认知过程，并将语言学习模式固化，即采用教师授课、学生接受的形式。传统语法模式使学生能够系统而全面地掌握语言语法结构及语法规则，对语言使用方法有明确认识。在19世纪到20世纪的一段较长时期内，学生能够利用传统语法带来的益处进行诗歌及散文创作。在欧洲美学盛行的社会背景下，学生大量创作文学价值及艺术价值较高的文学作品，大大促进了欧洲文化的繁荣和发展。而如今的外语教学中，语法翻译教学法仍旧发挥着积极作用。

（二）结构主义语言学与外语教学

20世纪中期，语言学从传统语法学中脱离出来，成为一门具备自身独立性和教学思维的学科，即结构主义语言学，也被称为现代语法学。结构主义语言学以语言符号的构思和表达为核心，认为语言作为人类社会交往和联系的最为重要的形式，应具备符号功能和内涵，并能够通过有关手段和方法抽象为系列符号，以此使学习者获得更加深刻的理解。因此，结构主义语言学十分注重口语能力培养和锻炼，而对书面用语的关注度不高。他们认为，语言最终的目的在于完整而生动地描述事物的本质，而非对事物的面貌和特征进行人为的、死板的束缚和规定，即语言是平等的，无好坏之分。基于结构主义语言学编写的外语教材具备科学的教学思路和教学方法，将语法架构和语法模式进行融合，以语法结构为教学重点，注重对学生语法能力和语言结构的训练。与传统语法相比，结构主义语言学较为重视实践的作用，重视读写在外语教学中的地位，完全符合语言学习规律，也适应外语教学发展。在实际外语教学中，使用结构语言学进行教学可以在短期内提高学习者的外语能力和水平，突破固有的语言障碍，为外语人才培养和输送做出贡献。但结构主义语言学也存在众多缺陷，如忽视外语教学的内容，机械地要求学生掌握大量句型和语法，而对所学内容并无清楚的认知，从而使学生实际语言运用能力低下。因此，外语教学要将这一方面作为警戒，切勿陷入该种教学境况。

（三）转换生成语言学与外语教学

转换生成语言学是指以本民族语言为基础，通过学习和掌握本民族语言，了解语言规则及语言本质，继而接触其他语言并进行学习的一门学科。[1]转换生成语言学派的学者认为，语言种类繁多，而众多的语言种类构成一个总体，总体中每个个体之间存在异同点。语言学习并不是一个习惯性作用的过程，而

❶ 姜风华．现代语言学流派对外语教学的启示[J]．黑龙江科技信息，2010(22)：162-163.

是一个探索和对比的过程。将本民族语言系统与其他民族的语言系统进行系统性整合和处理，从而形成符合自身认知习惯和认知水平的语法套路。转换生成语言学对语言进行转换主要从深层结构、表层结构、转换规则等方面出发，利用一系列规则对语言进行处理[❶]。转换生成语言学为外语教学提供了一些有益的借鉴和指导。首先，在外语教材编写过程中深层结构相同或相似的句型可以结合，以此深刻理解并掌握句子中的语法现象、语法残缺、语义分析等；其次，使用转换规则可以使复杂的语法结构变得简单易懂。教师利用转换规则对句子进行分析和讲解，有助于学生理解语法规则、熟悉语法结构的构成，从而对语言有更加清晰的认识。

转换生成语言学的盛行催生了认知教学法。认知教学法改变了传统以教师为教学中心的局面强调发挥学生自主学习的精神和积极性，增强了学生学习的主动性，增强了外语教学效果，提升了外语教学效率。此外，外语教学在借鉴转换生成语言学的基础上，应注重对学生听、说、读、写能力的综合训练和提高，避免外语学习出现畸形。

（四）交际能力理论与外语教学

传统观点认为，语言能力仅仅与语法结构的理解和使用有关，而与实际情景中语言的运用无牵扯。该观点弱化了语言的本质和内涵，大大扭曲了语言学习的效用和目的。[❷]语言学习应将实际运用作为最终目的，这是交际能力理论推崇的观点，也是现代语言学习所要追求的效果和境界。交际能力主要包括四个方面：第一，可能性，即掌握理解基本语法和句型的能力，符合语言的基本规则和要求；第二，可行性，即语法或句型能够在具体语言环境中得到使用，并不出现语法错误，能够为使用者或学习者所理解；第三，得体性，即恰当运用语言进行沟通交流的能力，要求在熟练掌握语法结构和使用规则的基础上，增加语言使用技巧性；第四，执行性，即能够自如地使用语言进行一系列社会交往和社会活动，强调具体情境下的语言使用能力。

交际能力理论学派的学者认为，语言学习要在掌握基本语法知识和语法结构及词汇的基础上，对语言使用技巧和能力进行训练并加以掌握，以便进行语言交流和沟通，参与相关语言实践活动。语言能力的衡量标准具有多样化的特点，不仅要求使用者说出的句子符合基本的语法规则和结构，还要符合当时的

---

❶ 汪火焰．跨文化交际与英语语言教学——实践与展望[M]．武汉：武汉大学出版社，2016：26.

❷ 唐雄英．外教社外语测试与教学丛书——教育评价范式转变中的英语教学评价实践[M]．上海：上海外语教育出版社，2015：46.

语言氛围和环境。要求学习者的语言能力完全符合语言社会性特征，即语言的产生和发展要与社会环境的变革相联系，也要与社会发展同步。因此，外语教师在外语教学实践中要注重培养学生的口语能力和交际能力，使外语学习能够为实践服务，从而促进社会的发展和进步。此外，可使用情境教学法训练学生的交际能力，激发学生学习外语的兴趣和积极性，将外语学习融入具体的社会实践和社会交往中，培养交际性外语人才。

第三节 英语教学概述

一、英语教学的含义

（一）教学的定义

在了解英语教学的内涵之前，首先需要对教学这一概念进行了解和掌握。由于对教学的关注点不同，不同学者的定义也有所差异。学者胡春洞认为，“教学”应该包含两个层面的关系：①教与学是一种并列的关系；②教学是一种教授学习的使动关系。从这两个角度出发，能够看出教学的辩证关系和双向关系。教与学是息息相关的，教应该以学为基础，从学的角度出发，并以学为目标。教的规律和学的规律在一定程度上是统一的。《英汉双解·现代汉语词典》给出的教学的定义是：教师把知识、技能传给学生的过程。该定义是一种狭义的理解，把“教学”当作一个术语来理解。《朗文词典》（*Longman Dictionary of Contemporary English*）将 teaching 定义为：work, or profession of a teacher，也就是教书、教学的意思。此外，它还对 teachings 进行了阐述：that which are taught,esp. the moral, political, religious beliefs taught by a person of historical importance，也就是“教导、学说、教义”的意思。可见，teaching 与 teachings 是两个完全不同的概念。但是，这两个定义都没有全面覆盖“教学”的真正含义。

综合上述，教学的定义应该包含三层含义，即教学（teaching），“教”与“学”（teaching and learning），教如何学习（teaching how to learn）。

（二）英语教学的定义

由于英语在我国是外语，因此缺乏一定的语言使用环境与使用对象，这是英语教学的难题。可以说，英语教学能够直接影响学习者的英语水平和语言运用能力。

英语教学是一种教育活动。对教师而言，教学是引导学生学习的教育活动；而对学生来说，教学则是在教师的引导下的学习活动。学生是否得到发展是教学能否实现其目标的关键。教学是一个师生互动的过程，是教师教和学生学，教师和学生共同完成预定任务的双边统一的活动。具体来说，英语教学的内涵主要体现在以下几个方面。

（1）英语教学是有目的的活动。英语教学的不同阶段有着不同的目标，而教学目标又具体分为不同的领域与层次。

（2）英语教学带有系统性和计划性。英语教学系统性主要体现为其制定者主要为教育行政机构、教研部门和学校的教学管理者等。英语教学的计划性指的是对英语基础知识的计划性教学，如英语语音、词汇、语法、写作、阅读等具体知识和技能的传递。

（3）英语教学需要采取合理的教学方法和教育技术。英语教学经过深厚的历史积淀，形成了大量有效的教学方法。现代科学技术，尤其是信息技术的发展，为英语教学提供了可以借助的多种教育技术。

综上所述，我们可以将英语教学的内涵概括为：教师依据一定的英语教学目的与教学目标，在有计划的系统性的过程中，借助一定的方法和技术，以传授和掌握英语知识为基础，促进学生整体素质发展的教与学相统一的教育活动。

二、英语教学的特点

（一）一个发展中的学科

作为高师和师专学科建设和教学对象的英语教学，是一个正在发展中的学科。作为教育科学研究项目的教学，也是这样。首先，英语教学体系还不够完善，国内外的各种普通教学书和外语教学书在结构和内容上都有较大差别，目前尚未形成一个相对统一的框架和相对稳定的基本内容。其次，名词术语还有待统一。例如，在学科范围之内，口语和口头、技能和能力、练习和实践等重要名词术语的使用常常代表同一概念而不加以区分。另外，在内容安排上，种属概念不分，不同层次的问题被放在一起，把适用于各科教学的教学原则（如以学生为主体，或以学生为中心的原则）同只适用于英语教学的教学原则（如交际性原则）放在同一层次上并列论述。值得注意的是，本学科在理论上尚未形成严格的演绎系统，在教学的研究法上，演绎法就显得过于薄弱。因此，在国内出版的外语教学书中，外语教学主要流（学）派有时排在前面，有时排在后面。英语教学是发展中的学科，这既是其弱点，也是其长处。既然是发展中的学科，在学科建设上保守性自然就少，在本学科内实现百家争鸣，百花齐放，就更容易，也便于广泛吸收其他学科的研究成果。同时，也有利于青年人在本学科内较快地崭露头角，后来居上。每一位青年英语教师都不应放过在英语教学学科建设中大显身手的机会。

（二）一个多边缘的学科

正在发展中的外语教学是一个相当典型的多边缘学科，与哲学、教育学、心理学、语言学、社会学、人类学等有密切联系。

第一，哲学，特别是辩证唯物主义认识论和方法论，是我国外语教学指导思想的理论基础，是认识外语教学中各种矛盾的本质和正确地予以处理的根本武器。[1]英语教学研究英语的教与学，在研究过程中，我们会遇到各种各样的现象和问题。怎样根据当时、当地的实际情况对现象和问题进行分析和探讨，需要掌握认识和分析问题的方法。从这个意义上来说，学好马克思列宁主义的哲学体系，以它的世界观和方法论来武装自己，也是研究所需要的，因为这种世界观和方法论是“最完整深刻而无片面性弊病的关于发展的学说”。

掌握好马克思主义的世界观和方法论有助于我们在研究英语的教与学时客观、准确、全面、辩证地研究教与学的现象和问题，探讨教与学之间的关系，摸索教与学的规律。这样，我们才能按照学生的实际年龄、不同的心理特点、不同的语言背景、不同的个性，在不同的教学阶段、按照不同的教学目标来制定不同的具体要求和教学方法；我们才能从实际出发，辩证地看待各个教学流派，认识它们的长处，同时也理解它们的不足，并能按照教学实际，灵活地使用各种教学方法；我们也才能对国外学者的研究成果做实事求是的分析，并能按照自己的实际情况，运用他们的研究成果来按中国学生的实际设计实验。

一些哲学家对语言的研究促成了哲学中一个分支——语言哲学（philosophy of language）的产生。哲学家对语言的研究成果也作用于英语教学。例如，哲学家格赖斯提出了会话含意理论。在会话含意理论中，格赖斯提出了他的“合作原则”，并说明了组成此“合作原则”的四个准则，即质的准则、量的准则、相关的准则和方式的准则。格赖斯会话含意理论为我们在正确理解会话意义方

---

[1] 林立，王之江．人本主义学习活动在英语教学中的应用[M]. 北京：首都师范大学出版社，2005.

面提出了原则性的意见。在英语教学中，应如何使用这些原则和准则，以达到更好地理解语言的目的，也是英语教学要研究和探讨的问题。从这个意义上来说，哲学不但为英语教学提供了研究的方法，还提供了对教学有启发作用的理论。

第二，教育学要求把外语教学作为整个教育活动的一个组成部分，在使学生全面发展的过程中进行外语教学，把外语教学作为教育的目的，也作为教育的手段。

教育学阐述教育知识、研究教育现象、探讨教育问题，并揭示教育规律。英语教学属于教育范畴，教育学的原则、原理和方法对英语教学有指导作用，并能在英语教学中得到应用。在研究英语教学时，我们会应用教育学的理论去处理教学中出现的问题。

教育目的、教育方针和培养目标从大的方面影响着英语教学，英语课的开设、开设的时数、开设的目的和要求无不受制于它们。在教育学中，教育要适应社会发展和学生发展，这能帮助我们更好地理解历史上的各种教学方法是怎样因社会需要而发展起来的，同时它们也可以帮助我们根据学生年龄、心理和生理发展的特点选用适当的教学内容和教学方法。教育学中所论述的教学原则也能用来设计课堂活动，这些原则包括科学性和思想性统一的原则、理论联系实际的原则、直观性原则、启发性原则、循序渐进原则、巩固性原则、因材施教原则等。

英语教学与其他学科一样都应处理好教师和学生之间、教与学之间的关系。在进行教育的过程中，教育学提出“教师主导，学生主体”的思想，它为我们正确处理教师与学生之间的关系，摆正教师和学生在英语教学中的作用提出了原则和依据。我们可以把这些原则应用于英语教学实践，建立尊师爱生、民主平等的良好的师生关系，积极创造一个良好的语言环境，调动学生的学习积极性，激发他们学习的兴趣，把英语教学搞好。《现代教育学》中对课外教育活动的论述也给了英语教学有益的启示。在英语教学中，我们也应结合语言学习的特点，设计英语的课外活动以促进英语学习。

除了应用教育学的原理、原则之外，我们还可以应用教育测量的理论和方法进行测试命题和测试结果的研究、英语教学实验的设计、数据的处理，并对英语教学工作进行评估等。可以说，在英语教学实践中，我们都在应用教育学有关的原理、原则和方法。

第三，心理学要求在外语教学中注意智力因素、非智力因素和个性因素的作用，同时把行为主义心理学和认知心理学的基本规律结合起来作为指导外语技能训练和学习能力培养的重要依据。心理学是研究心理现象的科学，它不但对构成认识过程的感觉、知觉、记忆、思维、想象进行研究，而且还对构成个性心理的因素，如需要、动机、兴趣、能力、性格等进行探讨。英语教学是教师和学生之间的教学活动对认识过程中心理现象的理解，以及对学生个性心理的掌握，能帮助教师认识学习过程的特点，遵照学习英语的规律，结合学生的个性特征，找出能加快英语学习、帮助不同学生学习好英语的教学路径。学习是心理学（特别是教育心理学）研究较多的一个问题。不同的学者从不同的角度对学习进行了不同的实验并提出了不同的学习理论。而英语学习是人们进行学习的一种活动，它同样受学理论的影响。事实上，不同的学习理论，如斯金纳的操作条件反射论、布鲁纳的认知发现学说等，都在创建不同的英语教学过程中与不同的语言理论相结合，构成了不同的英语教学理论依据。

心理语言学主要研究语言的学习和使用，即个体怎样理解、生成和获得语言。心理语言学关于儿童习得语言的特点的论述，如“儿童置身于语言环境是儿童习得语言的必要条件”“语言的理解先于语言的生成”，为英语教学中教学原则的制定、教学方法的设计，以及第二课堂（课外活动）的开展提供了原则和理论根据。在心理语言学中，语言知觉的认知模式和阅读过程模式的研究为英语聆听理解和阅读理解课堂教学应采用什么样的教法提出了理论依据。英语阅读的相互作用模式就是根据“图式理论”设计的英语阅读路径，而“图式理论”又来源于德国的格式塔心理学派——一个很有影响的心理学派，这也说明了英语教学与心理学及其分支学科之间的紧密联系。

第四，语言学要求把所教的外语看作一个复杂的体系，将语法、结构、情景、功能和意念诸方面统一起来进行教学，既进行刺激反应训练，又培养学生的生成能力和交际能力，使学生在使用所学外语时表现出熟练性和灵活性。语言学是研究语言系统的科学，英语教学是研究一种语言——英语教学的学科，两者的研究都涉及语言，因此它们之间的密切关系是不言而喻的。

在语言研究的领域里，理论语言学或普通语言学研究语言的一般原则和人类语言的特点。这些原则和特点反映了人们对语言的看法，可称为语言观。人们从各个不同角度对语言的探讨加深了人们对语言特点的认识。对语言不同的观点、不同的认识致使人们在不同的时期、按照不同的社会需要创立不同的英语教学。例如，听说法、情境法是以结构主义语言理论为基础建立起来的教学方法；认知法可以说是受乔姆斯基转换生成语言理论的影响而创立的教学方法。当然，不同英语教学方法的建立除了根据不同的语言理论外，还得依赖语言学习理论。除了普通语言学，语言学的其他分支对英语教学也有影响。描述语言学集中研究某一语言的系统、结构，它向我们提供了有关英语结构和规则的描述；英语语音学描述英语语音的特点、语音现象和语音规律；英语语法学陈述英语语法规则和英语的结构；英语词汇学对英语的词汇特点做详细的描述。这些语言学的分支能为英语教学研究提供丰富的材料，在选取英语教学内容方面，我们也可以从这些学科里找到原则和依据。

第五，社会学要求教学集体多方面和谐：师生和谐、学生之间和谐、教师与学生家长和谐、学生与家长和谐、外语教师与其他课教师和谐，各方面在心理上、认识上、情感上、行动上和谐一致。学生在外语学习中表现出强烈的自尊和自信，在学习和使用外语时有高度的自觉性和自主感，学习效率便会大大提高。

作为语言学的一个新的分支，社会语言学将语言作为一种社会现象进行研究，研究语言运用中不同的功能变体、不同的文体（style）、不同的语域（register）、不同的话语范围（domain）和不同的语码使用（code）。社会语言学唤起人们对语言得体性的注意，这一点对英语教学也是有启示作用的：英语教学应注意培养学生使用得体语言的能力。

第六，人类学要求英语教学注意文化交叉问题，在语言中教文化，在文化中教语言，二者相互促进。文化既是英语学习的目的，又是英语学习的手段。教师对英语的讲解和学生对英语的理解一旦提升到文化的高度，就会富有情趣，从宏观上悟透语言的本质。例如，从思维严谨的高度来学习英语的时态，就不只是学习语言，更是学习思维方法。对于英语定语从句、名词 +of+ 名词结构、倒装句结构等的学习，也同样如此。学英语深入到文化，就自然会学习用英语想，同时在学习中开动大脑进行思考。世界上人类各个民族在文化上的差异是历史、地理、经济、政治、生活方式差异的反映。英国人和中国人对“西风”和“东风”的感觉相反，因而在生活用语和文学作品中用这两个词所表达的意思就有明显的地理文化差异。各民族的文化不只有差异，也有相同之处。英语学习从另外一个角度来说就要求取得文化上的认同，消除对英语格格不入的情绪。从文化的高度把握英语，情境和功能问题会迎刃而解，交际目的也易于实现。

（三）实践性很强的理论学科

英语教学实践性很强。这门学科必须对英语教学的实践有指导作用，并使学习和研究本学科的人受到实践训练，系统地学到进行英语教学工作的技能；然而英语教学学科却绝非只是应用技术之学，它对实践的指导，首先是战略上的、决策性的和方向性的。它着眼于教师的认知水平、理论水平、整体修养和素质的提高，使教师把英语教学作为科研对象，作为事业的追求目标。它所倡导的教学方法是从人出发，而不是从物出发，教师乐教带动学生乐学，化教的活动为学的活动，在教人之中教外语。英语教学学科是关于方法的学问，更是关于做人的学问，其核心是人生观问题、宇宙观问题、哲学问题。所以说这是一门理论学科。当前，英语教学学科的实际理论水平与应有的理论水平差距极大，这是本门学科建设的最大问题。

英语教学学科要面向实际，解决实际问题。而现实是五光十色的，问题是错综复杂的。作为科学形态的教学不是头痛医头、脚痛医脚的处方汇集，不是丸、散、膏、丹的用法说明，它所关注的首先是外语教学实际存在的本质问题。例如，教师本人对教师工作性质认识肤浅的问题，教师教而不学和学而不用的问题，只教语言知识、不教学习方法的问题，轻视理论研究和学习的问题，等等。就以常见的英语课堂纪律来说，这实际上是一个人际关系问题。英语教师不懂学生的心理，不理解学生，不尊重学生，而期望课堂教学秩序良好，岂非缘木求鱼之想？一个指责学生笨的教师，自己才是一个笨人。教师要成为一名合格的教师。这是每位英语教师，尤其是青年教师必须达到的目标。这是一个身体力行的实践问题，又是一个认识不断深化的理论修养问题。

完善的教学学科应把实践中的各种问题置于理论层面上进行研究，总体解决。理论使问题简化，方法简化，易于解决，所以理论是有实践意义的。承认英语教学学科的理论性，本学科才更有学习、研究和发展的价值。

（四）似易而实难的学科

由于英语教学是发展中的、多边缘的、实践性很强的理论学科，所以它是一门似易而实难的学科。这门学科的教学、研究、学习和著述都有相当大的难度。难在何处？一是涉及面广：哲学、教育学、心理学、语言学、社会学等无所不包。二是时限长：教学修养难以一蹴而就。要获取全面的理论知识，积累一定的实践经验，并融入自己的观点和方法体系，需要相当长时间的刻苦修炼。三是独立性弱：英语教学学科易受语言学、心理学等相邻学科的影响，有时造成冲击，干扰了本学科的独立发展。种种难处都要求我们在英语教学学科的研究和学习中突出教学的学科建设方法。按照传统的观点，英语教学法是对英语教授方法的研究。在过去很长的一段时间里，人们都把英语教学法看成教授英语的方法的同义词。很多年来，人们都有这样一个观念：教学效果的好坏取决于教学方法的优劣和教材的好坏。因此，人们一直在努力寻找适用于一切环境、奏效于各种不同类型学生的理想教学方法，并希望编写出达到这个目的的理想教材。应该说，人们的努力取得了一定的效果，语法翻译法、直接法、听说法、情境法等一系列教学方法创立起来（在不同的历史时期，一种教学方法又被另一种教学方法所取代），尽管如此，教学效果还未达到人们原来的要求。人们发现，同一个教师在使用一种教材、应用同一种教学方法去教授同一个班级的学生时，都会出现不同的教学效果。有些学生的学习成绩较好，有些学生的成绩却不尽如人意。人们慢慢地意识到，他们在注意到教学方法改进、注意到教材编写的同时，忽视了教学中一个重要的方面——学生。在教学中，只有教师的积极性，只有优秀的教授方法和高质量的教材，而没有学生的学习热情、努力和积极性，要取得教学上的成功是很困难的。教学法本来就应包括教和学两个方面，因此，20 世纪 70 年代中期后，英语教学法研究的注意力发生了转移，人们开始重视对学习过程和学习者的研究：研究学习过程的现象和规律，研究学习者各个方面的差异对教学效果的影响，研究不同的学习者使用的学习方法或策略。人们不但注意到对教的过程的研究，而且更重视对学的过程的理解。不少学者还认为，只有更好地理解和认识学习者是如何学习英语的，才能决定应如何进行教学；只有重视对教和学两方面的研究，才能把英语教学法的研究建立在更可靠的基础上，朝着正确的方向前进。

三、英语教学模式

教学模式一般是指被研究对象在理论上的逻辑框架，是经验与理论之间的一种具有可操作性的知识系统，是再现现实的一种理论性的简化的结构形式。它是在一定的教学思想或教学理论的指导下，在某种教学环境中形成的教与学各要素（教师、学生、教材、媒体）之间的稳定关系及教学过程的结构形式。教学模式既是教学理论的具体化，又是对教学经验的一种系统概括。它是在一定的教学思想或教学理论指导下建立起来的较为稳定的教学活动结构框架和活动程序。作为结构框架，教学模式突出了从宏观上把握教学活动整体几个要素之间内部的关系和功能；作为活动的程序，则突出了教学模式的有序性和可操作性。教学模式通常由理论依据、教学目标、操作序列、教学策略和教学评价这五个要素组成，五个要素之间有规律的联系就是教学模式的结构。它们分别起着不同的作用，它们之间既有区别，又彼此联系、相互蕴含、相互依存、相互制约，缺一不可。

教学模式的本质特征是理论的操作化和操作的规范化。但是操作的规范化较之操作的环境，尤其是课堂教学环境更需要考虑具体的教学情况，规范不能过细，模式操作应因地制宜。

教学模式可以依据教学理论来建构，也可以通过实践形成。这种观点印证了理论与实践的关系。按科学结构层次说，理论是基础，实际是开发，模式则是应用层次。按外语教学三个层次说，教学模式相当于应用层次 method，其理论层次为 approach，实践层次为 technique。这样，我们可以用实践规范去贯穿理论，又可以用理论原则去指导实际；理论依靠实际得以具体体现，实际依靠模式上升为理论。构建模式是在长期的外语教学实践中，人们根据语言的本质特点，找出对其发展影响的因素，将其功能化，设计出各种教学模式，以探求外语教学的规律，并不断发展其教学规律。构建模式说明英语教学是一个有组织、有计划、有理论、有检测的科学研究过程。现代英语教学存在三个层次的模式：宏观模式或称语言教学模式；中观模式，即大纲设计层次模式；微观模式，即课堂教学模式。

目前，我国大学英语教师在教学过程中普遍感到困惑：大学生语言实际应用能力相对薄弱。究其原因主要在于：首先是几乎没有自然的语言使用环境；其次是传统的课堂教学模式是以教师为教学活动中心，以教师讲授知识与基本技巧为主，而学生只能成为被动的接受者。这种传统的教学模式使学生在课堂上很少有参与使用及演示英语的机会，学生在语言上所学的主要是理论方面的知识，而理论知识的获得不应当是语言教学中最重要的一面。尽管这样，目前许多外语教师仍然几乎将全部教学时间花在语法和课文的理论分析上，这就不难理解一些学生虽然有丰富的语言知识，而实际驾驭语言的能力却特别差。因此，大学英语亟待改革并创新课堂的教学模式。

当今世界，信息技术日新月异，全球经济一体化日益加剧，随着我国加入 WTO，我国改革开放和现代化建设事业进入了一个新阶段。中国教育必须适应这一社会发展趋势，无疑外语教育就特别重要，因为外语与计算机是 21 世纪人类“学会生存”和“适应生存”的两大基本需求。因此，我国外语教学面临着新的机遇与挑战。中央领导对我国的外语教育十分重视，并指出：“我国目前外语教学水平、教学方法普遍存在费时较多、收效较低的问题须改进。”因此提高外语教育水平已经不是一般的教学问题，而是影响我国对外开放和经济发展的重大问题。英语教学是我国各级各类教育的重要组成部分，学生从小学、初中、高中到大学，累计学习英语已长达十余年。外语教学在对学生进行素质教育，尤其是在培养学生的国际化意识及人文素养方面是不可或缺的。要深化外语教学改革，提高外语教学质量，教师是关键。因此，英语教师有必要从理论和实践两方面对外语教学及外语教学艺术进行深入的研究和探讨，不断提高自身的业务素质和教学水平，从而使学生的语言能力及综合素质得到切实发展。

英语教学法是一门科学，又是一门艺术。外语教学法是教育科学的一个分支，属于分科教学论的范畴，它主要揭示外语教学的客观规律，并提出相应的教学行为规范。外语教学规律是客观存在的，这些规律是通过教学活动不断地被揭示出来的。经过100多年的实践，我们在外语教学规律的探讨上已经有了很大的进展，但是由于外语教学活动是一个复杂的、特殊的过程，受到诸多因素的影响，特别是它与大脑的工作机制有关，目前的科学技术还不能提供明晰的观察资料，许多涉及规律的认识还有待进一步探索。即使是已经发现的规律，随着外语教学的发展，也存在认识不断深化的问题。教学法就是通过实践—认识—再实践—再认识的过程这样不断探讨教学客观规律、不断深化的一门科学。由此可见，科学和艺术并不是两个对立的概念。人们认识外界事物的客观规律不仅要归纳成理论，用正确的公式或抽象的语句表达出来，而且要用艺术的手段表现出来，创造性地运用于实践。外语教学法是艺术，是指教师在教学中把自己认识到的有关教学法的理论认识用形象的手段展示出来，用生动、感人的形式组织每一项教学活动，促进学生的智力活动和感情活动的结合，保证最佳的教学效果。也就是说，教学法的艺术性是指教学理论的有效实施，或是“教学方法”运用的技艺。

四、英语教学改革的历程

（一）大学英语教学发展的第一和第二阶段

中华人民共和国成立后至1978年是大学英语教学发展的第一阶段，此阶段的大学英语课一直被称作“公共英语课”。大学英语教学发展的第二个阶段是从1978年至1984年。第二阶段的英语教学发展历程主要有：大学英语教学开始逐渐恢复，教育部召开了全国性的外语座谈会并形成了《加强外语教育的几点意见》，大学英语教学开始步入正轨，既开展了公共英语教师培训计划，又设立了公共英语教师的培训中心，成立了高等院校理工科公共外语教材编审委员会，编写了教学大纲和通用教材，成立了中国公共外语教学研究会。

（二）大学英语教学发展的第三阶段

从1985年至2001年是大学英语教学发展的第三个阶段，此阶段的英语教育事业取得了长足的进步，具体体现在以下两个方面：

第一，教育部颁布了《大学英语教学大纲（高等学校理工科本科用）》，从此，“公共英语”这个名称逐渐被“大学英语”所取代；成立了大学外语教材编审委员会，并设立了大学英语编审组，之后又成立了高等学校大学外语教学指导委员会；这一阶段还出版了大学英语教材及《大学英语教学大纲词汇表》，如杨惠中和张彦斌的《大学核心英语》、董亚芬的《大学英语》等。

第二，随后，又相继出版了《大学英语教学大纲通用词汇表（1～4级）》和《大学英语教学大纲通用词汇表（5～6级）》；同时，成立了大学英语四、六级标准考试设计组，这对大学英语教学及其改革影响极大。为了更好地推动大学英语教学的发展，大学英语四、六级考试也在进行着不同程度的改革。

（三）大学英语教学发展的第四阶段

大学英语教学发展的第四阶段是从2002年至今。随着我国各项事业的蓬勃发展，这一阶段的英语教育事业也进入了鼎盛时期，特别是为了解决高校不断扩招引发的各种问题和挑战，大学英语教学改革又迈出了坚实而有力的步伐。这一阶段，经过不断的修订和改善，最终制定了《大学英语课程教学要求》；启动了包括“大学英语网络课程”的“高等学校教学质量和教学改革工程”和“新世纪网络课程建设工程”；实施了基于计算机和课堂的新型英语教学模式，诸多大型出版社共同开发了“大学英语教学软件”；教育部还设立了大学英语教学改革联络办公室，并创办了“开创英语新时代”网站，为大学英语教学的改革交流提供了重要的平台。

（四）在多元文化背景下改革的新方向

大学英语教学是以人类文化交流与融合的必然性为前提进行的，通过大学英语教学扩大文化交流的时间和空间。文化生成与发展的最本质要求是交流。因此，在当代文化交流与融合的背景下，纯工具理性取向的大学英语教学应该向工具性与人文性相结合的教学转化。

五、英语教学改革措施

（一）改革与创新教材

教材是实施英语教学的重要资源，因而教材的革新在某种程度上关系着整个教学改革的效果。如何确保大学英语教学中“多元文化”的含金量，体现该学科的多元文化特点是一个重要的课题。据统计，西方及欧美许多发达国家的学校都为学生开设了多元文化课程，如美国许多学校都开设有多元文化教育与研讨、多元文化的教育哲学、多元社会中的教育等课程，还有一些学校开设有关非西方文化的课程，向学生介绍亚非拉、南美等地区的文化背景、地理环境及政治经济等。在教材编撰方面，尽可能考虑把最新的涉及国内外的、有代表性的多元文化内容或相关事件编写进去。同时也应考虑教材所适用的民族学生群体，根据其民族特点来编写其中的文化部分章节，即分类编写、分类使用、分期更新，以教材的“多样性”来体现出内容的“多元化”。这样可以使教材不断推陈出新、与时俱进、符合实际，更好地为大学英语教学提供优质的知识资源，更好地让学生的知识学习与社会的发展接轨，从而有利于学生就业。

（二）改革与创新教学内容

在以往教学模式当中，教师具备对于课堂完全的支配权利，对于语言知识方面传授有着十分积极的作用，但是对于教学的另一个方面没有给予应有的重视，也就是学生外语学习受到许多因素的影响，这里包含情感方面的和输入质量及数量，还有学习策略等，所以教师必须转变教学观念：在进行教学的过程中，必须要培养学生的学习兴趣，同时梳理学生的信心，使其拥有正确的学习动机。并且在课内及课外学习的过程当中，应该适当地给学生提供语言交流的环境，给学生创造使用语言的机会。最主要的是，课堂内容方面也要进行适当的整改，包含学习策略培养和提升学生自主学习能力等方面。教师必须要对语言和文化含义进行良好的处理，同时在教学实践时加入一些文化背景知识。这样既能够深化学生对本国文化的理解和认知，也可以培养学生的世界意识，使学生对语言有一个更加全面的把握。文化教学本来就属于一个十分敏感的话题，跨文化教学不能是简单地理解成将西方文化导入英语教学，而应该将异域文化知识结合教学特点，以及原则，进行良好的掌控，尽量为学生正确看待世界各个民族的文化提供帮助。在教学过程中，将英语本族人们说话过程中的文化含义加入其中，从而为学生解决文化障碍提供帮助。英语教学不能缺少文化教育，原因在于学生大学时期还属于学习语言比较敏感的时期，教师只需要正确引导和传递文化教育意识，便能够触发学生文化方面的神经，潜意识中使学生的文化意识得到提升，并且使学生的跨文化交际能力得到培养。

（三）构建网络教学模式

随着现代信息技术的发展，高校纷纷应用多媒体与网络教学技术，开放网络教学基地与网络教研系统等。然而不少教师对网络教学模式还很陌生，仍沿用传统教学手段，极大地影响了教学效率。网络教学模式不仅是对现代信息技术的有效应用，更是一种将课堂教学与网络技术有效结合、提高教学效率的新型教学模式。教师应构建网络教学模式，以网络教学促进英语教学信息化发展的改革创新，从而促进大学英语培养跨文化交际能力的教学效率。首先，教师在教学中应充分应用多媒体辅助教学技术，让学生切身感受到不同介质的文化艺术的表现方式和不同民族的文化内涵，有利于加深学生对英语国家及我国多元文化的理解，同时更能促进大学英语学习成效的提高。教师可以适当将西方历史文化、民族特色文化等影像资料纳入教学，让学生对多元文化产生直观且深刻的印象。

其次，教师利用学校网络教学系统，将有关跨文化交际方面的教学资源上传并共享给学生，让学生在课余时间根据需要浏览、筛选学习内容。教师还可以布置任务，让学生利用网络技术观看与文化交际相关的电影、电视、录像等音像资料，要求学生通过观看音像内容，学习并掌握有关语言和非语言交流手段，并就学习心得制作 PPT 上传至网络系统，选取优秀作品进行课堂示范，提高学生的学习积极性。

最后，学校通过网络教学模式构建学生评教平台，让学生对教师的跨文化交际能力培养教学进行客观评价并提出意见和建议，不断完善以培养学生跨文化交际能力为目的的教学策略。

（四）改革教学方式方法

通过播放英语电影和电视及录像等方式，提升学生对于英语学习的兴趣，拓展其英语知识，让学生感受并且适应现代英语当中的多种题材；在上课之前或者是课间休息的时候给学生播放一些好听的英文歌曲，同时将那些留出空格的歌词印完之后发给学生，使学生在做听力和单词拼写的过程中缓解疲劳；还可以让学生听一些英文广播节目，获得新词汇；每学期都应该邀请外交官到班级中做中外文化差异方面的讲座，让学生阅读那些能够体现外国文化的英语书籍等，提升学生对于英语文化的理解，增强学生对于英语的了解和欣赏的能力。在规定期限内组织一些英语活动，在布置教室时使用英语标识，使学生在教室当中就能够感受到英语学习的气氛，学习和特定的社会文化背景相结合，也就是情景相互联系起来。交际教学法是将社会和心理语言学理论当作基础，将交际功能当作目标的教学方法。社会语言学认为，语言的社会交际能力属于它最根本的功能，也就是语言的基本作用就是交际和交往。学习一种语言规则系统的目的是想要使用这种语言在特定的场合下进行表达，所以教师要将培养学生的语言交际能力作为根本目标，注重学生在交际的过程中，在特定的场合使用得体的语言。

（五）改革与创新评价机制

由传统的终结性评价向形成性评价改革。终结性评价缺乏对教学过程和学生综合能力、素质发展等过程的客观公正的评价，只关注学生在特定时间、地点下考核的状态，不利于教师了解学生知识掌握和技能培养的关键信息，不利于教师监控学生的学习进程，从而对于教师的教学计划安排均有负面影响。相反，形成性评价不仅对学生的语言知识进行评价，还对语言技能、学习兴趣、学习情感与学习策略进行评价，以达到监控学生知识与技能的掌握进程及程度的目的。具体可以采用以下评价方式：①测试性评价，包括学业成绩测试（检验学生是否掌握大纲内容）；水平测试（测试学生英语水平，学校可结合实际自定大纲）；诊断测试（发现学生问题，帮助教师及时了解学生，答疑解惑，调整教学计划等）。②非测试性评价，包括课堂观察（语言使用、活动参与等）、学习档案（学生为主体，和教师一起参与对自己学习情况的监控和反思，培养自主学习能力）、面谈（了解学生的学习态度、情感、学习策略及语言知识等）、实作评价（指在学生生活和学习的情境里，通过对学生完成实际作业表现的观察，依靠教师的专业判断，对学生学业成就进行整体判断的教学评价方式）。由此可见，改革评价机制是大学英语教学改革的重要内容之一。

第四章　英语教学中的语言与文化

外语教学中的文化因素受到了越来越多的重视，并涌现出大量的研究成果，但文化教学在外语教学中真正意义上的实践还在不断探索中，文化教学相对于语言技能教学还处于从属地位。外语教学过程中过多地强调了目的语文化的学习，外语教材“进口多，出口少”，主要介绍目的语国家与文化，忽视了中华民族优秀传统文化的学习，出现了外语教育中的文化“逆差”。教育工作者有必要对英语教学中的语言与文化进行深入研究，更好地挖掘文化因素对学习者外语学习的影响。

第一节　语言与文化

一、语言与文化的关系

文化的发展具有历史的连续性，而这种连续性又是通过语言的交流活动来实现的。因此，语言与文化的关系问题就成了我们无法回避的一个重要问题。关于语言与文化的关系问题，学术界提出过多种观点，其中有代表性的有“萨丕尔—沃尔夫假说”，认为语言结构是文化结构的本源和决定因素；与之针锋相对的是马克思主义的观点，认为社会文化结构是语言的决定因素；格里姆肖的《社会语言学》则认为语言结构和社会文化结构“互限”；乔姆斯基的学说认为，语言结构和社会文化结构都是受第三种因素诸如人的本质、人脑结构、人类思维特征等决定的；实证主义则认为，语言结构和社会文化结构之间只有伙伴关系、相关关系，而无因果关系。此外，还有语言是文化的载体说、语言与文化的基本特征一致说、语言是文化传播的工具说，等等。由此可见，问题还是相当复杂的。

（一）语言是一种社会文化现象

语言究竟是什么？普通语言学认为："语言是由词汇和语法构成的系统。"这是对语言的本质所下的最基本的定义。不过，如果从社会语言学、历史语言学、文化语言学等角度来看，又会得出各种不同的解释。可见，要对语言下一个大家都认可的定义并非易事。实际上，人们对语言本质的认识也有一个漫长而复杂的过程。在人类的早期，经历了一个万物有灵的泛神论阶段，人们崇拜很多神灵。语言虽然存在于社会生活中，却是既看不见，又摸不着的，而它在人们生活中又十分重要，因此，带有神秘色彩的语言就顺理成章地被人们视为一种神了。如信奉印度婆罗门教的人就把语言当作一个伟大的神灵加以崇拜。直到19世纪科学语言学产生之后，语言仍被做出种种不同的解释。如历史语言学家就把语言看作一种机械现象或自然界的有机体；结构主义语言学认为语言是一种符号体系；乔姆斯基则把语言当作人脑的先天机制。这些看法有一个共同点，就是都没有看到语言与社会、文化之间的关系。

当然，近代语言学史也有另外一种传统，即重视语言与社会和文化的联系，如历史语言学的奠基人之一格里姆认为，语言就是历史，语言本身包含着社会内容。新法兰西学派的代表人物之一梅耶说得更加明确："语言毫无疑问是社会现象。"19世纪末和20世纪初，鲍阿斯和萨丕尔又强调了语言与社会、历史、文化的联系，并且把语言学视为一门社会科学。到20世纪中叶，斯大林继续沿用语言是社会现象的提法，并且认为语言是一种特殊的社会现象，因为它既不属于经济基础，也不属于上层建筑，而是全民的交际工具。斯大林虽然论证了语言与社会的相互依存关系，但他只突出了语言作为交际工具的一面，却忽视了语言作为文化现象的另一面。

从严格的意义上说，语言的本质属性与人的本性是密不可分的。人与动物的根本区别在于人有社会性，而动物没有。人的社会性又集中表现在语言和文化方面，因而语言和文化是人类社会活动的特有产物。换言之，人只有在创造语言和文化的社会活动中才能从称为真正意义上的人。从某种意义上说，人之有语言和人之有文化是从不同的角度对人之本性的揭示。人、语言、文化这三者正是在社会性这一点上统一起来的。

我们承认语言是一种社会现象，实际上也就承认了语言是一种文化现象。但语言不等于文化，同样，文化也不等于语言，二者的概念有大小之分，有包容与被包容之分。文化是一个大概念，它既包括物质文化，也包括精神文化。其中精神文化中又包括物化形态（如文学艺术作品等）和尚未物化的文化因素，如思维方式、价值观念、道德情操、宗教感情、民族意识、民族气质、审美趣味等。这些尚未物化的文化因素只存在于人的意识之中。我们说语言是一种文化现象，因为它是人类精神活动的产物，所以可以把它归于精神文化之列。不过，语言是已经物化了的一种精神文化现象，是自成体系的特殊部分。总之，如果说文化是涉及人类生活方方面面的一个大系统，那么语言就是其中的一个子系统。然而这种包容关系还只是语言与文化之间复杂关系的一个方面，要全面认识二者之间的关系，还要做进一步的考察。

（二）语言与文化之间的对应性与非对应性

大家知道，任何一种语言都不是一成不变的，而是在不断发展的。语言的发展水平又是以其丰富和准确程度来衡量的，不过这一点并不取决于语言本身属于何种类型，而是取决于使用该语言的国家或民族的文化发展水平。因此，一般来讲，语言的丰富、准确程度与它所属的文化的发展水平基本上是平行的、对应的。假如我们把不同的语言及其文化做一些比较，就会发现，语言之间的许多不同之处正反映了文化之间的差异；同样地，语言中的许多相同或相似之处也体现了不同文化之间的共性。比如颜色，从物质属性来说，它属于一种连续性的光谱，在任何地方的表现形式都是一样的。但是各种类型的语言对颜色的表达却有很大差异；有些语言表示颜色的基本词多达 11 个，有些语言则少一些，最少的只有两个。有些学者对这种现象做过一些比较、验证和分析，结果发现，语言中表示颜色的基本词的多少与它所代表的文化的发达程度基本吻合。在欧美国家的语言中，表示颜色的基本词比较丰富，如英语和法语中各有 11 个，而这些国家的科学技术也相对发达；在某些非常偏僻的地区，语言中表示颜色的词很少，如新几内亚岛上的丹尼语和贾勒语，都只有两个表示颜色的基本词，而使用这些语言的社会在科技方面就比较落后。这些现象并非巧合，而是有着一定的必然性。因为一个社会的科技越发达，它对各种事物的分类要求也越高，反映在语言上，自然是词汇的丰富和准确。

值得注意的是，特定的语言并非总是和特定的文化相对应，而是呈现出种种复杂的情况。比如同样是使用英语或西班牙语的国家，英国和西班牙比较发达，而它们原来的某些殖民地国家则相对落后得多。世界上有许多说英语的民族，却由于地理隔离而形成了不同的文化圈。最明显的例子是，英美两国民族尽管都有着盎格鲁－撒克逊这一共同的文化遗产，但地理隔离却使两国文化产生了明显的差异。虽然两国的文化差异尚不足以使两国的英语分裂成为两种截然不同的语言系统，但文化的差异在英国英语和美国英语中的反映还是显而易见的。同样，除西班牙之外，在中南美洲各国、非洲西海岸和美国南部各州，还有相当多的人以西班牙语为第一语言，他们都在创造着各具特色的文化，而我们不能把他们的文化传统看成同一种类型。

在同一种类型的文化之中，也常常包含着两种以上的不同语言。如拉丁文化就既包含着西班牙语文化，也包含着法语文化、意大利语文化、葡萄牙语文化等。我们常说的西方文化更是包含了基督教文化、日耳曼文化、希腊文化和罗马文化这四大文化要素，而它所包含的语言数量就更为可观了。语言与文化之间的这种非对应性是否意味着语言与文化可以分离开来呢？当然不是！大家知道，语言和文化都有鲜明的民族性，同时也都具有习得性。它们既不是人的本能，也不能通过遗传而获得，它们只能在人的认识活动中形成和完善，并且必须经过学习才能掌握。但是，语言和文化的变化却不是如影随形般地完全同步。换言之，学会了一种语言，并不意味着习得了它所代表的那种文化。相比较而言，所习语种的改变可以是直接的、超前的；而文化的改变却往往是间接的、滞后的。比如一个人学会了汉语，就如同他学会了用筷子吃饭；如果他后来又学会了英语，并主要用英语进行交际，这就如同他把筷子换成了刀叉。可是语言虽然改换了，他原先所接受的汉语文化却不可能马上改换成英语文化。在日常生活中常常可以见到这样一种现象：一个中国人移民到了美国或加拿大、澳大利亚，他可以在不太长的时间里学好英语并熟练地进行交际，却很难融入当地的主体文化之中。再比如，现在中国国内掀起的全民学英语的热潮，即使若干年后中国人都变成了汉英双语人才，刀叉也很难取代筷子，油画也取代不了国画。至于深层意识中的东西，如民族意识、宗教意识、乡土观念等更是根深蒂固。因为精神文化一旦定型，就会构成人们的思维定式和行为导向，并不因所用语言的改变而很快消失。这正应了中国人的一句老话："江山易改，本性难移。"这种现象同时也说明，语言作为文化大系统中的一个子系统，具有相对独立性。一种语言可以在世界上任何地方流行，而它所代表的文化却往往受到地理的、民族的、宗教的等多方面的限制，而做不到这一点。

尽管语言有相对独立性，但它却不可能存在于文化系统之外。一方面，语言系统本身就是构成文化大系统的各种要素之一。另一方面，文化大系统的其他要素又必须借助语言来表达，从而不断发展。从符号学的角度看，语言以外的符号，如聋哑人的手势、交通信号、莫尔斯电码等，也能表达某种意思，但跟人类的语言相比，却显得微不足道。假如没有语言作为媒介，文化大系统中的其他子系统根本不可能发展到当今这种发达的程度。

（三）语言是文化的凝聚体

不同的语言学流派往往有不同的语言观。像传统语言学把语言看作人们交流思想的工具；转换生成语言学把语言看成人类的天赋机制；结构主义语言学或把语言看成由刺激和反应构成的人类行为模式，或把语言看成由能指和所指构成的符号结合而成的形式体系等。一般来说，这些语言观对于建立各自学派的语言学理论是比较合适的，因为它们都从不同的角度揭示了语言某一方面的本质。不过，它们都没有触及语言的文化属性，更没有揭示语言与文化的关系。而后者在跨文化交际和对外汉语教学领域却是一个十分重要的问题。在对外汉语教学界，人们长期受到工具主义语言观的影响，认为“语言是工具、武器，人们利用它来互相交际，交流思想，达到互相了解的目的”。就语言的主要功能来说，语言是交际工具的说法是可以成立的，但这一说法却存在一些问题。

首先，它无法彻底说明作为交际工具的人类语言和动物交际方式之间有何本质的不同，而这一问题恰恰是我们认识语言的本质问题所不能回避的。美国语言学家霍凯特曾列举了人类语言的 13 个特征：①声耳渠道；②四散传播与定向接受；③迅速消失；④互换性；⑤整体反馈；⑥专门化；⑦语义性；⑧任意性；⑨分离性；⑩替代性；⑪滋生力；⑫传统传导；⑬模式二重性。其中前九种是动物交际系统与人类语言共有的特征，只有后四种才是人类语言区别于动物交际系统的重要特征。但是由于这四种特征只是人类语言在使用、滋生、构成和传递等方面的特征，它们并不能说明人类语言与动物交际方式的本质区别。因此，仅仅从交际工具的角度出发，既无法揭示语言的根本属性，也无助于对语言和文化关系的理解。

其次，语言是交际工具的说法并不符合语言本身的实际。如前所说，语言不仅是文化大系统中的一个子系统，而且是构成文化大系统的其他诸要素赖以存在的基础。因此，语言并非独立于文化系统之外的纯形式的语符系统，它本身就是内容与形式的统一体，语言媒介和它所包含的各种文化信息总是形影不离，无法分开的。再进一步说，我们不能，事实上也不可能把语言和文化截然分开。但对于工具及其所作用的事物来说则不然。比如用筷子吃饭，筷子作为工具，并不包含饭的信息，它也不是饭的一部分，不可能和饭构成密不可分的有机整体，一旦吃饱了肚子，筷子与饭之间就没有任何关系了。因此，这与语言和文化的关系没有可比性。

再次，语言是交际工具的说法在实践中也是有害的，它很容易把人们导向工具主义，让人们误以为只要掌握了语言这个工具，就可以与使用这种语言的人自由交际。其结果是使人们往往只注意工具本身，亦即语言符号系统本身，却忽视了制约语言的文化背景。在对外汉语教学领域，这种“工具主义语言观”的负面影响是非常突出的。由于一些教师忽视了必要的相关文化背景知识的介绍，致使不少留学生在使用汉语这个“工具”时，往往会产生一些障碍、误解甚至冲突，深感操作“工具”之难。因此，在对外汉语教学界，越来越多的人认识到必须冲破“工具主义语言观”的樊篱，树立科学的文化语言观。在教学实践中，很多教师要求留学生在学习汉语符号系统的同时，也大量接触汉语中所包含的文化背景知识，并且培养他们的文化习得意识，产生了良好的效果。

在对外汉语教学界，还有一种说法：语言是文化的载体。其实这一说法也是不全面的。所谓载体，当然是指承载东西的物体，亦即运载其他物质的工具。这里，运载物和运载工具都是独立存在的，它们既可以分开，也可以用其他载体和运载物加以替换。就像用火箭发射卫星，载体火箭和运载物卫星，二者都是可以独立存在的。唯其如此，才可以用长征三号火箭替换长征二号火箭，也可以用宇宙飞船替换卫星。但是语言与文化的关系则与此不同，这是因为：其一,一切文化活动和文化创造都离不开语言，即使是单个人的活动（包括物质活动（如种田）和精神活动（如写作）），也都是由以语言为基础的思维能力支配的。其二，所有的文化积累可以说都是保存在语言信息系统之中的，即使某些文化成分在历史长河中消失了，如古代乐器箜篌，人们仍可通过语言信息系统将其复原。这一属性是任何所谓载体都不可能具备的。既然“工具说”和“载体说”都不全面、不科学，那么怎样表述才是恰当的呢？从语言与文化的特殊关系来说，我们主张“语言是文化的凝聚体”这一说法。之所以提出这一说法，是基于以下一些考虑：首先，语言具有原文化的性质。前面说过，语言是一种文化现象，语言本身就是语符形式与文化内容的有机整体。这就是说，语言不仅是意义的代码，而且也是文化的代码。语言包含了所有文化积累的信息，这就使语言成为文化总体中最基本、最核心的部分，所以我们说语言具有原文化的性质并不过分。

最后，在语言系统中凝聚着几乎所有的文化成果，保存着几乎全部文化的信息，这就使我们有可能通过语言了解、分析、认识各种文化现象，包括已经消失了的文化现象。语言有一个系统的结构，所以使人们在不自觉的状态下通过语言对自然界和人类社会的万事万物作出分类和解释，从而使一切文化信息从混沌变为有序。当然，语言对事物的分类和解释未必是准确的、科学的，因为它往往早于人们对事物有意识的分类和解释。但是语言毕竟客观地反映了人类历史上不同时期的认识水平和每个民族特殊的认识方式，因此，我们说语言不仅是一种文化现象，而且是历史文化的活化石，是一种特殊的、综合性的文化凝聚体。

二、语言、文化与环境

语言、文化与环境有着天然的联系，但是“各民族的分隔是自然演进的必然结果”，所以各民族生活的自然环境不同，语言上会出现差异，文化习俗上也表现出很大的不同。要想和一个民族打交道，就需要学习这个民族的语言，在学习这个民族语言的过程中也常常是在了解学习这个民族的文化。德国哲学家海德格尔有一句名言：“语言是存在的家园。”洪堡特认为，民族语言与民族文化有着密不可分的关系。社会制度、宗教信仰、职业、亲属关系等会影响语言习惯，反之，语言对这些东西也有或多或少的影响。这应该是对海德格尔诗性的注释。法国作家都德的《最后一课》是很著名的一篇小说，它反映的便是语言和民族生死存亡的密切相关。这也是语言的某些方面是与国家的语言政策密切相关的原因。语言在文化中扮演着非常重要的角色。它一方面是一种物质象征符号，另一方面又是民族文化中重要的精神象征符号。语言既达意又表情。习近平主席在哈萨克斯坦首谈丝绸之路经济带时提出“五通”：实现“五通”，首先需要语言互通。

什么是语言，什么是文化，不同领域的不同专家学者都从各自的专业角度给出了合适的定义。语言是人类社会发展的维系媒介，是一种文化样式，具有多重属性。而人文性是语言的一种重要属性，而且是一种普遍属性。因为语言之间存在着许多共性。个性差异是由语言生存的自然环境、社会制度背景、历史文化变迁或者宗教信仰等的长期差异引起的。语言的人文性是指“语言结构体能通过自身的存在状态、分布范围、活动单位、变化方式等各个方面表现出它所赖以生存的民族文化生态环境中种种因素的属性”。当我们谈论语言时，是关注某一语言的构成特点呢，还是关注语言的共性——有什么作用？关注点不同，得出的结论也会不同。人们学习一种新语言，如果是为了它的全球性，如英语，那么就会花时间去掌握这门语言的语音、词句结构，是一种工具性质的学习；假如是为了了解这种语言所承载的文化、历史的特殊性，那么在努力掌握这种语言的各要素的基础上，一定会被它所记录的文化深深吸引。所以出发点不同，给语言的定义阐释也就不一样。而关于“文化”的定义则更多了。比如，1871 年英国人类学家爱德华·伯内特·泰勒爵士曾给“文化”下过一个著名的定义：“包括知识、信仰、艺术、法律、道德、风俗及作为一个社会成员所获得的能力与习惯的复杂整体。”泰勒认为，文化是习俗及包括作为社会成员的个人获得的其他任何能力与习惯在内的一系列规范性综合体。我们认为泰勒给文化下的定义比较全面，囊括了其他学者为文化所下的定义。所以，广义的文化可以分为物质文化、制度文化和心理文化三个层次。当人类有了语言，能够创造发明，尤其是走向文明后，物质文化和心理文化便伴随而生。制度文化应该是有了国家机器，需要有相应的管理制度后产生的。人类是一种群居性高级动物，彼此需要协作、往来，在物质层面是最易沟通的，物质交流中以物言词，物物交换，容易明白，显而易见，即使是陌生的事物也容易认知学习。但是制度层面的各项就不是能听清语音就可以模仿说出那么简单了，需要一个了解的过程，久而久之，或许也有一部分能够理解并接受。只有心理层面的文化，由于其隐性的特质，语言在很多时候显得无能为力，是最不容易为其他民族了解认可的，也是最易造成误解的。比如中国文化中的“礼”“孝”“仁”在其他语言中没有对应的语词，很难准确翻译出它原有的含义。所以虽然人类的交际方式在有了语言符号以后，足以表达思想和情感，但也常有“词不达意”的无奈时刻。文化的表层物质到它的中层风俗制度再到它的里层心理，语言都有彰显。在不同民族之间由于文化程度、宗教信仰、审美情趣等的迥异，再加之闻释言语上的区别，人们之间的交流产生出许多麻烦、障碍是在所难免的现象。

汉语言和中亚五国语言有着各自的发展轨迹，也有着语言发展的普遍规律。我们在全面深入的交往中，一方面要真切了解对方的语言，熟知对方语言的特点和反映的文化内涵，另一方面也可以借助人类语言的共同性质，利用语言交流工具的功能，探寻语言的普遍结构，从而揭示语言文化发展的规律。在交往中，接近知其然也知其所以然，才算理解了对方的语言文化特点，才可以说实现了交往的目的。语言是人类最重要的交际工具，那么，我们不可忽视人的作用，即人在交往过程中的所有创造和活动。人类在有宗教信仰之前，都有对自然的崇拜，如对太阳、月亮、高山、河流、火等的崇拜。在对自然崇拜敬仰的一些仪式中，有些部分高度一致。塔吉克人认为水是一位女神，为了人类的福运而违背了天神的旨意，被天神惩罚后流出的泪水。哈萨克人将高耸入云的大山称为“腾格里”。在汉语里，水神和山神早已有之。水神之物还有水龙王、山神之物还有皇帝向天帝行大礼的封山仪式。词的最初意义反映了古代人的社会生活和传统观念。不同的语言用于不同的社群，不同的社群对于万事万物的分别部居各有自己的一套，相互之间有同有异，这一切都反映在他们的语言里。

人类社会的特点之一就是人员彼此的接触，有接触就有机会运用语言交流与词语借鉴，就是说语言接触在语词方面会出现类似经济社会的“等价物”，在互相影响下进入原来的词汇系统。语言的词汇系统是一个动态系统，随着人类社会的变化，有的词进入词汇系统中，有的则被淘汰出局或沉寂在系统的深层。比如我国上古社会，农业生产和畜牧业生产都很重要，有关“马”的词语也很多，但是随着农业生产的地位凸显，表示马的年龄、马的毛色、马的肥瘦及奔跑的速度等词语逐渐消亡了。可是中亚地区，一直是畜牧业生产经济占主导，关于“马”的词语还是很丰富。再比如，英美国家有一种面包里夹一根香肠的食品叫 hot dog，汉语直接翻译为“热狗”，没有问题。中国人不可能把“热狗”理解成与狗有什么关系，当然也不会拒绝品尝，“热狗”一词也就可以堂而皇之地走进汉语词汇系统。但是在信仰伊斯兰宗教的国家，由于宗教教义的规定，是不可以吃狗肉的，于是一定排斥与 dog 有联系的词语，也不会接纳 hot dog 这个词进入他们的语言词汇系统中。因此，每一种语言都会有一定数量的借词，但是所借对象是有选择的。

历史上的中国和历史上的中亚地区民间的交往从未中断，我们从双方的过境民族和过境语言便可知晓，而政府官方层面的交往也有过非常频繁的时期，甚至曾经也有过近似的崇拜信仰。依据考古发现，内蒙古草原的阴山岩画中有一个人跪着，双手相合，高高举过头顶，头顶前方是太阳图案。这显然是一幅膜拜太阳的图画，是对日神的崇拜。又从古史典籍中发现，中国汉代皇帝和在中亚地区活跃的奴王都有拜日祭日的各种记载，都有修建祭日坛的礼俗。屈原在《楚辞》中把“雨师”称作“萍翳”，说明中国有崇拜雨神的信仰。而这种信仰习俗在《突厥语大辞典》中也有记录，是关于古代维吾尔族人祭拜雨神的记录。古代维吾尔族人宰杀牛羊后，取出牛羊腹中的结石，给其起了一个名字，叫“砟答”。人们认为这种结石具有呼风唤雨的魔力，所以用“砟答”向老天爷祈求雨雪。这种用“砟答”祈求风调雨顺的信仰也在中亚地区广泛流行。他们把雨神尊称为“雅新腾格里”，也当作天神崇拜。哈萨克族人也有近似的信仰习俗。他们每年在春雷之后的第一场春雨时，以男子脱帽淋雨的方式感谢天神，同时向苍天祈祷一年中能够再降新雨。历史上，在中国和中亚地区，不仅民间都有向苍天祈雨的习俗，而且对于执行这一仪式的人都有共同的要求，即品德高尚，祭祀前必须从内心到外表干净、纯真。在中国，最著名的是商汤王代表民众沐浴更衣祈雨的故事，而在中亚地区则流行艾沙求雨遇到贤者的故事。

语言是文化和社会的产物。在词汇系统中，留有现实世界与人类生活经验的聚合和分类，成为文化领域的组成部分。在大多数语言里，男性和女性所使用的言语是有区别的，虽然这些区别在一般情况下并不会阻断彼此的交流，但是会在交流中出现障碍。比如在汉语里，女性一般不能在公众场合谈论与性有关的话题，否则会被认为粗俗、不雅。除了词语，在语音、拼写规则、句式结构等方面，各种语言也都有彰显自己文化的要素。比如中国历史悠久，文化具有继承的特点，所以词语有古今之别，语音有古今之别，句式结构有古今之别，书写方式与字形结构也有不同，这些内容都有传承和创新。文字笔画大多数是在减少，变得更容易记住；句子结构受西语句式的影响比古代句子长，谓语和宾语的位置也有改变；书面语和生活中的口头表达趋向一致。可见，文化对语言的影响主要表现在社会生活中常见事物的名称上。在祈雨敬日的习俗上，中国与中亚地区有接近之处，是因为中国古代主体文化集中在黄河流域，与中亚地区一样远离大海。近似的自然环境孕育了相近的原始信仰。

第二节　语言差异与文化差异

一、语言差异

（一）中西语言观上的跨文化差异

汉字属于表意文字，重意合，而英语属于拼写文字，重形合。汉字起源于象形文字，文字的图形表示其意义，并可以产生意义上的联想，激发形象思维。英语是一种拼音文字，字母是基本的文字表达符号，词的拼写与发音按一定的发音规则形成逻辑关系，而字母对意义而言只是意义的替代符号，语言信息的表达依靠符号按照一定的语法逻辑关系排列组合。英语是一种重形式逻辑的语言。一般而言，英汉语言之间的差异主要体现在以下几个方面：

（1）英语趋于化零为整，汉语趋于化整为零。英语喜欢使用静态词汇，汉语喜欢使用动态词汇。英语语序变换多，汉语语序较固定。英语重物称，常采用无生命词汇做主语，所以多用被动句；汉语重人称，习惯用表示人或物的词汇做主语，所以多用主动句。英语重客体，重形合；汉语重主体，重意合。英语重客观事实，汉语重人际关系。英语重精确，汉语重含蓄。这就是英汉两种语言在风格上和文化上的差异，正是这些文化差异造成了翻译中的障碍和难题。就词汇而言，英语和汉语之间的差异所造成的翻译困难包括词汇空缺、词义冲突、语义联想差异和语用差异。

（2）中西方语言观的根本差异在于对语言本质的看法不同。在中国，无论儒家、道家，还是佛家，都仅仅把语言看成表“意”、达“意”的工具。由于对语言采取一种实用的态度，这就影响到我们民族总的精神也是一种实用主义。但是西方人却不赞同只把语言视为一种工具。尤其是近代以来，西方贤哲对语言工具观的批评尤甚，他们极力强调要重新审视语言的本质。首先，他们把语言视为人的存在形式，认为语言与人的存在具有相对应的结构，语言的世界就是人生存的世界。通过对东西方语言观的比较和探讨，我们发现，如果用我们实用主义的语言观来教育学生学习外语，那只能停留在表面的对字、词、句的认识，只能认为外语是一门工具，从而机械地使用外语，而达不到深刻理解的程度，更无法认识所学语言的价值和存在形式，这就是为什么在学习外语时会出现许多无法用汉语正确解释语言现象的原因。因为它们根植的背景不同，而学生对中西语言观的认识又是不足的，因此无法理解由语言观导致的文化差异。教师应从比较学的角度出发，培养学生跨文化的语言观意识。语言不仅是一个民族的根本，也是一个民族沟通的重要桥梁，虽然英美国家都是用英语进行沟通的，但是根据国民文化的不同、历史背景的差异和宗教信仰的区别等，英语分为美式英语和英式英语，其谚语、习俗、典故都是大不相同的。只有了解了这些差异，才能更好地对英美文学作品有更加客观、深刻的评论。不同种族的评论家有不同的习惯，如果分不清英国英语和美国英语的语言差别，那么便会对英美文学作品内涵没有深刻的评论和认知。美国初期只是英国的分支，在语言上也同样如此。评论家评论文学作品时，基于英国英语的语言习惯，语言使用较严谨，所以英国英语是比较稳重而庄严的，英国英语是具有民族传统的正宗语言，流传至今。而美国英语就没有那么中规中矩了，没有那么传统。美国英语比英国英语大胆得多，美国英语创新、叛逆、张狂，在评论上更加肆无忌惮，两者在本质上具有很大的差别。这或许也是美国英语不再是英国英语衍生产物的一种标志。

（二）英汉词汇上的跨文化差异

英汉词汇上的跨文化差异可谓无处不在，它是英语学习者一个很大的障碍。以下就几种特例进行论述：

（1）英语常用某物来比喻人或事。如用 the melting pot（熔炉）指“美国”，用 olive branch（橄榄树）来代替“和平”等。大学英语基础阶段《英语泛读教程》第四册中有一篇课文选自美国前总统布什写的传记，题为 *I Have Already*

Received An Invitation From God，其中有这样一句话：you would see the official when hell freezes over. 字面的意思是“当地狱结冰的时候你就能够见到（中国某个高级）官员了”。那么 when hell freezes over 的真实含义是什么？原来，西方人常用地狱来比喻酷热的地方，到处都是熊熊烈火，地狱根本就不会结冰。西方外交官在 20 世纪 70 年代初，要想约见某个中国高级官员是“不可能的”，因此用“when hell freezes over”表示。

（2）有些词的基本意义相同，但派生意义的区别却很大，如 politician 和 statesman。在美国英语中，politician 这个词有很强烈的贬义色彩，引起别人的蔑视。它指为谋取个人私利而搞政治、耍手腕的人，通常翻译为政客。这个词还有“精明圆滑的人”（smooth operator）之意，指一个人说话做事时信心十足，非常老练。汉语“政治家”这个词应该翻译为 statesman，在英国英语和美国英语中都很贴切，statesman 主要表示善于管理国家的才智之士：人们通常把有高级威望的政府官员称为 statesman。汉语中“政治”一词也很难译成英语。在多数情况下，译成 politics 不能准确表述原意，因为 politics 的含义之一是“采取欺诈和不正当的手段搞政治活动”，在选择合适的英语词时，把“政治”这个词翻译为 political study（政治学习），political activities（政治活动），或者 political work（政治工作）等。

（3）用动物做喻体来表示人物的某些品质，更是一种常见的现象。这些比喻因文化环境不同于汉语有极大的差别。比如，英语的 She is a cat. 这样一个句子，我们就不能理解为“这个女人很馋”。在英语中，“猫”是同“包藏着祸心的女人”这个比喻义联系在一起的。可见，不同的民族往往从不同的角度观察事物，他们只注意到某些事物的某些侧面，并以此做比喻。久而久之，这些比喻便成为语言的固定组成部分，包含了固定的含义。

（4）在语言的各要素中，词汇是最活跃的因素，更能反映一个国家和一个民族独特的社会价值观、道德观及民族性。各民族文化的个性特征经过历史的积淀都在词语中留下了痕迹。因此，文化差异在词汇层次上表现最为突出，涉及的面也最广泛。学习一个民族的语言词汇，实际上就是学习一个民族的文化。如果学习者不了解目的语的文化背景知识，缺乏对词语的社会文化含义的足够认识，对目的语中一些具有特殊社会文化含义的词语往往用母语的概念来代替目的语的概念，不注意它们在内涵语义上的差异，就容易踏入跨文化交际的误区。

人们通常说词汇敏感地反映着社会生活，实际上是说许多文化凝聚于词汇之中。中国清朝，皇帝后宫里有佳丽三千，妻妾等级分明，汉语中有关宫女名称的词汇因而就丰富多彩，如皇后、皇贵妃、妃、嫔、贵人等，这是中国清朝宫廷文化的一个侧面写照。英国是一个君主制的国家，贵族内由君主封给的爵位等级十分严明，和这种爵位文化密切相关的则是英语中的爵位名称，如公爵（duke）、侯爵（marquis）、伯爵（earl）、子爵（viscount），以及男爵（baron）等。日语里关于鱼的词汇非常丰富，这说明日本人同鱼有着不解之缘。就词汇意义来说，它的形成时刻受到民族传统、宗教信仰、地理环境及风俗习惯等文化因素的制约。按照 Saussure 的观点，词义是“被命名的事物或概念与名称本身的关系”。而这种关系的形成无不浸透着人对现实的感受及经验。词的多义性就在于它是现实世界的象征符号，体现着人对现实世界的不同认识。也就是说，决定词汇意义的不是其他东西，而是民族文化。词源结构及词的原有概念意义的确立如此，词义的变化及引申也是如此。特别是词义的引申，不同的文化传统和文化心理对其起着决定性的作用。

文化内涵词的对比：文化内涵词（culturally- loaded words）就是指蕴含着丰富的社会文化意义的词或短语。它总是同民族的文化背景、心理素质、风俗民情、社会制度的变革和社会生活的变化密切相关，随着社会的变化而变化，是词汇中最为活跃的部分。连淑能从“英汉文化语言学”的角度出发，把具有文化内涵的词分为成语、谚语、俚语、敬语、俗语、熟语、委婉语、禁忌语、交际语、问候语、礼貌语、称谓语、歇后语、双关语、体态语、拟声语、重叠语、颜色语、数量语、动物语、植物语、食物语、味觉语、政治语、含有典故和神话的词语，以及其他词语共 26 类。近年来，这一范围又扩大到季节词、人体器官词、服饰词、自然气象词等有象征意义的词。英汉对比研究进入了“系统功能时代”，胡壮麟先生对于介绍引进这一理论起了巨大的作用，发表了《国外汉英对比研究杂谈》；另外，毕继万著有《貌合神离的词语文化涵义的对比研究》；潘文国著有《中西的语言与文化研究》等。

（三）英汉句法上的跨文化差异

一提到句法，人们自然把它同语法等同起来。其实，它在形态和用法上同样体现出许多文化上的差异。汉语属于汉藏语系，英语属于印欧语系。从语言的形态和非形态角度进行分类，分为有形态语和无形态语，前者也叫标记语，后者叫无标记语。根据吕叔湘先生的说法，汉语是缺少严格意义的形态变化的无标记语言。而英语及其他印欧语系的语言形态丰富，是有标记的语言（如用词根或词尾变化区别词类，名词的数、格、动词的时态等）。汉语中词义意蕴极为丰富，句法常会给丰富的语义关系让步，这一点在语态丰富的英语中是十分少见的。我们经常听到“吃大碗”“吃饭馆”“作业写了三篇”“玻璃擦了五块”等看来不合乎语义逻辑的句子。说“作业做完了吗？”可以，说“做完了作业吗？”也行。我们在学习英语的过程中按照汉语的语义逻辑生搬硬套显然是不行的。英语以动词为核心，重分析、轻意合，动词的作用非常突出。而汉语不注重形式，句法结构不必完备，重意合、轻分析，常以名词为中心，主语经常不与动词发生关系，以致我们的学生经常造出一些在英语中不能称之为句子的句子，如 I tall he short（我高他矮），This book interesting（这本书有趣）等类似的错句。

汉语句子结构虽然在很多情况下也以主谓（宾）顺序排列，但它不像英语那样整个句子以谓语动词为中心，而是以词序或语义为中心，不管句子是否完备；而且也不像英语那样需要使用诸如连接词等衔接手段，只要表达意义就可以了。

关于中西语言结构的差异，国内外学者有许多精辟的论述，形合意合之说似乎已成公论。西语是以形合为主的语言，在句子结构中，主语和谓语形成提挈全句的主轴线；如有宾语和补语成分，可在主线上延伸；定语及状语成分则以枝枝杈杈的形式形成分支线，并通过关联词语与主轴线相接。不少学者认为，线性语言和线性文字有着内在的联系。西语文字是以拼音字母组成的音素文字，是以音节的滚动直线展开的线性文字。这种文字有丰富的形态变化，通过语音感知，经过大脑加工而产生各种意义。因而西语形态丰富、准确度高、客观性强，有扎实的逻辑基础。汉语是重意合的语言，缺乏严格意义上的形态变化，缺少显性的词类标记，人们对语义的理解往往凭借语境及语感来完成。汉语句子以主题为中心铺排，汉语语段以意念为主轴，以神统形。语段中的句子流散疏放，组合自由，犹如环弧状的浪花，此起彼伏，高低无序，却沿着一定的（语义）方向流动。汉字是象形文字，即使是现代的形声字，也是由图画文字发展而来的。

“事在人为”是中国人的思维习惯。中国人在观察、描述所发生的事情时，往往从本人出发，交代事件的发出者。汉语习惯用动作的发出者作为句子的主语，汉语中多用主动语态的表达方式。然而西方人一向以自然为了解研究的对象，表现为以事物为中心的思维，英语句子倾向于使用非人称名词做主语，而不用人称做主语来叙述。因而在英语句子中，“非人称主语”非常普遍。英语和汉语言中主语表现出来的差异是由使用这两种语言的人认知思维方式差异和两种语言本身的特点所致。可以说，汉语语言表达突出了以人为出发点的认知特点，而英语语言表达则体现了以事物即客观实在为出发点的思维认知模式。

在英语语序的安排中有一条重要的原则，叫作末端重量。一方面，它要求把字数较多或语法结构较复杂的句子成分置于句尾，也就是说，句子结构必须避免头重脚轻，句子的谓语部分应比主语部分更长一些，使句子结构平衡。另一方面，它要求把重要的信息放在句子的末端，因为句尾常常是意义的重心所在。而汉语从形式上看，句首呈开放性且不避头重，所以前端重量是汉语语序的特点。

英语和汉语的另一个显著差异在于英语倾向于多用名词，因而叙述呈静态。相比较而言，汉语倾向于多用动词，因而叙述呈动态。作为有丰富形态变化的综合性语言，英语句子中的谓语动词要受很多形态变化规则的约束，使用时有很多不便，所以一般每个句子只有一个谓语动词。英语中常常用含有行为和动作含义的普通名词、形容词、副词和介词短语表示动作。一般而言，英语动词充当除谓语之外的其他成分时，都要使用动词的非谓语形式、名词或介词短语。与英语形成对照的是，汉语是逻辑性语言，不受动词形态变化的约束，使用较多的动词，除了大量的动宾结构以外，还有两个以上动词连接的连动式、兼语式。此外，汉语动词可以充当句子的主语、宾语、定语和状语，从而形成了明显的动态优势。

（四）英汉言谈规约上的跨文化差异

中西文化在交谈中，如何表达自己的愿望、要求和看法，不同文化往往有不同的习惯。中国人倾向于用较为间接的方式，进入正题前常常寒暄一番，谈话中比较迁就对方，很少正面顶撞；相反，西方人则喜欢开门见山，直接而明确地表述自己的想法。此外，西方人一般是先讲明自己的主张，然后再陈述其理由，而中国人却常常先说一通理由，最后才说出自己的主张。在如何拒绝或否定对方的问题上，这样的差异同样存在。北美人习惯于直截了当地拒绝和否定，东方人则总是认为此种方式不妥，他们常用不置可否、模棱两可的话来应付，有时甚至空口允诺或肯定。对此，北美人就容易误解。还有，在大多数欧美国家，针锋相对的争论和批评相当普遍；在东方国家，人们更多地采用暗示的、迂回的方法，批评一般都比较婉转、含蓄，有时就隐匿于赞颂之中。在面对面的交际中，随着言谈出现的还有各种非言语行为，如姿势、动作、表情、眼神、身体接触、空间距离与位置等。这些如何与言谈相配合，在相当程度上文化给交际者做出了规定，尽管人们常常没有意识到这一点。

二、文化差异

（一）文化比较研究

到目前为止，我们已经了解到生理因素可以让我们的世界截然不同，但这里还有另一种常常会阻碍沟通的知觉鸿沟——来自不同背景的人之间的间隔。每种文化都有不同的世界观，都有看待世界的特有方式。要记住：掌握不同的文化观点能使我们对自己和对方的文化有所了解，但有时候我们很容易忘记别人和我们看世界的方式不同这一点。

文化差异的范围很广。在中东地区，个人的气味在人际关系中扮演着重要的角色。对于谈话的价值，不同的文化看法也各有差异。西方文化视谈话为令人渴望的事情，并在工作和社交上使用它，沉默在西方文化中带有负面的价值，它被解读为缺乏兴趣、拒绝沟通、敌意、焦虑、害羞或是彼此合不来的征兆，西方人对沉默感到浑身不对劲、窘困、尴尬。相反，亚洲文化以另一种方式看待谈话。数千年来，亚洲文化不鼓励表达思想和感觉，沉默受到肯定。正如道家所言"言多必失"，又如"知者不言，言者不知"，亚洲人并不像西方人那样对沉默感到不自在。日本人和中国人认为在没什么可说的话时，保持沉默是较适当的方式。对东方人来说，一个爱说话的人常会被看作爱吹嘘或者不真诚的人。

当不同的文化相遇时，你很容易就可以看出，对说话和沉默持有不同的观点会如何导致沟通出现问题。爱说话的西方人和沉默的东方人，都以他们认为合适的方式生活，然而彼此都对另一方心存疑惑、无法苟同，只有在他们认识了对方心目中的衡量标准后，他们才能互相适应——或者至少了解并尊重这种差异。这时候他们必须面对并处理所谓的民族优越感（ethnocentrism）问题，也就是认为自己的文化优于别人的态度。旅行作家里克·史蒂夫曾经写到民族优越感是如何干扰人们对其他文化现象的尊重的："我们（美国人）认为自己很爱干净，经常批评别的文化习性有点儿肮脏。我们在浴缸中打肥皂、擦身子、冲干净，都用同一缸子水（但我们是不会这样洗碗盘的）。日本人洗澡的时候每一个步骤都分开使用清水，他们可能觉得我们的洗澡方式很怪异甚至恶心。有些文化当街吐痰、当众擤鼻涕，他们无法想象把痰吐在小手帕里，放回口袋中，需要的时候再继续使用这种行为。"

不一定要出国旅行才有机会遇到不同的文化观点，国内就存在着许多次文化，每种次文化的成员所拥有的背景让他们以不同的方式看待事情。没有辨认出这些差异可能会导致不和谐和不必要的误解。例如，如果一位拉美裔女性低着头说话，可能让男性白人教师或穿制服的警官解读为拒绝甚至不诚实。但事实上在她的文化里，当一个女性被一个年纪比她大的男性问话时，低着头答话才是适当的行为。直接的目光接触被视为无礼的不当举动，甚至是对异性暧昧的邀请。思想开明的沟通者可以克服预先存在的刻板印象，学会把来自不同背景的人作为个体来理解。一项针对大学生的研究显示，当他们被介绍认识来自不同文化背景的陌生人时，他们对新的对话伙伴的态度更多地基于这些陌生人的个人行为，而不是自己对对方行为的预先期望。

由于地域与习俗的差异，中西两种文化之间在价值观、认知观等方面往往具有不同的特质，在交际中难免形成交流障碍，这就要求交际者拥有很强的文化包容心理，对不同的文化与交际者采取宽容的态度，提高交际的成效。同时，文化交际的过程也要坚持兼收并蓄和取其精华、弃其糟粕的批判原则。虽然在双方的交流中要宽容对待认知等方面的差异，但不代表要对其全盘吸收。每种文化都有其长短，要用辩证的态度看待本族文化与对方文化，经过详细比较分析，吸纳其值得借鉴的地方。强大的文化包容心理要求交际者具有广阔的胸襟和有关对方文化的深入了解。由于差异性可能是两种文化的常态表现，因此包容是进行交际的前提和基础，只有具有广阔的胸襟才能包容对方，才能更好地促进交际的发展。当然，对对方文化的深入了解也是交际者所必须具备的文化素养。若没有对对方文化的深入了解，很可能无法理解交际者的一些行为及语言表达，很难对其所表达的观点有客观的认识。因此，了解是包容的必要条件，也是促进交际向着交际目的发展的关键因素。

（二）跨文化比较研究

跨文化比较研究指的是不同文化之间交际行为的比较研究，研究的是交际行为的文化多样性，比较的是不同文化之间交际行为的异同点，重在文化差异的认知比较。根据西方跨文化交际学家 Gudykunst 对西方跨文化交际理论的总结，归纳出的主要跨文化比较理论。

1. 交际的文化多样性

文化是多样的，其中最主要的差别是群体文化与个体文化之别，但个体差异也不可以忽略不计。Hofstede 的文化分类说是文化多样性研究的理论基础。

2. 文化交际

文化交际或称“交际文化”（Cultural Communication），也属于文化范畴。文化交际研究的是本文化的人对本文化之内交际的研究，但也有文化比较研究。其理论原则包括两个方面：每种文化都有其独特的交际方式；交际必须遵循本文化的要求。

3. 语言交际

不同语言之间的异同点、语境对语言交际的作用、直率与委婉、礼貌语言的差异等，都是语言交际（Verbal Communication）。研究的范围。

4. 非语言交际

非语言交际（Non-Verbal Communication）涵盖的内容有体距（immediacy）、个体主义——群体主义（individualism-collectivism）、性别（gender）、权力差距（power distance）、迷茫避免（uncertainty avoidance）、高—低语境（high and low context）。

5. 文化对感情含义及表达的影响

文化对感情含义及表达的影响（Cultural Influences on Expression and Perception of Emotions）研究的是情感含义及其与文化心理之间的关系，探究情感表达的文化差异、情感作用与文化适应之间的关系。

6. 跨文化关系中的认知与情感问题

认知成分包括文化优越感（ethnocentrism）、模式化或称“定型论”（stereotypes）、认知偏见（cognitive bias）和社会身份问题（social identity concerns）。情感指跨文化关系中的情感反应，强调负面反应的表现与应对，如焦虑、迷茫、不公平感、偏见感引起的负面反应（如仇恨感）。

7. 跨文化面子问题和面子的文化冲突

要解决跨文化面子问题和面子的文化冲突（Cross- Cultural Face Concerns and Conflict），要理解跨文化冲突的协商过程，必须首先理解具体冲突中表现出来的不同价值观（values）、面子挽救导向（face- saving orientations）、重点交际目的（goal emphasis）和冲突形式（conflict style）。面子关系到一个人尊严的维护或丧失，面子包含情感（如罪恶感和羞耻感）、认知（如衡量面子的施与和接受）和行为（如不同的面子功夫的策略），面子是处理文化冲突中必不可少的方面，可以管控文化身份、交际关系，发挥最终处理文化冲突的作用。

8. 研究方法

跨文化比较研究常用的方法是 emic approach，即研究本文化交际特征的方法，习惯于质的研究。这一方法往往与主观方法共用。

自 20 世纪 80 年代以来，中国兴起了研究跨文化交际学的热潮。把跨文化交际学作为一门新兴学科系统地介绍到我国外语教学界和语言学界的首推胡文仲教授，其研究成果有《跨文化交际学选读》《英美文化辞典》《中英文化习俗比较》《跨文化交际学概论》《跨文化交际面面观》《超越文化的屏障》。还有北京大学关世杰教授，出版了《跨文化交流学》《国际传播学》，主编了《世界文化的东亚视角》，主持翻译了《世界文化报告》《在文化的波涛中冲浪》等八部著作。1995 年哈尔滨举行了第一届中国跨文化交际国际学术研讨会，标志着中国跨文化交际协会（CAFIC）成立。迄今为止，该协会已经成功召开了七届跨文化交际学术研讨会。根据用“跨文化”关键字对中国国家图书馆馆藏的检索，最早的文献是1988年馆藏文献。1988—1994年有关“跨文化”研究的文献有24种。1995—2000年，有关“跨文化”研究的文献59种，其中文集、辞书和专著相继问世。2001—2004年，出版的文献有132种（包括硕士、博士论文），约占1988年以来全部馆藏相关文献221种的60%。这些文献和标题摘要显示，其研究的对象和内容大致可以细分为跨文化传播（交际）、跨文化管理、跨文化对外汉语教学、跨文化广告、跨文化交流与文学、跨文化交流与翻译等方面的著作。但是相对于美国的跨文化交际研究来说，中国的跨文化研究无论在内容还是方法上都有很大的局限性。短短几十年来，跨文化交际研究取得了丰硕的成果，在经济全球化、教育一体化和文化大融合日趋明显的21世纪起着重要作用。

跨文化比较研究从人类活动的范围看，可以专门研究不同文化中家庭成员的关系，如师生关系，顾客与店主的关系，熟人与朋友之间、陌生人之间的交际方式等。从人际交往的语用规则看，可以专门比较不同文化在称呼、问候、致谢、道歉、称赞、请求、告别等方面的差异。从交际行为类型看，又可以将跨文化交际分为语言交际和非语言交际两大块。王振亚在《以跨文化交往为目的的外语教学》中指出：跨文化交往可以根据不同的媒介分为三种形式：语言交往（verbal interaction）、非语言交往（non-verbal interaction）、超语言交往（extra-verbal interaction）。每一种形式又可以分为若干次范畴。在跨文化交往中，这三种形式多相互交织，但也可以单独出现。胡文仲教授曾提出：影响跨文化交际的八个变项是态度、社会组织、思维模式、角色的规定、语言、空间的使用与组织、时间观念及非语言表达。Samovar&Porter指出：交际活动始于发话者的编码，但这一思想活动的结果在交际过程中总要体现在言语或非言语行为上。言语和非言语行为体现跨文化交际的表层差异，然而跨文化交际学的深层比较包括信念、价值观、世界观、语言系统、思维模式、社会组织等。

（三）价值观念的差异

价值观念是任何社会或文化都回避不了的，是人们行为的规则、思想的准则。西方文化的线性表现为直线的单点独进，强调个人潜力的发挥、个人目标的实现及个人利益的追求。在这种线性价值观的指导下，人人注重自立，自我奋斗、自由进取成为人们崇尚的行为准则。尤其是美国人，极其崇尚个人主义。美国人引用最多的言语之一是“Let's eat，drink and be merry，for tomorrow we shall die”（吃喝玩乐吧，明天还不知是死是活。）。这种观念与中国的文化格格不入。中国文化的环性表现为圆环的整体向心，注重群体关系的和谐、群体目标的统帅和群体利益的维护。所以中国人提倡凡事以集体利益为重，于是就有了“先天下之忧而忧，后天下之乐而乐”一说。中国传统的宇宙观是“天人合一”，凡遇上难事，就要向上天祈求庇护，认为人是自然不可分割的一部分。中国文化崇尚天的价值观体现在语言中，比如人们在紧急情况下脱口而出的是“天啊！”人们崇拜天，而且做事也是根据“天意”，相信天意不可违，所以很少想到去挑战自然。而西方则主张“天人相分”，在西方文化中，人们认为人和自然是相对独立的，人们崇尚的是征服自然，向往自由。“自由”在西方文化中几乎是最重要的方面。

在西方文化中，人们每遇突发情况，嘴里蹦出来的是“Oh，my God!”他们崇尚的是上帝而不是天。“天人合一”的观念注重整体，“天人相分”的观念注重个体。中国文化有以集体为中心的传统，人们在行事时总要考虑到集体。集体的概念非常广泛，可以指家庭、社区或是整个国家。个人的幸福和集体的利益紧密相连。在汉语中，自古就有些成语可以让我们看到个人和集体之间的紧密关系，如“城门失火，殃及池鱼”“唇亡齿寒”“倾巢之下，安有完卵”等。这些耳熟能详的成语都告诉人们如果集体的利益受到损害，个人的利益也得不到保障。中国人素有舍“小我”而成“大我”的美德。“小我”指的是个人，“大我”指的是集体。因此，中国人一般比较在意人们对自己的看法，很在意自己在周围人心目中的形象。在西方文化中，人们比较看重个人的发展，认为社会价值可以在个人价值中得到体现。只要实现了个人价值，社会价值也就相应地得到实现。这种价值观与中国文化以集体为中心的价值观正好相反。西方人通常不会在乎别人的看法，他们更在乎的是自己的感觉。

（四）思维方式的差异

思维方式是一个民族或一个区域的人们在长期的历史发展过程中所形成的一种思维定式或思维惯性，是一种相对定型化的思维活动式样、结构和过程。思维方式是沟通文化与语言的桥梁。一方面，思维方式与文化密切相关，是文化心理诸要素的集中体现，又对文化心理诸要素产生制约作用。思维方式体现在民族文化的所有领域，包括物质文化、制度文化、行为文化、精神文化和交际文化，尤其体现在哲学、语言、科技、美学、文学、艺术、医学、宗教、政治、经济、法律、教育、外交、军事、生产和日常生活中。思维方式的差异正是造成文化差异的一个重要原因。另一方面，思维方式又与语言密切相关，是语言生成和发展的深层机制，语言又促使思维方式得以形成和发展。语言是思维的主要工具，是思维方式的构成要素。语言的使用体现思维的选择和创造；翻译的过程不仅是语言形式的转换，而且是思维方式的变幻。要研究语言与文化的关系，必须深入研究与语言和文化均有密切关系的思维方式。从人类思维的整体看，思维方式具有时代特点、区域特点、社会特点和民族特点，学习思维方式不仅是思维学、文化学和社会学的任务，也是语言学的任务。中西思维方式比较是老课题，也是新课题。严复、林语堂等早期名家及当代不少中外专家、学者，都有过许多精辟的论述。连淑能先生有长期在欧美国家工作和访学的经历，对中西文化、中西思维方式的异同有着极其丰富的感性认识，并且擅长理性思维，善于从宏观上把握，从微观上分析归纳，故而比较全面深入地论述了中西思维方式的特征，著有《论中西思维方式》。

思维是人类大脑对客观现实的反映，是人类对客观世界的认知能力。思维以语言为表达形式，而语言则是思维的工具，是思维外化的载体。思维和语言是一种相互作用、相互依赖的关系，其中思维对语言的作用是决定性的；思维方式的不同决定了语言表达形式的多样性。

由于民情、习俗、宗教、历史、生态环境不同，各民族可能会采用不同的思维角度来审视相同的思维对象或内容，进而采用不同的语言表达形式。例如，要表达“通过做某件事获得双重的益处”，汉语可以用“一举两得”或“一箭双雕”，而英语则可以用 to kill two birds with one stone（一块石头杀死两只鸟），法语可以用 faire d'une pierre deux coups（一块石头打两处）。显而易见，尽管思维的内容大体相同，但由于思维方式不同，不同的民族在语言表达方面存在着显著的差异。

英汉民族的思维差异具体表现在以下五个方面。

1.感知取向

由于自然环境和社会环境的差异，各民族的思维方式也有各自的特点。西方传统哲学思维对外部事物的反映不是靠直觉感性的认识，而是依赖抽象理性的表述，是一种分析性的逻辑思维，其语言结构特点与思维方式特点相一致。中国传统哲学思维则基于主客体统一的辩证观念，对人和自然界关系的认识是凭借直观理性认识整体，把握外在的世界，是一种直觉表象与整体和谐为主要特征的综合型思维模式。思维与感知方式的不同，在对行为、事物、观念的取向上也存在着很大差异。

2.时间观念

时间观念受制于文化差异，各种文化都必然在过去、现在和未来三种时间概念上有所侧重。我国是一个传统导向的社会，在时间观念上，人们常常要考虑过去怎样，有何成功的经验或失败之教训，今天如何做，将来又该怎样，也往往以过去为标准。中国人在叙述事物时，一般都按照过去一现在一将来的顺序进行。西方人尤其是美国人则立足未来，因此，未来是他们的重要时间观念。汉英民族在用“前”与“后”分别指称过去与未来的概念上采取不同的观点和态度，翻译时需要我们进行逆向思维来重组原文信息。例如：

例 1. In fact one mould can produce many thousands of articles before it wears out.

事实上，一个模子生产成千上万件产品之后才会用坏。

例 2. We now have the technology to develop machines before people are ready to use them.

而现在我们的技术足以开发人们一时还接受不了的新机器。

如果拘泥于原文“before”的字面意思而译成“在…之前”，译文将晦涩难懂，在此情况下，我们只能“从反计议”，选用符合汉语习惯的表现方法，才能做到文从字顺。

3. 空间描述

地域文化的差异，使英汉两个民族对同一现象或事物采用不同的言语表达形式，这也同样表现在空间描述上。不同民族对方位及其相应物的感知取向也不尽相同。因此，翻译时需要看它的上下文语境及其实际意义。例如：

例 3. Keeping the street to her right, she walked in a western direction.

句中“keeping the street to her right”根据其具体语境及其实际意义将其译成“沿着大街的左边”，看似“南辕北辙”，实则“殊途同归”。

4. 数量表达

由于不同民族观念不同，英汉两种语言在表达数量概念时有时有一定的差异，翻译时应该顾及汉语的习惯。例如：

例 4. If you pay by cash, we will give you twenty per cent discount off the price of goods.

如果现金付款，我们予以八折优惠。

5. 反说正译和正说反译

英汉在表达否定概念上的方式和习惯不尽相同，有许多句子正说反译或反说正译都行得通，只是其语气有所不同而已。但是，有些是固定结构或搭配，它们就不能按正常的词汇意义来理解或翻译，要经过正反的调整，否则其意义将会表达不清或误译。

例 5. It was above the common mass, above idleness, above want, above insignificance.

这里没有平庸之辈，没有散，没有贫国，也没有卑微。

对于这种特殊词或短语甚至于句子，译者必须在真正吃透原文的基础上，善于摆脱原文结构的束缚，在译入语固有的规矩中，做到虽貌离而神合。

通过以上实例可见，英汉两个民族在不同文化背景下，往往表现出不同的思维定式和社会心态。即使对同一事物，也往往会有不同的视角和不同的观点。在翻译实践中译者应该摆脱原文表层意义和结构束缚，进入深层挖掘其义，这样才能忠实地再现其意蕴，否则，译文就可能背离或歪曲原义，或者貌合神离。

第三节　国内外文化教学发展现状

一、文化教学的概念

在我国，“文化教学”的正式提法最早见于20世纪90年代初语言与文化研究的相关文献中。我国外语教学中的文化教学主要有三种形式：第一种是开设专门的语言文化课程，如“英语跨文化交际学”；第二种是开设与所学语言关联性不大的国情课程，比如“英美概况”“英国文化”等；第三种就是在语言教学中，与语言本身紧密得不能分割的文化内容，进行移入式的“文化教学”。这三种形式就是我们通常所说的外语教学中的文化教学。它是在外语语言教学过程中为解决语言教学可能出现的文化障碍而进行的将语言教学与目的语的国情文化知识，以及语言所包含的文化背景知识融为一体的教学形式和方法。所以文化教学的概念可以解释为：文化教学就是指教师与学生之间的教学实践，并在此背景下所展开的前提、背景和氛围探究。文化教学是传递文字信息、理解语言知识、发展学生能力乃至生成新知识等的行动和变化。语言衍生于文化，文化因语言而传承。语言与文化是相互依存的，是不可分割的整体。我们学习任何一门语言不仅要掌握语音、语法、词汇和习语，还要了解使用这门语言的国家的人们如何待人接物，深入了解他们社会的文化。这就要求授课教师在语言教学中有效地进行文化教学。文化可以表达语言深层次的内涵，Littlewood 指出：教育的第一要义是传授已学或已有的知识，然后运用到已有的语言教学中；教育的第二要义就是训练学生的社会能力，使其可以充分适应社会角色。教师在语言教学中不仅要教会学生掌握语言的形式，更要让学生熟练掌握使用语言的能力，以及通过熟练使用语言进行社会交际活动，这些必须依托文化教学。如果不去透彻地领悟目的语的文化，是不可能在真正意义上学好这门语言的。

根据 Stern 的观点，文化教学必须包括其相关的全部领域，社会群体历史，机构，美术、音乐、文学及其他方面的主要成就。在英语教学的大纲中应该把这些相关知识有机地加入语言教学的课堂。现有的教材虽然也包含了许多文化信息，但教师与学习者通常都感觉不到其存在。其原因就是教材没有精细详尽地介绍文化内容，而是让文化内容散落于各个章节，这不利于学习者对文化内容的掌握，相反，文化教学内容应该自成体系，文化指导目标更加详尽，从而可以更高效地提升教学效果。

二、文化教学的作用和意义

过去我国关于目的语文化教育的重视度不够，同时信息交流也不发达。所以在当时客观因素的影响下，人们就形成了文化定型，在文化学习开始时，学生会对英语文化有些简略的认识，容易形成“法国人浪漫”“英国人保守”“美国人开放富有”和“日本人精明”的文化认知。我们发现有些文化认知是过于宽泛、片面、笼统的，甚至是违背常理的。产生这种问题的根源在于我们对其目的语文化的认识不足。可见对目的语文化的学习是多么重要。

文化教学就是通过学习目的语的过程，向学生传授目的语文化知识，学生可以通过所学语言了解目的语国家的风俗习惯、民族信仰、政治制度及生活方式等系列知识，使自己的知识结构更趋完善。Robert Lado 曾说：“如果我们不能够努力地去掌握文化背景知识，作为教师的我们就不可能教好语言。”文化教学的作用在于既能使学生掌握基础的语言知识，又能使学生全方位了解目的语的文化，从而获得跨文化交际的能力，使外语教学的目的得以实现。概括地说，文化教学主要起到以下三个方面的作用：首先，文化教学是语言教学的强化剂。文化教学不仅有利于强化学生的语言基本功，也有利于学生克服教学中的一些薄弱环节，通过文化教学可以帮助学生理解掌握语言学习方面的内涵，进而有效地提高教学质量。其次，文化教学是外语学习和习得的催化剂。外语教学的实质可以称为“交际”或“文化适应”。外语教学的最终目的就是使学生在了解目的语的基础上与目的语的群体进行恰当、有效的沟通，也就是我们所说的获得跨文化交际的能力。当我们要学习一种语言的时候，我们必须了解这种语言的文化背景及相关的知识，如果我们忽视了语言教学和文化知识背景的结合，我们在使用目的语的时候就容易形成误区。外语教学要使学生掌握外语语言知识，必须进行相应的文化移入，特别是语用文化因素的移入，使学生懂得在对外交往中所需的各种文化背景知识，否则学生即便有一定的语音、语法与词汇知识，也无法真正学习和习得外语。最后，文化教学是外语教学的兴奋剂。学习动机的强弱是影响学习效果的一个重要因素，而产生学习动机的源泉在于学习者的兴趣。文化教学无论在内容还是方法上，都与传统的教学模式有很大的差别，最显著的区别就是它不是限定在某个词汇上，不局限于对语言材料本身的解释。这就给教师提供了很好的教学掌控度，教师可以在搞好课堂教学的同时，积极引导学生多读英文文献资料，多听英语影音资料，还可以通过组织多样的课外实践活动来加深学生对文化知识的实际运用，这些丰富多彩的活动能够有效地激发学生的学习兴趣。与此同时，教学内容和形式多样，教师掌控度加大，也会进一步激发教师的积极性和创造性。

语言是最重要的交流工具，语言离不开文化，文化也依赖于语言。文化教学是由语言与文化的密不可分的关系，以及语言本身的特性所决定的。教师在教授语言的过程中，就已经把一些文化的内容涵盖其中了。大学英语教学的目的也要求包括文化教学。大学英语教学的目标不仅仅是培养学生的英语语言能力，更是培养学生的综合运用能力。随着世界各国之间的交流更加密切，全球一体化进程的推进，我们学习目的语的目的不单单是跟人对话，更是参与国际事务，达到跨国和跨文化交流的目的。文化教学的意义就是使学生在大学英语学习的过程中更加科学地了解目的语的文化，从而更清晰、更客观地比较出本民族文化和外国文化的相同点与不同点，使学生通过学习丰富自己的人生观、价值观、世界观，并增强学生文化多样性的感知能力，而不是使学生轻视非母语文化。这样，文化多样性才能够得到受学生的理解和尊重。同时，通过文化教学可以进一步提升学生跨文化的沟通交流能力。

三、国外文化教学

（一）美国的文化教学

美国外语教学界对文化教学的关注始于20世纪60年代。1960年外语教学东北会议将文化教学选定为当年会议的主题，并将会议报告 *Culture in Language Learning* 一书出版。1972年和1988年东北会议又举行了第二次和第三次以文化教学为主题的研讨会，尤其是第三次会议着重研讨了语言和文化如何在课堂教学中有机结合的问题，会议论文集 *Towards a New Integration of Language and Culture*（Singerman）集中反映了当时文化教学的研究成果。

1996年美国教育部修改了外语教学的全国标准，确定了文化教学的核心地位。新的外语教学大纲包括五个方面的目标，可概括为“五个C”，即Communication、Cultures、Connections、Comparisons、Communities。外语教学中的文化教学和跨文化交际培训成为美国文化教学的两大阵地，这两个领域相互沟通，有机结合，取得了丰硕的教学成果：不仅使学生学习外语的积极性大大提高，而且美国年轻一代的大国沙文主义和唯我独尊的思想也大大改善；这无疑使美国这样一个多元文化的社会更加宽容、稳定和强大。

（二）欧洲的文化教学

欧洲的语言文化教学是在与美国极为不同的历史和社会背景下发展起来的。第二次世界大战结束后很长一段时间，欧洲的外语教学受美国听说法和西欧视听法的影响，将语法结构作为教学重点，并同时开设文化课程，文化被当作背景知识，文化教学与语言教学脱离。随着国际合作和交往的增加，尤其是1951年欧盟的诞生，交际法教学的兴起，欧洲开始进行了一系列大规模的语言教学改革和文化教学研究。然而，欧洲的文化教学研究很少涉及世界其他国家和地区的文化，只是以欧洲大陆和英国为研究对象，最多加上美国。显然，这种研究有些片面和狭隘。相比之下，美国的研究则显得更开放、更具包容性和全球性。

四、国内文化教学

（一）国内文化教学综述

自20世纪80年代以来，中国文化教学问题一直是对外汉语教学界的一个热门话题，而且在诸如中国文化教学的性质与任务、中国文化教学与汉语教学的关系，以及中国文化教学的内容和方法等问题上有过热烈的讨论，甚至是激烈的争论。中国文化教学问题在对外汉语教学界引起了如此热切的关注并出现了热烈的讨论和激烈的争论，不是偶然的，而是有着广泛的社会背景和对外汉语教学自身的深刻原因。

80年代，国内外都出现了一股文化热。在中国，这股文化热不仅出现在文化、教育界，而且影响到社会生活领域。中国实行改革开放政策之后，中国人提出了“振兴中华”的口号。这个口号表达了中国人民要把中国建设成有中国特色的社会主义强国的决心，也反映了中华儿女振兴中华文化的强烈愿望。在建设社会主义物质文明和精神文明的宏伟目标鼓舞下，中国知识界出现了研究传统文化的热潮。中国的知识分子对传统文化进行了深刻的反思和重新评价，对未来中华民族的文化建设进行了认真严肃的思考。在这种背景下，出现了国学热。

文化热对社会生活的影响是很明显的。在一段时间里，平常的生产活动、商业活动、日常生活也与文化挂上了钩，出现了诸如企业文化、商业文化、旅游文化、校园文化、社区文化、广告文化、饮食文化、茶文化、酒文化……几乎数不清的文化。我们对这些现象不做评价，只是为了说明透过这些现象可以看到文化热。

文化热对科学研究和教育工作也产生了深刻影响。举例来说，语言学研究就明显地受到文化热的影响。在中国，继 20 世纪 60 年代的美国跨文化交际学和 70 年代苏联国情语言学之后，80 年代出现了中国的文化语言学。文化语言学的出现，当然有其内在原因，但也跟文化热有密切的关系。同时，80 年代，社会语言学、语用学、语义学、篇章语言学等学科都已陆续引进中国，并得到蓬勃发展。这些学科的一个共同特点是把语言学从对语言自身结构的研究扩大到对语言和社会的关系、语言在交际中的实际运用等方面的研究，其中一个重要的内容就是语言与文化的关系。这些学科的发展必然要影响语言教学。语言是人类交际最重要的工具，语言是文化的载体，语言教学自然要涉及文化内容和文化背景知识。特别是当我们提出培养交际能力的教学目的之后，文化背景知识的传授就更必不可少的了。同时，在对外汉语教学中，人们已经自觉地运用社会语言学、文化语言学，以及语用学等相关学科的理论来指导教学了。

此外，来中国学习汉语的外国人不管是出于何种目的，都有学习中国文化的强烈愿望，绝大多数学生希望了解中国、了解中国文化。为了满足他们的需要，我们有必要增设中国文化课。20 世纪 80 年代以后，华侨和华人子弟来华学习的人数逐年增多。他们来中国学习汉语的目的除了实用之外，一个重要动机是为了继承中华民族的文化传统。他们学习中国文化的愿望更为强烈。80 年代以后，对外汉语教学得到迅速发展。除了来华留学生人数逐年增加以外，办学层次也不断多样化。比如，不仅短期汉语教学、汉语预备教育得到迅速发展，汉语专业教育规模也不断扩大。随着办学层次的提高，文化课的比例增大，教学中的文化内容也增加了。

（二）国内文化教学问题的宏观讨论

20 世纪 80 年代以来，关于中国文化教学，召开过多次专题研讨会。在一些全国性学术讨论会上，文化教学常常成为重要的讨论内容。同时，不少学者和对外汉语教师在杂志上发表了大量有关文化教学的论文。根据讨论的情况，大致可以分为两个阶段：第一个阶段从 80 年代中期到 90 年代初。这个阶段主要是研究文化教学的任务和原则，讨论中国文化教学的具体计划和措施。第二个阶段从 90 年代初到 90 年代中期。这个阶段主要是讨论中国文化教学在对外汉语教学中的地位和性质，同时还讨论了因文化教学引起的有关对外汉语教学性质问题。下面我们就分阶段简要地介绍讨论的情况。

1. 第一阶段

第一阶段研究和讨论了文化教学的任务，提出了教学原则，制定了规划和具体措施。

文化教学其实不是新问题，有对外汉语教学就有文化教学。不过，跟以前不同的是，从 80 年代开始的讨论有明确的理论指导，即它是建立在一定的理论基础之上的。

我们从 80 年代中期的讨论说起。

1986 年 10 月，中国高等教育学会对外汉语教学研究会（中国对外汉语教学学会的前身）受国家教委的委托，成立了对外汉语教材研究小组。小组成员由北京大学、北京师范大学、北京语言学院、南开大学、华东师范大学、复旦大学、中山大学、上海外国语学院、南京大学九所学校的教师和专家组成。1987 年 1 月，研究小组提出了《新中国成立以来对外汉语教材研究报告》。这个报告由上海外国语学院赵贤洲先生执笔，后来发表在《第二届国际汉语教学讨论会论文选》上。在这个报告中，比较正式地提出了文化教学问题，指出文化教学的必要性及以后要做的工作。现将有关内容摘录如下：

随着社会语言学的发展，人们对语言与文化关系的了解更加深入了。语言是社会文化的重要组成部分，也是传递文化不可缺少的媒介，离开特定文化背景的语言，事实上是不存在的。两种社会文化背景下培养出来的人，由于缺乏对对方文化背景知识的了解而造成交际困难的例子屡见不鲜。

事实提醒人们，人类在跨越不同社会文化进行交际时，不能忽视把语言作为“载体”的文化背景知识在交际中所占的重要位置，不能忽略语言形式的社会意义，包括它的文化意义。很多在本族人中间不会影响交际与理解的词语而在异族人之间交际时会产生许多意想不到的困难。所以在语言教材中介绍有关文化知识已不是可有可无的问题了。它不但可以帮助学生了解中国、适应中国环境，更重要的是加快语言吸收的过程。

报告的作者从语言与文化的关系，从跨文化交际的特点与需要的角度强调语言教材介绍文化知识的必要性。而语言教材中所介绍的文化知识主要是以语言为“载体”的文化知识。

作者指出，要在对外汉语教材中较好地解决语言与文化的结合问题，首先要做好以下几项工作：①要加强理论研究。要从理论上弄清楚文化知识在语言教学和教材中的地位、作用及两者结合的意义、目的、途径、方式等。②要进行文化差异的系统调查，主张对教材中所涉及的母语和目的语双方的文化进行系统的调查，使之成为科学的体系。③要进行文化知识项目的科学分类。首先分成“交际文化”和“知识文化”，然后再根据它与语言交际的关系决定取舍和次序。④对文化项目进行科学的筛选。1987 年 11 月，在广州召开了“全国对外汉语教材规划会议”。这次会议没有专门讨论文化教学问题，但涉及文化教学。因为任何教材都有思想内容问题，思想内容必然涉及文化。比如，吕必松先生在发言中指出，“供成年人使用的教材，知识性要强，还要有思想深度，在思想内容方面应当有一些大家乐于接受的闪闪发光的东西”。教材中的思想内容是对外汉语教学中需要认真研究的问题，后文还要讨论。据了解，这次会议提出的一些原则对此后教材编写产生了深刻影响。

1988 年 9 月，中国国家教育委员会和国家对外汉语教学领导小组在北京联合召开了“全国对外汉语教学工作会议”。会议提出了以后的工作目标和要认真做好的几项工作。其中包括“加快发展汉语本科专业，扩大招收研究生和高级进修生”和“提高教学质量，拓宽课程范围”这两项工作。拓宽课程范围其中一项重要内容就是增设一些能体现中国文化特征的课程。

同年 9 月份出版的《汉语水平等级标准和等级大纲》（简称《标准和大纲》）提出了“结构—功能—文化”相结合的教学原则。关于文化，提出“重视把语言作为‘载体’的文化知识在交际中所起的作用”。这个观点跟《新中国成立以来对外汉语教材研究报告》是一致的。《标准和大纲》与教材研究报告都是在中国对外汉语教学学会的组织下完成的，研究人员中有的同时参加了两个小组的研究工作，如赵贤洲先生，既是教材研究报告的执笔人，又是《标准和大纲》研究小组的副组长。所以关于文化教学问题，观点相同是很自然的。《标准和大纲》与教材研究报告所强调的文化都是以语言为“载体”的文化。教材研究报告提出要对文化差异进行系统的调查，对文化知识项目进行科学分类和筛选；而《标准和大纲》的五个组成部分中就包括《文化等级大纲》。不过当时还没有制定，跟《功能概念等级大纲》一样，暂时空缺。

进入 90 年代，关于文化教学问题，召开了几次专题讨论会，比如，1990 年 3 月 15 日，中国国家汉语国际推广领导小组办公室（以下简称国家汉办）在北京召开讨论会。参加讨论会的有北京大学、北京外国语大学和北京市外交人员服务局等单位的 30 多位代表，主要议题是开设文化课的目的、任务、教学内容、课程设置及文化教材编写中所要解决的问题。1990 年 5 月 10 日至 13

日，国家汉办又在山东大学召开了一次研讨会。参加这次研讨会的有山东大学、北京大学、复旦大学、北京语言大学、北京外国语大学、上海外国语学院、天津师范大学、南京师范大学、北京外交人员语言文化中心、华语教学出版社和北京语言学院出版社11个单位的20多位代表。这次研讨会时间比较长，讨论也比较具体深入，并在以下几个问题上取得了比较一致的看法。

（1）在语言教学的初级阶段，就应该贯彻“结构—功能—文化相结合”的教学原则。这种结合可以有两种方式：一种方式是教材以结构功能为纲，结合文化内容，重点是交际文化；不急于系统传授文化知识；另一种形式是教材以文化为纲，比较系统地传授文化知识，教学对象应该是已经有一定汉语基础的外国留学生。

（2）编写相应等级的课外辅助读物，使课堂教学和课外阅读结合起来。

（3）在中高级教学阶段，注意讲授中国传统文化，编写相应的通俗浅显的文化教材或文化专题读物，并注意文化对比。这类教材必要时可完全翻译成外语或用外语讲授。

（4）编写中国文化参考资料，供教师参考。

在这个阶段的讨论中，有关文化教学及对外汉语教学的性质等重大原则问题，没有更多地涉及，也没有发生什么重大分歧。有争论，但争论的重点主要是中国文化教学的具体问题。这个阶段讨论的具体成果主要体现在两个方面：第一，明确了进行文化教学的重要性和必要性；第二，提出了“结构—功能—文化”相结合的教学原则。

2.第二阶段

第二阶段讨论的中心转移到文化教学的性质及由此引起的对对外汉语教学性质和任务的认识。

随着对外汉语教学事业的发展、高层次教学任务的增大，逐渐出现了一些理论上的认识问题和教学中的具体操作问题。首先，在中高级阶段对外汉语教学中，遇到了一些需要解决的原则性问题，诸如如何界定中高级阶段对外汉语教学；中高级阶段对外汉语教学的性质；中高级阶段对外汉语教学的任务；等等。为了在这些问题上统一认识，国家汉办和北京语言大学于1990年6月2日至4日，在北京联合召开了“中高级阶段对外汉语教学讨论会”，有21个单位的代表参加讨论中高级阶段的对外汉语教学的性质和任务，已经涉及整个对外汉语教学的性质和任务。因为大家对基础汉语教学的性质和任务的认识是明确的，也比较统一。问题在于中高级阶段的对外汉语教学性质是不是第二语言教学，其任务是不是还是培养交际能力。

从1991年开始，我国的对外汉语教学事业迎来了一个迅速发展的时期。随着我国改革开放的深入和扩大，经济迅速发展，国际地位不断提高，在经贸、科技、文教卫生等领域的国际交流和合作空前频繁。在这种形势下，国外的汉语教学也在不断发展，学习汉语的人数不断增加。受中国的发展与强大的鼓舞，国外的华文教学也开始复苏。海外华人和华侨希望自己的后代学会自己的民族语言，这不仅是为了后代能继承中华民族的优秀文化传统，也是因为看到了汉语的实用价值。因此，来华学习汉语的外国留学生和华侨子弟的人数逐年快速增长。据不完全统计，1950年至1965年的十几年间，我国一共只接受了7000多名外国留学生，他们主要来自社会主义国家和第三世界，其中越南学生就约占三分之一，而大多数人是来华学习自然科学的。1978年至1988年的十年间，中国实行了改革开放政策，来华留学生有较大幅度的增加，共约接受了近5万名学生。自1991年以后，情况更发生了很大的变化。据估计，来华留学生，1992年约1.5万人，1993年约2万人，1994年超过2万人，到90年代末已超过4万人。不仅来华留学生的人数大量增加了，学生的类别和结构也发生了很大的变化。比如，来自发达国家的学生大大超过了第三世界的学生；学习人文学科的学生大大超过了学习自然科学的学生；自费生大大超过了奖学金生；华人和华侨子弟来中国求学的人数逐年增加；学习人文学科的本科专业和攻读硕士学位和博士学位的人数不断增加；外交使团和外企学习汉语的外国学员不断增加；外国学生所学的专业范围不断扩大。

第四节 语言文化教学的几种模式

一、兼并语言教学模式

第二次世界大战期间，一种跨学科的“地域学”（Area Studies）出现在美国的许多大学校园。“外语不再是一门独立学科，而是与有关某特定地区的政治学、历史学、地理学、文学等其他人文科学和社会科学共同组成的一种跨学科群体”，这是第一次将地域文化和语言公开兼并的尝试。至此，语言教学实现了从传统的语法分析法到始于20世纪二三十年代的以科学理论为基础的自然法（直接法），再到受益于各学科主导理论发展的兼并法的历史性转变和科学发展。兼并模式最大的优点是其可行性，在语言课程中加进有关目标文化的内容能大大节省时间，有效促使学习者在较短时间内了解目标文化的主要内容。该模式最明显的特点是文化教学在外语教学中完全明朗化。然而，该模式中语言教学和文化教学是以兼并方式相结合的，也就是说，文化学习附加到语言课程上。根据这一知识为中心的概念，文化似乎是某种外在的物质存在，需要被人为地导入本来很纯粹的语言教学中。它的根本局限在于仅仅依赖外加的文化知识，没有实际运用到交际中去。正如有些学者强调的那样，我国外语教学需要新的跨文化交际能力培养理念，应是以文化意识的培养为中心的。

二、交际语言教学模式

交际语言教学的雏形是 20 世纪 70 年代的功能意念教学法。功能意念教学法的出现适应了当时欧洲一体化的发展趋势，得到教育主管部门高层的重视与推崇，逐步演变成交际语言教学。依仗倡导者的地位和影响，交际语言教学很快成为取代传统教学思路的新正统，并迅速在世界范围内推广实施。交际语言教学理论与实践发展经历了三个阶段。

首先，70 年代中后期至 80 年代前期：引进与介绍。70 年代以来，外语教学逐渐受到心理语言学、社会语言学、功能语言学、语用学等新理论的启发，教学不再只注意语言本身，而是注意学习外语的心理过程。外语教学开始注意语言与社会、语言与文化之间的关系，开始注意语言的使用规则。社会语言学、功能语言学和语用学等理论为交际语言教学提供了总的理论根据，在此基础上发展出交际能力理论，其主要理论模式的典型代表为 Hmes 的交际能力观、Canale 和 Swain 的交际能力模式（Canale&Swain；Swain）及 Bachman 交际语言能力模式。交际能力理论为交际语言教学奠定了直接的理论基础，进而产生了交际语言教学的基本原则，即交际语言教学以学生的需要分析为根据，以培养学生的交际能力为宗旨，以语言的使用规则为主要教学内容，以交际活动贯穿课堂教学。

“文化大革命”之后，我国外语教学界所面临的任务是，迅速掌握国际上新的外语教学理论，大胆吸收其中适用的部分，探索新的起点，走新的路，创建我国自己的新一代教学体系。而外语交际法的引进则成了国内外语教学观念转变和模式改革的一个重要契机。70 年代末到 80 年代前期，我国外语界的一批学者纷纷发表论文和译文，积极向国内介绍交际语言教学的理论。

最早在国内重要外语刊物发表的较为系统地介绍交际法的论文是俞约法和贾玉新 1979 年在《外语教学与研究》第 3 期发表的《功能教学法初探》。该文不仅对交际法（文中所提的功能法）的基本理论和教学方法进行了介绍，还论述了作者对该法的认识和他们依照交际教学原则编写教材的具体做法。其他比较主要的文献还有张日升、胡文仲、朱治中、李筱菊等人的文献，这些文献或是从总体或是分别从理论基础、大纲设计、教材编写、课堂实践等侧面对交际语言教学进行了评述，对国内广大外语教师认识了解交际法起到了积极作用。这期间国内交际语言教学研究的特点是译介性的文献信息量大，而实践探索起步面小。

到了 80 年代中期在国内已经初步形成了分别以广州外国语学院（广东外语外贸大学前身，以下简称广外）和黑龙江大学为中心的南北两个交际语言教学研究与实验基地。广外于 70 年代末采取中外专家合作方式开始编写教材《交际英语教程》（*Communicative English for Chinese Learners*，简称 CECL），并结合该教材开始了交际语言教学的课堂教学实践探索。黑龙江大学从 1976 年开始，在英国专家的协助下，用四年时间编写了一套以功能法为主，结合我国实际情况和教学传统的基础英语教材《功能英语》（*Functional English*），并以其中的交际性原则为指导，用这套教材进行了教学试验。这两个基地教学的理论与实践为后来在全国范围推广交际语言教学起到了一定的示范作用。

其次，80 年代中期至 90 年代前期：理论研讨与实践探索。1985 年 9 月，中国英语教学研究会和广外在广外联合举办了一次“中国英语教学国际研讨会”。这是中华人民共和国成立以来我国外语教学界最大的一次盛会。在这次会上，“交际法”成为研讨的几个主题之一。会上提交的几篇相关论文都是结合中国的外语教学实际撰写的，说明在中国对交际语言教学的研究已经开始步入理论研讨和实践探索的新阶段。这些论文在如何运用交际法的问题上看法不尽一致。其焦点是彻底用交际法取代传统的结构教学法，还是交际法和传统法相结合。虽然文献证明交际法在理论上是站得住脚的，但其理论、原则和具体方法仍在探索之中，尚未形成一套完整的体系，因此，结合我国情况探讨如何运用交际法，是与会者的基本共识。

广州会议后，外语教学界对交际语言教学的研究方兴未艾，相关文献层出不穷。这时交际语言教学思想已经开始全面向国内外语教学界渗透，这种渗透首先表现在新大纲对外语教学目的的调整上。无论是中学英语，还是大学专业英语和公共英语，80 年代中期以来编写的教学大纲都强调了外语的交际性和工具性，表明培养学生用语言进行交际的能力才是外语教学的根本目的。另外，出于对学生语言使用的不同需要考虑，全国许多教育出版单位、高等学校的专家教师不约而同地开始了选用、编写、实验各种新教材的工作，出现了教材多元化格局。国内各个教学层次都在研究如何借鉴吸收交际语言教学思想，进行外语教学改革，很多人认为交际性语言教学已经成为国内外语教学改革的方向。

这个阶段的交际语言教学实践形式主要有三种：一是国内院校教师独立实践，自己总结经验。其代表是广外的 CECL 教学。广外从 1983 年起开始在英文系低年级试用自编的交际法教材 *Communicative English for Chinese Learners*。几年来的教学实践提供了不少经验和教训，逐渐形成了广外交际法教学的一些原则和技巧。肖惠云曾以 *Communicative English for Chinese Learners* 中的一课为典型，介绍了她们在课堂教学中的一些具体做法。1987 年第 2 期的《现代外语》集中发表了一组介绍广外交际语言教学的文章。二是在外国专家指导下进行实践，如 SMSTI。1988 年 9 月开始，原国家教委在英国文化委员会的协助下，在北京外国语大学、上海外国语大学、广外、华中师范大学和西南师范大学（西南大学前身）分别举办了英语教师进修班。教材和教学计划均由英国文化委员会制定和提供。两年学习期间，学员们系统地接受了交际法的严格训练。学员还在英国专家的指导下，到一些学校进行了教学实习。实践使学员们看到交际法在英语教学中大有前途。三是中外教师合作实践，如中国—加拿大语言中心。这是一个中加合作语言培训机构，设在北京师范大学。该中心的教学目的是为全国中加合作项目赴加拿大学习或工作的中国科技人员提供语言和文化知识的培训，由中加教师共同授课。该中心从一开始就采用交际法，教学大纲虽几经修改，交际法始终是其一贯的选择。

1992 年 3 月，在天津召开了“中国英语教学研讨会”，这是继广州会议以后我国外语教学界的又一次盛会。在这次会上，交际法没有被单独列为一个主题。从此次会议的论文集《中国英语教学：天津研讨会论文集》中可以看出，提交会议的很多论文都贯穿了交际语言教学的思想。这些论文主要集中探讨了交际与语言学习之间的关系，如何有效地提高阅读教学效率（如舒白梅、乐眉云等），写作教学的实用方法等。这批论文更加具体务实，实践性强，标志着国内交际语言教学研究的显著进步。

最后，90 年代前期至今：反思与发展。1993 年以来，华东师范大学英语系和英国文化委员会合作进行了一项英语交际教学法实验，以检验交际法的效果。他们连续对该系 5 届学生进行了教学实验。从已完成的几届学生的实验结果发现，实验班的成绩普遍低于对照班。这说明，交际语言教学在国内实践过程中逐渐暴露出一些问题，使交际语言教学在中国陷入一种困境，从而必然引起人们对它的反思。这些问题主要集中在以下几个方面：

第一，交际语言教学面临的第一个问题是需要分析。在中国，就学习目的和动机而言，交际语言教学似乎更适合外语专业学生或那些以出国学习或逗留为目的的短期语言培训班的学员，而对其他专业的学生意义并不是很大。另外，教学大纲和国内各种大型考试及托福考试都侧重语法项目和词汇能力的测试，学生的需求决定了教学的导向。

第二，它并未完全达到弥补结构教学法忽视语言运用的不足，所做的往往只限于让学生孤立地记住功能、情景和语言表达形式的对应关系。这种教学方法远不能真正培养学生创造性地运用语言的能力。它破坏了语言教学的系统性，不利于学生对语法知识的掌握。

第三，交际语言教学要求课堂教学创造出真实自然的交际机会。在我国，外语学习主要在课堂教学中实现，而课堂教学在真实性和自然性方面都存在一定的问题。此外，教学使用的语言材料必须是“真实的”交际材料，而中国教师在选择和判断材料时并没有外语本族人那种语言直觉可依照，而且“真实性”本身就是一个模糊的概念。

第四，交际语言教学中反映出的西方文化观念不适合中国文化传统。我国的交际语言教学是在中国这个特定的文化背景下进行的，师生由于长期受到我国传统的教育观念和模式的影响，开展以民主、平等为特征的交际课堂活动难度很大。

第五，交际语言教学对教师的要求既有教学技巧方面的，又有语言能力方面的。学习者必须有机会参与语言能力极强的人之间的有意义的真实交际活动，所以要求教师的外语水平必须达到或接近外语本族人的水平。把这一要求运用于中国大部分外语教师显然是不适当的。

国内学界普遍认为，基于对交际语言教学的反思，一方面必须在理论和实践环节上对其不断进行改进和完善，使之更加适合中国的教学；另一方面要不断调整我们自身的文化和教育上的观念，并尽可能地创造条件去顺应交际语言教学的实施。只有这样才能有针对性地消除制约交际语言教学在我国实施的瓶颈，找出其在我国外语教学上的出路。实际上，交际语言教学是一种极为开放的教学思想。有学者提出了“广义的交际式语言教学”这个概念，旨在提供一种语言教学思想，用来指导我们运用各种有效的方法培养学生的语言交际能力。可以说，培养学生的语言运用能力是语言教学的最终目标，一切利于达到这一目标的有效方法都属于交际教学法。

90 年代以来，交际语言教学形成了一个国际运动后正向深层次发展。“后交际法”的形成表明，交际语言教学趋向多元综合，具有大规模的可接受性。1993 年 7 月在桂林举办的“93 桂林英语教学 / 海明威国际学术研讨会”集中地反映出交际语言教学发展的这一动态。与会代表认为，交际语言教学已由单一的教学体系发展成多种教学体系，已进入后交际教学阶段（post-communicative teaching），其主要特点是“综合平衡”。会上代表提出的“Content -Based Approach”和综合教学法等就体现了这一特点。国内代表还就“如何结合”发表了自己的意见。例如，习得与学习结合、产出能力与吸收能力结合、操练能力与吸收能力结合等。后来王才仁等人又对活动教学法进行了介绍：活动教学法是交际语言教学家族的一名后起之秀，它的出现增强了交际教学的活力，推动了交际教学运动的发展。

90年代的中国交际语言教学研究还涉及交际能力理论研究，探讨了交际能力与语言能力、语用原则、语篇分析、跨文化交际之间的关系，交际策略的研究与教学问题，各类课堂交际化教学模式的建立及交际性语言测试的理论与实践等。

三、跨文化语言教学模式

基于以上两种模式的主要弊端，外语教学界学者提出，“不能将外语降低为一种纯粹的教学法和应用型专业，越是要往文化科学的方向来建构外语研究专业，它就越应带有普遍性”。Deman将跨文化交际研究的理论运用到语言文化教学中，将文化教学称作语言教学的“第五个维面”，与听、说、读、写四项基本技能不可分割。由跨文化交际研究而引发的各种文化教学兼取了前两种教学模式的主要特点，对外加的语言文化课程和交际能力训练都给予相应的位置，将“知识”和“行为”有机地联系了起来。它摆脱了以往将文化教学的重点放在目的文化单一方面的误区，把学习者的本民族文化作为不可或缺的文化教学内容，从而确定了双向文化教学的方向。特别需要强调的是，该模式确立了学习者本民族文化在外语教学中的重要地位，使学习者在保留了自己文化身份的同时了解和研究目的文化。

在跨文化教学模式中，必然要涉及如何处理本土文化与目标文化的关系。在这方面历来有两种错误倾向存在：一是“全盘目标文化化”，二是“本位文化化”。按照Schumann对文化教学的区分，大致有三种策略：文化同化（Assimilation）、文化保存（Preservation）和文化适应（Adaptation）。文化同化是指放弃本土文化的生活方式和价值观而采用目标文化的生活方式和价值观，也就是上面提到的“全盘目标文化化”。文化保存是指保存本土文化的生活方式和价值观而拒绝目标文化的生活方式和价值观，即“本位文化化”。文化适应是指在吸纳目标文化的某些成分的同时，也力图保存本土文化的生活方式和价值观。

由此可见，以上这三种策略应分别应用于不同的外语学习者。对于学习涉外专业和将来从事涉外工作的学习者而言，不仅要掌握和了解本土文化，同时也要做到超越自身文化的界限，采取“文化适应”的策略。而对于大部分普通的学习者而言，则无须刻意去克服“本位文化中心论”，只要掌握和了解目标文化的一般知识即可。

文化舱（Culture Capsule）被认为是目前为止针对普通学习者了解目标文化非常有效的教学手段之一。跨文化教学模式相对于前两种模式无疑是适应时代潮流和需要的进步。然而，这种模式仍处于变化发展中，必然具有其自身的局限性。“为了帮助不同文化的人们互相了解，就必须概括文化差异，必然要建立某种文化定型；然而这些定型对于文化差异的‘标签化’或过分概括又可能人为地制造屏障，妨碍文化间的交流和理解。”尤其是在学习一种全新文化的最初阶段，学习者有对目标文化的固有认识，势必会对学习造成障碍。

由于学生在不同学习阶段的语言水平和学习进展决定了语言文化教学计划的设计应具有阶段性，以上论述的三种语言文化教学模式在教学实践中可分别应用于不同的教学阶段。在学习者学习的入门和初级阶段，可采用兼并模式，一方面进行语言教学，一方面讲授一些目的语文化常识。考虑到学习者在此阶段的语言能力较低，必要时可采用其母语来教授目的语文化，以提高学习者的学习兴趣，增强学习动力，从而为下一阶段打好基础。到了外语学习的中级阶段，学习者的语言水平已有所提高，此时的目的语文化应采用目的语或双语来教授，同时使学习者在交际行为中应用和领会文化知识。这个时期的学习应更偏重采用交际语言教学模式。外语学习的高级阶段，学习者文化知识的掌握和交际能力的培养都已达到了一个较高层次，此时文化教学应更注重过程而不仅仅是内容。跨文化语言教学模式包括以探讨文化课题和解决文化冲突为主的多种教学策略，侧重于通过跨文化交际和互动的学习来培养学生解决实际问题的能力。

四、“附加式”语言教学模式

语言教学交际法的引入与盛行使我国的英语教学经历了一场持久而深刻的变革，语言与文化的“研究热”也推动着语言文化教学进入一个新的阶段。越来越多的英语教育工作者意识到文化教学是英语教育不可分离的部分。当前英语教学中一个越来越为人们所普遍接受的观点是，成功的外语习得与第二文化习得是相辅相成的。

语言教学交际法将文化视为“行为”，以培养学生的交际能力（communicative

competence）为目标，这种做法能很好地革除传统的英语教学中常见的“哑巴英语”和“聋子英语”的弊端。但在我们当前的语言文化教学实践中，还是存在一个认识上的误区，那就是将文化看作听、说、读、写“语言四会”能力之外的“第五技能”。也就是说，这种语言文化教学的模式仍然是将文化附着于语言教学上的“附加式”。有必要指出的是，这种文化教学的“附加式”与交际法的几个经典文件对文化教学的认识不无关系。卡南尔和斯温纳将交际能力一分为三，即语言能力、社会文化能力和交际策略。而被交际法有关论文经常援引的《美国外语教学协会关于外语能力标准的暂行规定》（ACTFI *Provisional Proficiency Guidelines*）更是明确地将“文化修养”规定为“说、听、读、写”之外的“第五技能”。国内学者在论及语言文化教学时也常采用“英语教学中的文化导入”或“英语教学中文化因素的处理”等论题。这充分说明，虽然文化在英语教学中的重大作用已为人们所普遍认同，但人们还是习惯于将文化作为英语教学的一个附加部分来处理。

第五章　文化视角下的英语语言学

对于文化机制的传承，需要以语言与文学作为传递和承载的辅助工具，同时良好的文化机制对于文学作品来说也为其提供了创作空间，为其提供了创作的元素，帮助其丰富了内涵价值。文化有着丰富的内涵元素，包含的价值与理念都体现了更深层的影响与认知。整个文化体系所包含的价值与内容不是单一具体的某项元素，而是一种语言文化理念价值的传递。文化与英语语言学习有着千丝万缕的联系，在剖析文化内涵的过程中可以对语言习惯、语言内容进行全面的分析总结，以便更好地理解英语语言的内涵。

第一节　文化的含义与概念范畴

一、文化的含义

文化（culture）一词来源于西方，源自拉丁语的 cultura，含有“神明”“崇拜”“耕种”“练习”“动植物培育”及“精神修养”等意思，这表明文化实际上是以人为中心的生产实践和社会实践的成果。18 世纪以后，文化在西方语言中演化成个人的素养、整个社会的知识、思想方面的成就、艺术和学术作品的汇集，并被引申为一定时代、一定地区的全部社会生活内容。随着 19 世纪下半叶人类学、文化学、社会学等学科的兴起，文化问题才得到学者的关注，并得到广泛的研究，在此之前是文化的“前科学”状态。

最早对文化给出定义的学者是英国人类学家泰勒，他在《原始文化》一书（1871 年首次出版）中指出：“文化，或文明，就其广泛的民族学意义来说，是包括全部的知识、信仰、艺术、道德、法律、风俗及作为社会成员的人所掌握和接受的任何其他的才能和习惯的复合体。”之后人们相继对文化下的定义林林总总达数百种。

对于文化的种类，不同学者有不同的看法。有的学者将所有的文化归为两类：一类是大写的文化（Culture with a big C）；另一类是小写的文化（culture with a small c）。大写的文化指人类文明的各个方面，包括文学、艺术、音乐、建筑、哲学、科学技术成就等；小写的文化包括人们的风俗习惯、生活方式、行为准则、社会组织、相互关系等，即把文化看作一系列特征。

胡文仲和高一虹同样将文化分为三层："第一个层次是物质文化，它是经过人的主观意志加工改造过的。第二个层次是制度文化，主要包括政治及经济制度、法律、文艺作品、人际关系、习惯行为等。第三个层次是心理层次，或称观念文化，包括人的价值观念、思维方式、审美情趣、道德情操、宗教感情和民族心理等。"赵爱国和姜雅明则将文化分为物质文化、关系文化和精神文化，其中关系文化是指人们在文化的创造、占有或享受过程中所结成的各种社会关系，如生产关系、经济关系、民族关系、国际关系等，其核心是人和人的关系，也包括为维护这些关系而建立的各种组织形式和与之相适应的各种制度，如生活制度、社会制度、家庭制度等。

还有的学者则将文化分为四类。马林诺夫斯基在《文化论》中把文化划分为物质文化、精神文化、语言和社会组织等四种类型。司马云杰在《文化社会学》中根据人类与自然的关系和人类与社会的关系把文化分为两大类、四小类：第一类文化指人类在认识、改造、适应和控制自然界的过程中所取得的成果，包括智能文化和物质文化；第二类文化指认识、改造、适应、控制社会环境所取得的成果，包括规范文化和精神文化。刘守华在《文化学通论》中将文化分为物质文化、制度文化、行为文化和精神文化。物质文化包括人类加工自然创制的各种器具，是可触知的具有物质实体的文化事物，即人们的物质生产活动方式和产品的总和，是构成整个文化的基础；制度文化是由人类在社会实践中组建的各种行为规范、准则及各种组织形式所构成的；行为文化主要由人类在社会实践中尤其是在人际交往中以约定俗成的方式构成的行为规范——风俗习惯来体现；精神文化是由人类在社会实践和意识活动中长期育化出来的价值观念、思维方式、道德情操、审美趣味、宗教感情、民族性格等因素所构成的，是文化的整体的核心部分。

综观以上各位学者对文化的理解，文化至少包含物质文化和精神文化，物质文化位于最表层，精神文化则渗透到人的思想、行为的深层。"简而言之，文化是指一个民族的全部生活方式，它不仅包括城市、组织、学校等物质的东西，也包括家庭模式、语言等非物质的东西。"文化是"人们所思、所言（言语和非言语）、所为、所觉的总和”。

文化是知识、经验、信念、价值观、态度、意义、社会等级结构、宗教、时间与空间的概念、角色、宇宙观、物品和财产的总汇。文化可以分为三个大的层面：文化体制、文化活动和文化内核。其中最外层的是物质层面，是人与人之间的各种关系以及各种经济、政治、教育制度和体制等；中间层面代表在外层制度下进行的文化活动，如文化规则和习惯、物质文化等；内核是精神层面，即人类在改造自然、塑造自我的过程中形成的价值观念、心理状态、思维方式、审美情趣、道德风尚、宗教信仰、民族习性等。文化是人类进化过程中衍生出来或创造出来、后天习得的一个体系。不同的民族、阶级，有不同的文化特征，文化在一个群体中具有共享性，它会随着社会的发展而发展。文化常有本民族化优越感的倾向，任何一个民族都将自己的文化置于中心的位置，以自己的文化标准衡量一切。文化是建立在符号之上的，是可以传递的语言，非语言行为、事物都可以作为一种象征符号来承载、传递文化。文化在个人群体和整个社会（国家）等层面都发挥着作用。来自不同文化背景的人有不同的思维方式，思维方式的不同会成为跨文化交流的一大障碍。中国人偏好形象思维，美国人偏好抽象思维。因此中国人注重直观经验，多运用类比分析，停留于经验论。比如中医药学，对于处方适用的病症来自医生的经验，缺少深入的分析和检查。美国人则倾向于舍弃事物次要的非本质的属性，抽取其主要的、本质的属性。在欧美文化中，有根据亚里士多德的原理建立起来的一整套逻辑体系。大约 2500 年前三段论推理的运用已成为西方人思维的基石。中国人曲线式思维较多，美国人直线式思维较多。于是中国人会围绕着某个中心主题绕圈子，从不同的不切主题的方面来迂回靠近主题，于是中国人的交流方式委婉含蓄。而美国人会直接切入主题，直截了当地解决问题。

二、文化的特征

（一）文化的共性

人类共同居住于同一个世界，这个世界拥有相同的春华秋实、草长莺飞、阴晴冷暖、日夜消长，不同文化的人们都经历过或正在经历生老病死、喜怒哀乐、悲欢离合、爱恨离愁。不同的文化存在相当程度上的共性特征，这些特征不取决于地理位置、社会形态、自然环境，而属于整个人类，这就为不同文化的个体理解彼此提供了可能。

首先，尽管全世界的人类分为不同的种族、民族，但他们都具有相同的人体结构，这就为文化的共性特征提供了共同的生理基础。这种相似的生理特征决定了人类都以维持自身的生存和繁衍为最终目标，而且在具有类似情绪或心理状态时具有相似的表现方式：碰到喜事时会笑，碰到不如意的事情时面部表情会严肃；当与说话人关系亲密时距离较近，关系疏远时距离较远；等等。其次，全世界的文化都经历了由低级到高级、由蒙昧到文明的过程，在此过程中，人类社会的道德约束、规范机制起到了关键性的作用，这为文化共性特征的形成提供了历史基础。全人类都处于各自的社会规约中，都认为符合全民道德准则的行为和现象就是真的、善的和美的，阻得了社会发展的行为和现象是假的、恶的和丑的。而且在一定历史阶段出现过的观念会保留在许多文化当中，如对神明的崇拜、对不可抗力的畏惧等。

（二）文化的个性

与此同时，文化还具有个性。“每一种文化都以原始的力量从它的土壤中勃兴起来，都在它的整个生命期中坚实地和土壤联系着；每一种文化都把自己的影像印在它的材料即它的人类身上；每一种文化各自有自己的观念，自己的情欲，自己的生活、愿望和感情，自己的死亡。”（斯宾格，1963）人们按照有利于自己生存的原则来改造世界，并进行文化创造，由于所处的自然环境和历史条件的不同，人们改造自然的具体方式是不尽相同的。人类对不同地理和生存环境的适应导致文化具有鲜明的地域特征和独特的历史积淀，从而产生了不同民族、不同地域、不同历史的文化特殊性，体现为文化的个性。一个民族具有这个民族所特有的思维方式、行为规范、处世原则、生活态度，具有特有的民族性格、心理特征、价值观念，具有独特的民族精神文化。文化的共性和个性是同时存在的，承认个性是实现不同民族交往的关键。文化间的相互交流和取长补短是当今世界的主题和今后的必然趋势，为此，必须在充分理解文化共性的基础上，深入挖掘各个民族文化的个性，并探索出跨文化交际过程中克服这些差异的途径。

（三）文化的动态性

从历时的角度来看，一个民族的文化并非一成不变，文化的内容和形式始终处于不断的发展变化当中。不同时代物质生产水平不同，制度、风俗、艺术、心理、价值观念也各不相同。文化始于无意识，而后取得了很大的明确性和肯定性，之后又扩展到其他的行为。随着时代的发展，新的历史时期具有新的生产力水平，原有的文化就会被新的文化要素所取代。“每一种文化都有它的自我表现的新的可能，从发生到成熟，再到衰老，永不复返。”在文化发展的进程中，原有文化被新的元素代替的同时，还有一部分会被继承下来。原有文化对新文化的建立、发展起到了一定作用。一个社会团体的文化总是保持相对的稳定性，这种文化通过各种方式被人们世代传承下来。因此，“文化是一种历史现象，它是历史的积淀物”。历史衍生及选择的传统观念，尤其是世界观、价值观等文化核心成分会深深镌刻在一辈辈人的意识深处，决定着他们的思维、行为方式、言语交际。例如，社会制度的变革会影响社会生活的方方面面，也自然会影响人们看待问题的方法，影响人们的价值取向，影响时代的文化，但有一些文化特质是不会随着政治变革发生改变的，是属于该民族文化的恒定部分。中国有着悠久的封建统治的历史，而今社会制度发生了根本改变，原有的“君君臣臣”“父父子子”“三纲五常”之类代表封建时期的文化自然失去了当时的地位和影响力，但中国人崇尚道德、礼仪和卑己尊人的传统文化却世代流传。

（四）文化的符号性

文化的基本要素是符号，人类的文化世界是由符号构成的，符号承载着民族文化景观，成为文化的基础，更是人类文化传承、交流的基本手段。文化具有符号性（symbolism），文化领域的相关概念通过符号联系起来，而这种联系的基础是社会的共同约定。符号是社会化的意义载体，符号的这种功能是通过人们对不同地域、不同时段文化对象相似性的抽象归纳实现的。用于表征文化的符号具有物质性，能够通过感观被体验。符号代表的意义不仅是关于符号本身的，而且是关于文化过程和文化关系的。符号与符号之间有着某些共同的意义成分，并构筑了强大的文化意义网络。符号背后的文化意义存在于每一个文化参与者的脑海中，是社会化的人在生活实践中通过一系列认识活动获得的。之所以说符号具有社会性，是因为符号是具有社会参与意义的实体，每个符号与其他符号共有的文化意义是维护社会构成和通过约定俗成操作的符号网络的基础。文化的符号性在人类文化的产生和发展中始终起着重要作用，而文化的符号性概念在人类学和文化理论领域都占有至关重要的地位。

第二节 语言与价值观

一、语言态度

语言态度的形成是多种社会因素综合作用的结果。这些因素包括社会地位、文化背景、民族关系、经济发展、教育、人口数量、年龄、性别、职业、社团聚合性、文化程度、城乡差别及语言本身的发展程度等。

从社会地位看，不同民族在经济、文化发展上的不平衡造成社会地位的差别，从而影响语言态度。从文化背景看，特定的语言态度总是特定的文化认同心理的表征：一方面，语言使一个人具有了某种文化承诺；另一方面，文化又使一个人具有某种语言态度，从而鼓励他与某些人建立起联系，又阻碍他与另一些人建立联系

从民族关系来看，民族和睦的地区对各种语言是互相尊重的态度，并在看待本地区各种语言的不同交际功能时也是较为客观和实际的态度。民族矛盾尖锐的地区各民族更强调语言的民族性，而且敌对的气氛事实上使民族间不易交往，人们感觉不到掌握对方语言对自己有何好处。但有时也有例外。

从经济发展的角度来看，一个民族同周围民族密切经济交往的需要决定着该民族对周围民族语言的态度。例如，卢森堡作为欧洲工商业最发达的枢纽之地的经济条件决定了它采纳德语和法语的态度。经济发展的需要甚至能改变一个民族对自己古老语言的信念。

从教育的角度来看，多语教育先行带来的实际利益往往决定着人们的语言态度，如欧洲的袖珍国安道尔以法国和西班牙为宗主国，从普通教育开始除学习本族语外还会学习法语和西班牙语。这种由教育带来的交际能力一方面使大批安道尔人方便地到国外工作；另一方面又推动了旅游业的兴起，并带动了一系列相关行业的发展。安道尔经济的迅速发展使这里的人们对法语和西班牙语持肯定的态度。

从人口数量看，人口居多的民族在语言使用上常占优势，人们对它的态度也往往是肯定的。例如，在云南丽江市，纳西族人口占全市总人口的56.7%，不仅许多少数民族掌握了纳西语，而且大多数汉族人也掌握了纳西语。[1]

从年龄看，年轻人思想较开放，容易接受社会价值观念的变化及由此引起的语言态度的变化，从而“再社会化”；而老年人难以接受新的社会价值观念和语言态度。

从性别看，女性不易改变对自己母语的忠诚态度。她们在性格上较为保守，不像男子那样开化，不敢偏离传统的语言价值观念，而且她们与外界的社交也少于男性。据对贵州永宁县的调查，少数民族中老年人、女青年的交谈用

[1] 董霄云．文化视野下的双语教育——实践、争鸣与探索[M].上海：上海教育出版社，2008：43.

本族语，而男青年的交谈一般用汉语。另外，女性对语言的态度比男性更敏感。中学里男生同女生交谈大多用本族语，而女生同男生交谈倾向于用汉语，以保持一定的距离，以免被其他民族的同学猜疑他们谈恋爱。

从职业的角度看，对职业交际用语一般都持肯定的态度。人们出于谋生的需要都会努力掌握这种语言。

从团体的聚合性看，民族聚居的地方，语言忠诚都比较强烈，使用本族语是一种严格的团体规范。民族杂居的地方，使用什么语言可视个人方便而言，不使用本族语不会受到来自团体的压力。

从文化程度看，文化水平较高的人比文化水平低的人有更广泛的交往需要。母语以外的更大范围的共同交际语能够满足这种需要，因而文化水平高的人对母语外的共同交际语持肯定的态度。

从城乡差异来看，乡村社会总是小型的、封闭的。家族关系维系着村民组织，统一的母语成为家族感情的纽带。城市社会汇聚了来自不同团体的成员，维系市民组织的不再是某地的家族关系，而是更高层次的社会关系。于是语言忠诚的观念也淡化了，一般更倾向于说城市的共同交际语。据对广西融水县360名在县城的苗、壮、侗、水、瑶、仫佬族学生的调查，会说本地语的只有22.2%，会听不会说的有21.9%，只懂汉语的占55.8%。

二、语言与文化

（一）不同学派的不同认识

不同语言学派对语言和文化间的关系存在不同认识，有的将语言与文化割裂开来，认为文化不是语言学家所应关注的内容，如结构语言学派、转换生成学派等。还有一些学派认为，文化因素是语言研究所必须考虑的问题，持这种观点的学派包括文化语言学派、认知语言学派、社会语言学派等。

1. 语言与文化割裂观

索绪尔提出语言符号是一种“两面的心理实体”（Saussure），这两面分别是概念和影响形象（所指和能指）。语言符号的意义不是物质实体，而是一种关系结构。这种意义的二元观是以语言的静态、封闭的系统观为背景的，重视系统内各语言单位的对立关系，语言单位因彼此间的差别而获得价值。索绪尔强调语言符号的价值在于系统内部符号间的关系，忽视语言外的因素，认为历史的、文化的、个人的因素应统统被排除在语言研究之外。

乔姆斯基所代表的生成语言学派认为自然语言是一种天赋的（innate）、自治的（autonomous）形式系统。人的头脑中存在生成句子的装置，其核心部分包含了人类语言共同的普遍特征，它是由某些抽象规则构成的有限系统，这就是“普遍语法”（Universal Grammar）。语法的自足性和自主性决定了语法完全可以独立于语义之外，语法构造无须参照语言之外的诸多因素，如文化因素、认知因素等。

2. 语言与文化联系观

较早对语言和文化的密切关系做出专门研究并取得丰硕成果的是19世纪德国语言学家洪堡特，以及20世纪上半叶美国语言学家萨丕尔和沃尔夫（“萨丕尔—沃尔夫假说”的建立者）。他们对语言和文化关系的认识对以后文化语言学、认知语言学、社会语言学产生了重要影响。洪堡特用“语言世界观”来概括自己对语言和文化的认识。

人用语音的世界把自己包围起来，以便接受和处理事物的世界。我们的这些表述绝没有超出简单真理的范围。人同事物生活在一起，主要按照语言传递事物的方式生活，而因为人的感知和行为受制于他自己的表象，我们甚至可以说，他完全是按照语言的引导在生活。人从自身中造出语言，而通过同一种行为也把自己束缚在语言之中；每一种语言都在它所隶属的民族周围内设下一道樊篱，一个人只有跨过另一种语言的樊篱进入其内，才有可能摆脱母语樊篱的约束。所以，我们或许可以说，学会一种外语就意味着在已形成的世界观的领域里赢得一个新的立足点。从某种程度上说，这确是事实，因为每一种语言都包含着属于某个人类群体的概念和想象方式的完整体系。掌握外语的成就之所以没有被清楚地意识到，完全是因为人们或多或少总是把自己原有的世界观，甚至原有的语言观带进一种陌生的语言。

洪堡特从认识论的角度对语言世界观问题做了阐述，提出语言作为认知手段制约着人的认识活动。在对语言和文化的关系上，洪堡特强调了语言和民族文化的密切联系：“民族的语言即民族的精神，民族的精神即民族的语言。二者的统一程度超过人们的任何想象”。因此，语言揭示并影响了人们认识世界的途径和方式，语言代表了人的基本文化样式。

萨丕尔对语言与民族文化、风俗习惯和信仰之间的关系进行研究后指出，“语言的词汇多多少少忠实地反映出它所服务的文化”。萨丕尔认为“语言不脱离文化而存在，也就是说，语言是不脱离社会流传下来的、决定我们生活面貌的风俗和信仰的总体”。萨丕尔的学生沃尔夫研究了世界上多种语言后发现，由于不同民族的语言表达不同，人们对世界的看法也有很大不同。而沃尔夫曾以万有引力为例，比拟语法的形式构造规律对人类思维和精神的影响：“没有受过教育的人完全意识不到任何与引力有关的法则，因为他从来不会设想这样一个宇宙，其中的物体运动方式不同于在地球表面的运动方式。”萨丕尔和沃尔夫对语言和文化关系问题进行探讨的主要观点集中反映在“萨丕尔—沃尔夫假说”当中。该假说的主要思想是强调语言的结构会影响使用者的习惯性思维，现实世界在很大程度上是不知不觉地建立在人群集体的语言习惯之上的，人们对世界的认识受到民族语言的制约。这种语言范畴影响人的思维和认知的看法引起了语言学界极大的兴趣，并引发了一系列争论。后人将该假说分为强式和弱式两种：强式即“语言决定论”（The Linguistic Determinism），认为语言决定思维；弱式即“语言相对论”（The Linguistic Relativism），认为语言影响思维。

（二）语言与文化的联系

对于语言与文化千丝万缕的联系，总结起来，主要有以下认识。

1. 部分观

罗常培曾指出，“语言不是孤立的，而是和多方面联系的。任何社会现象都不能和别的现象绝缘而孤立存在或发展”，同时，“语言学的研究不能抱残守缺地局限在语言本身的资料以内，必须扩大研究范围，让语言现象与其他社会现象和意识联系起来，才能格外发挥语言的功能，阐扬语言学的原理”。语言是人类文化不可分割的一部分，是人类后天习得的一种文化能力。语言作为民族文化的重要表现形式、建构手段和传承方式，具有其他文化形式不可比拟的重要地位和意义。同时，由于语言兼有精神文化的特点（表达抽象意义、传递抽象观念）和物质文化的特点（有物质形式，可以以文字的形式被看到，可以以声音的形式被听到），又像社会制度一样具有社会规约性和全民性，因此不可能将其归入这些文化中的任何一类，马林诺夫斯基就将语言独立于物质文化、精神文化和社会组织文化之外。语言与意识文化关系密切，没有语言就没有思维没有意识。人们常把语言叫作思维的外壳和工具，足见它与意识文化的关系达到了何种密切的程度，因此，人们大多把它列为意识文化。然而，语言本身不是观念性的东西，恰恰相反，它是由声音等组成的符号系统。同时，语言又总是以言语活动的形态存在，言语活动属于行为文化活动。所以，语言是兼有意识文化、物质文化、行为文化三种品格而又不能简单归于某一种文化的特殊文化现象。

语言是文化的基石，是文化中最核心、最具影响力的部分。如果说任何领域的文化（如宗教文化、历史文化、政治文化、经济文化等）反映的都是文化的局部，那么作为文化一个构成成分的语言中同时又包含了整个文化世界。人类通过语言把握文化的各个论域，要了解人类的文化必须先了解语言。语言包含了人类关于世界的知识和行为准则，它所包含的文化意义和在人类生活中的根本作用非常巨大。语言具有社会性和人文性，因此语言不仅仅是一套符号系统，更是一套价值系统和意义系统。语言植根于社会生活中，不了解语言的社会文化背景就无法理解语言的确切含义，语言结构和语义功能的特点是相应语言文化的体现。

2. 载体观

语言国情学将语言的功能分为三种：①交际功能，强调语言是人类传递信息的手段，是最重要的交际工具；②文化载蓄功能，指文化具有反映、记录和储存文化信息的功能；③指向功能，指语言引导、影响和培养人的个性的功能。其中文化载蓄功能集中体现了语言作为民族文化的承载体和民族文化的镜像在文化形成、发展、传承和交流中的作用。

克拉姆什在《语言与文化》(*Language and Culture*)中指出语言具有三大文化功能，即“语言表达文化现实，语言体现文化现实，语言象征文化现实”。由于语言中存储着各民族人民的劳动和生活经验，人们对世间万物的观察和体悟、心中蕴含的丰富的情感，以及对大千世界的理性思考，因而语言是观察该民族文化的最佳途径。语言是人与周围群体在交流过程中产生的，有其特定的历史文化土壤，语言体系背后是该民族的文化体系，反映了独特的民族特质。

语言反映了民族文化，是文化的镜像，所以一些明显带有文化信息的语言单位（包括词汇、成语、谚语等）受到了语言研究者的关注。比如，宗教在一定的历史时期均对不同民族人民的生活产生了重大影响，这种影响在语言中有所体现。对汉族影响较大的是佛教和道教，因此汉语中就有不少与佛教和道教有关的成语，如“一尘不染”“不二法门”“借花献佛”“镜花水月”“口吐莲花”“天花乱坠”“回头是岸”“放下屠刀，立地成佛”“大慈大悲”“在劫难逃”等来源于佛教著作，而“灵丹妙药”“脱胎换骨”“回光返照”等则来自道教思想。

西方近代启蒙运动和工业革命之前，宗教是人类思想文化的重要组成部分。基督教的教义声称上帝创造了世界，创造了人类的祖先亚当和夏娃，并让他们繁衍生存，可是后来人类开始道德沦丧，违背了和上帝的契约，于是上帝引发洪水毁灭了人类。英语中 before the Flood（直译为“洪水之前”）就是指圣经《旧约·创世记》中的诺亚（Noah）时代的大洪水，现代英语中经常用来比喻“很久以前”“远古时代”。olive branch（橄榄枝）同样来自《圣经》,《圣经》中鸽子衔着橄榄枝飞回诺亚方舟，象征大洪水的终结，因此 olive branch 喻指“和平”。

社会语言学家古迪纳夫曾说过，“一个社会的语言是该社会的重要组成部分，其特殊性就表现在它是学习文化的主要工具，人们在学习和运用语言的过程中获得整个文化”。语言是文化的符号，是反映民族文化的镜子，文化精神的内容通过语言体现，语言的产生为文化的产生发展创造了条件。作为文化储存器的人类语言在人类发展的各个历史阶段记录了社会生活的方方面面，并将民族文化和集体经验固定下来世代相传。语言中反映了该语言人民的社会、历史、文化、心理特征，从语言中可以窥见他们的民族性格、气质情感、思维方式、价值取向、宗教信仰、风俗习惯、心理状态，以及对世界的态度和看法。文化是人类社会发展中文明的积累和沉淀，这些积累和沉淀往往通过语言体系系统地表现出来。

3. 互动观

语言是文化的符号，文化是语言的管道或轨道。不同民族的语言如同镜子或影集，反映和记录了不同民族特定的文化风貌；不同民族的特定文化犹如管道或轨道，对不同民族语言的发展，在某种程度、某个侧面、某一层次上起着制约的作用。语言与文化始终处于相互影响、相互制约的互动关系中。语言反映文化，文化在各个层次（词汇、语法、篇章等）均对语言产生影响，反过来语言对文化也有影响，语言是文化形成和发展的基础，不同语言的表达特点构成了具有民族特色的文化面貌。对文化的研究不可能脱离语言孤立进行，这是由于语言是文化最重要的表达手段。对语言的研究也不可能脱离文化孤立进行，原因是文化对语言的渗透是无处不在的：一方面，文化从各个方面影响和制约着语言的产生和发展，文化作为语言表达的内容，从根本上决定了语言作为一种文化符号的表达特点。另一方面，从文化的角度看语言，语言是文化的载体和编码符号系统，文化则是语言的深层构建机制。一个民族的精神文化制约着该民族语言的形成和发展，所以对一门语言的研究必须从新的高度加以认识，妄图脱离这种语言的产生和发展的历史背景、文化渊源、哲学精神的做法是不可取的。只有了解语言背后所蕴藏的该民族的文化精神、哲学思想，才能以全面的视角、科学的态度对待一种民族的语言，才能对语言现象做出符合其本质的阐释，也才能树立正确的语言观，找到科学的语言研究方法。

（三）语言与价值观

语言是文化的基本特征之一，是记录并传承一个族群、一个地区乃至世界独特文化的主要载体，有助于人们通过共享的行为模式、互动方式认知结构和理解方式来交流。我们应从以下三点出发，在开展保护活动的同时更好地体现语言的价值观。第一，保护和促进语言多样性对于可持续发展目标的实现至关重要；第二，保护和促进语言多样性需要国际社会各方面积极作为，切实有效地参与其中；第三，保护和促进语言多样性应当与科技发展相结合。这三点共识最终能否落实于保护语言多样性的实践之中，还取决于各个国家和社区的主流语言价值观是否健康协调。语言价值观是语言意识形态的重要表现形式之一。作为意识形态，语言价值观不但主导着国家和社区的社会语言生活，也规范着个人的语言行为。从这个意义上讲，语言价值观对语言多样性意义深远，决定语言多样性在一个国家或一个社区得以维护还是被侵蚀。语言价值观可谓千人千面，人各有其观，社区各有其道。但是归根到底，语言价值观都源自个人和社区的语言生活实践。因此，语言价值观分为两大类，即语言物质价值观和语言精神价值观。语言价值观是语言意识形态中的一种。语言意识形态在语言生活中有多种表现形式，如人们关于语言的信念、关于语言的观点、关于语言的认识、关于语言的态度、关于语言的价值观等。

人们在日常生活中对某一种语言的某一判断或态度不一定代表他们的语言价值观，但是人们对某一种语言的一系列价值判断或态度则充分地体现了他们的语言价值观。语言价值观可以建立在物质基础上，也可以建立在精神基础上。前者称为语言物质价值观，后者则称为语言精神价值观。

语言物质价值观直接反映语言秩序。在现实语言生活中，语言秩序是制度化的语言等级关系。[1]国际组织、国家和社区通过法律条例、规章制度、社会习惯等手段，规范辖区内每种语言的资源享有权。因此，在国际、国内和社区内的多语生活中，每种语言获得的资源多寡不一，进而产生不同的等级关系。获得资源越多的语言等级越高，反之，获得资源越少的语言等级越低。这些资源包括语言的法定地位、使用域、人力、财力、话语权等。例如，法定教学用语和非教学用语之间就存在着巨大的资源差距。法定教学用语享有在学校课堂内外必须被使用的地位，教师和学生必须花费时间、精力和财力进行教学和学习，在课堂上和在课本中充分表达其文化思想的话语权。反之，非教学用语则不能享受这些资源。在语言秩序的序列中，法定教学用语就比非教学用语享有更高的级别。法定教学用语成为强势语言，而非教学用语则落为弱势语言。

[1] 方蒸蒸．全球化进程中美国学校教育意识形态问题研究［M］．南京：南京师范大学出版社，2017：28.

从语言的政治经济学角度来看语言秩序，不同语言是价值不等的资本，享有的市场也有大小之别，可以进行不同程度和不同价值的交换，于是就产生了大小不一的经济权力和象征性权力。❶语言秩序中等级越高的语言越有价值，越有市场，越有权力。从社会语言学的角度考察语言秩序，语言是个人和社区语码库的总和（包括语言、方言、语体等形式）；语言市场是由若干语用域组成的；语言交换是人们日常的语言交流，包括私下交流和公共交流。个人追求社区内共享的语码，以便提高交流效果；个人和社区都寻求覆盖语用域最广泛的共享语码，如普通话和英语等强势语码，以求达到最佳交际目的。人们对不同语码交换所产生的不同物质利益的认识就是语言物质价值观。这种价值观指导并且规范个人和社区的语言行为，以便获得最佳物质利益，如为高收入的工作而学习和使用语言秩序中的强势语言，或者通过学习强势语言而得到更好的教育机会等。

然而，人非简单的动物，仅需物质生活，人们还需要丰富的精神生活，需要亲人、朋友、乡亲和族人。因此，家庭、朋友圈、家乡和族群构成了人们的精神家园。精神家园是语言生活的基本单位之一。人们跟亲人、朋友、乡亲和族人交流需要语言，才能维系亲情、友情和乡情，满足精神家园的语言生活需求。跟亲人、朋友、乡亲和族人交流，人们要用母语，即幼年牙牙学语时使用的语言，因为母语是人们跟亲人、朋友、乡亲和族人建立亲情关系的初始语言。人们使用母语可以加强亲情，使用其他语言会疏远亲情，但是母语往往不是强势语言。人们对精神家园的语言生活的认识是语言精神价值观。语言精神价值观指导人们的精神家园的语言生活，决定人们在精神家园是否使用母语，是否给后代传播母语，是否逐步用语言秩序中的强势语言取代弱势的母语，从而导致家庭和社区从母语转用强势语言，丧失了语言多样性。

精神家园的语言若跟国际社会、国家和社区的强势语言一致，人们便可皆大欢喜，不必为语言生活犯愁。但是在现实语言生活中，这两大语言生活圈的常用语言往往不一致，如在汉语社区有普通话与方言之别，在少数民族社区有汉语和少数民族语言之别。这些差别导致了语言价值观的取向差异。人们面临选择强势语言还是选择母语的两难境遇。考虑到物质利益，人们趋向于选择强势语言；而面向精神家园，人们情愿选择母语。在这个困境之中，最理想的决策是保持物质利益和精神生活之间的平衡，既不放弃母语，又积极学习语言秩

❶ University of Nottingham; New Nottingham Space projects to boots global sustainable development[J]. Defense & Aerospace Week, 2020.

序中的强势语言，力争做双语人或多语人。这样就可最大化语言的多样性，但是平衡双语行之不易。这种平衡需要个人和家庭的良苦用心，以及社区、国家和国际社会的不懈支持。

语言的客观活力以语言的资源配置为根基，同时语言物质价值观也以使用语言获益获利为本。语言物质价值观与语言的客观活力互动、互促。语言的资源配置属于语言秩序范畴，是国家建设和国家治理的手段。国家在制定语言规划中第一需要考虑国家建设的整体需要，即推广国家通用语言文字，加强国家认同；第二需要考虑国家治理的需要，即保持多语和谐，加强与各少数民族的沟通。国家如何考虑每个语言社区具体语言生活的需要，如何合理合法地给每个语言配置适当资源以维护这些语言的客观活力，这些对保护语言多样性至关重要。每种语言有合理合法的资源配置，有益于保持客观活力，有利于健康的语言物质价值观的保持。在语言市场的竞争中，个人和社区也需要培养健康的语言精神价值观，才能保证语言物质价值观和精神价值观的平衡，最终才能取得双语平衡。双语平衡就是双赢。

第三节　语言相关性

萨丕尔和沃夫创立的语言相关性理论集中论述了语言和思维之间相互依赖的关系。根据这种理论，不同的语言不仅仅是描述同一现实的可替换性工具，更确切地说，讲不同语言的人也许还对世界有不同的看法。这种理论以最强烈的方式宣称，语言决定思想。我们只能按自己所用的概念来理解世界，那些概念是由我们的语言提供的，所以讲不同语言的人对世界的看法一定与我们不同：他们一定生存于不同的“认知天地”中。这种理论并不像人们广为公认的那样“没有价值”。它只是指出，语言上的差别易于造成人们在世界观上的差异。语言和思想之间的关系既不是直接的也不是绝对的。

沃夫大概是语言相关性理论最著名的代表人物，他最初的职业是火灾保险调查员，后来却成为极有才能和影响的业余语言学家。在调查火灾的过程中，人们对火灾原因所做的不同说明和解释给沃夫留下了深刻的印象。发现人们在使用语言上存在差别，促使沃夫去研究其他文化背景下的语言，如各种美国印第安人群体的语言。沃夫根据自己的研究逐渐得出了这样的结论：这些不同的文化群体不仅使用着不同的语言，而且还生存于不同的认知天地中。

这种模式的例子是十分丰富的。虽然在英语中我们是把生命飞行物和非生命飞行物区分开的，但在荷比印第安语（Hopi Indians）中，蜜蜂和飞机用的却是同一个词。在爱斯基摩语中，用许多不同的词来描述不同种类的雪。日语中的人称代词用在不同的人际关系上时有许多微妙的变化。欧洲语言中的这种变化则很少。德语中有许多描述复杂内心状态的词，这些词在英语中就比较贫乏，但英语显然又比德语更多地为人们提供了发挥幽默感的余地。

语言理论在很大程度上基于语言观，有了明确的语言观，就可以制定出比较合理的理论研究目标和相应的研究方法；语言理论才能有效地指导语言分析、综合，指导研究结果的形式表述，才能检验理论目标完成的程度和质量，甚至进一步修正研究思路。语言研究者所面对的操作对象即语言可以是同一个，但是他们不同的操作所得出的研究结论却大相径庭。之所以会从同一个对象中看到不同的东西，是因为语言学家的语言观不同，他们不仅由此选择了不同的角度观察这个对象的某些侧面，同时由于语言观与方法论的密切联系，他们必定形成各有特色的方法去显示语言不同侧面的本质特征。

语言的相关性不仅是语言研究的哲学基础和出发点，更对语言教学及第二语言教学具有极其重要的指导意义。语言观是语言教学思想的重要组成部分，不同的语言观会直接影响教师对语言教学思想、教学模式及具体教学方法的选择、接受和采纳。语言教学的任何一种方法都建立在一定的语言观和语言学习观上，也就是说，任何一种教学理论都会涉及对语言本质和语言学习本质的认识。尽管有的教学法创始人并没有公开表示他所倡导的教学法建立在何种语言理论和学习理论基础上，但实际上其教学原则的制订、教学材料的选择和处理必定反映了其语言教学理念。语言观时时刻刻都影响着语言教学。不同的语言观决定了不同的教学方法的使用（以学生为中心或是以教师为中心）、教学材料的评估（过时的或是鲜活的语言材料）、教学活动的安排（“填鸭式”教学或是合作学习）、语言教学的评估（考察知识的掌握或是注重能力的培养），等等。

第四节　文化视角下的英语教学

一、文化教育与大学英语教学的关系

在各类教学实践中，人们发现，在英语教学的过程中，所学语言相对应的文化所起到的作用不容忽视，学习英语的同时，了解并掌握英语背后的文化底

蕴是必不可少的。如若学习英语知识却不了解英语文化，那整个英语教学都将是徒劳的。因此会出现在实际的英语交际中无法顺利地与他人交际的弊端。所以，近些年来，英语教育界对于跨文化交际与英语教育之间关系的研究相较于以往更加深入。但是值得教师深入思考的问题是如何在英语教学过程中生动形象又不失意义地将文化意识与学生的思维进行进一步的关联，使学生更加全面充分地去了解、体会、理解甚至感悟两国文化的差异，是当今教学过程中值得全体师生共同关注的一个焦点。语言的特殊意义在于它是人类区别于其他生物种类的意识符号，人类的思想和情感从中迸发。同时，语言也可以承载一个民族或者国家的文化，所以一个国家和民族的文化和语言是不可分割的。以中国为例，中华文化的魅力不仅在于它丰富，而且在于在五千年的历史长河中，文化对国家在经济、政治、文化发展的作用不可忽视，这些传世的优秀文化不仅值得国人学习，更值得所有想要学习我国语言、了解我国文化的人们体会并理解。相反，不同文化的人即使用同一种语言进行交流，因为文化的差异也会产生一定的问题，在很多时候会造成不必要的麻烦。我们在英语教学的过程中，常常提到“得体”的概念，却往往忽视了“得体”的真正含义。这里的“得体”其实指的就是对于对方文化的了解和尊重，对学生进行跨文化方面的教学，可以使他们在利用英语和不同文化的人进行沟通的过程中能够做到真正意义上的沟通和交流，实现互相理解。

从历年的大学英语教学大纲中可以看出大学英语对学生进行文化素养的培养目标。自改革开放以来，我国先后制订了三个版本的大学英语教学大纲，即1986 年的《大学英语教学大纲》、1999 年的《大学英语教学大纲》和 2007 年的《大学英语课程教学要求》。其中 1999 年的《大纲》中规定：“大学英语教学的目的是培养学生具有较强的阅读能力，提高文化素养，以适应社会发展和经济建设的需要。”2007 年，教育部高等教育司颁发了《大学英语课程教学要求》以满足新时期国家和社会对人才培养的需要。其中规定，“大学英语的教学目标是培养学生的英语综合应用能力，提高综合文化素养，以适应我国社会发展和国际交流的需要。大学英语课程不仅是一门语言基础课程，也是拓宽知识、了解世界文化的素质教育课程，兼具工具性和人文性，大学英语课程的设计应充分考虑对学生文化素质的培养和国际文化知识的传授”。可见，随着时代和社会的发展，多元文化教育已经受到大学英语学科的关注，并成为大学英语教学的重要理念之一。通过大学英语教学实施多元文化教育理念，能够充分发挥英语语言的文化内涵优势和特点，体现外语学科“文化育人”的功能特点。

语言是文化的载体，也是文化的一个重要组成部分。英语作为一门语言，承载着英语语言国家厚重的文化，具有丰富的文化内涵，反映着英语语言国家的历史、风土人情、思维方式、价值观念等。因此，通过大学英语教学，学生可以了解世界上说英语的国家的文化，了解文化之间的差异，理解不同文化产生的根源及彼此间的联系和作用，形成对待不同文化的正确态度。随着多元文化时代的到来、全球化进程的不断深入，通过大学英语教学进行多元文化教育已成为时代、社会和学生发展的必然要求。大学英语教学是教师和学生的统一活动，教师的行为激发和维持学生英语学习的行为，学生在活动中掌握一定的英语语言知识和技能，并使身心和思想品德得到发展，从而实现英语教学目的。英语教学的过程是师生语言交往或交际的过程，在这个过程中，师生之间相互作用、相互影响、相互制约，共同获得了提高和发展：首先，大学英语教学过程是促进学生全面发展的过程，是素质教育的一部分。学生在学习活动中掌握一定的英语语言知识和技能，了解其他国家的文化，逐渐形成适应多元文化社会的能力，并使身心和思想品德得到发展和改善；其次，英语教师在教学过程中也不断获得发展、提高的机会，从而自身各个方面都得到了提升。在英语教学过程中，英语教师查阅大量书籍、文献，结合大学英语课程教学要求，编写和选择使用的教材，注意教学内容的取舍，尤其是有关文化内容的取舍，其专业和教育教学理论水平都得到了一定程度的提高，在与学生的交往中，在思考如何有效地进行教学的过程中，教师获得了全方位的发展。

二、文化视角下的英语教学

教学文化不是脱离人们生活的东西，也并不是人们想的那样佶屈聱牙，它是社会文化的载体，是一个复杂的系统，任何教育改革和课程革新的实质最终都在于教学文化的变革与建构。因而解读教学文化内涵，了解教学文化的本质与特征，才能为教学文化实践提供逻辑起点和理论支撑，才能真正实现教学为人的目的。所以，在此我们要对教学文化进行必要的解读。想要清楚地诠释当代教学文化的本质与特征，必须对教学文化的内涵有透彻的了解和清晰的界定。丰富的教学文化生活也要求我们在共同的话语平台上使用教学文化概念，对教学文化内涵做精致的解读，以达成内涵和意义的共识，进而更加严谨地阐释教学文化现象，分析教学文化的本质与特征，并指导教学实践，践行“教学即文化”的命题。笔者认为要全面地梳理教学文化的内涵，必然涉及教学文化构建的主体与目的、方式与中介、过程与结果，因为这些因素是我们认识教学文化内涵不可或缺的构件。基于这些构成要素，教学文化是指教学主体为了解放个性、完善人格、陶冶情操，促进教学主体知情意行的和谐发展，持续提升教与学的品质，而以符号为中介，通过师师之间、师生之间和生生之间在教学交往中多向交流而建构起来的教学生活方式。它是教学主体集体文化生成过程与生成结果的辩证统一，是集体协商赋义的结果。这些过程与结果互相作用、互相转化，沉淀为教学主体相对稳定的文化心理结构，形成了包括持久的价值观念、思想信仰、行为方式和习俗制度在内的整体性有机系统。而这些文化产物都对英语教学有着深远的影响。在界定这种教学文化内涵的过程中，我们可以发现它至少包含了以下四层含义：

首先，文化是随着年月变迁自然存在的，而教学文化是我们在教学中从文化中汲取的，它存在的目的在于增强人的全面自由的发展，促进个体的社会化和自我实现，并使教学主体在智力结构、意志品德、伦理意识和审美心理等方面达到至真、至善、至美的境界。教学作为人的文化存在与生存方式之一，肩负着保存、传承、创新文化的重任，在育人的过程中，它必然自发或自为地孕育教学文化，必然要关照人的内心世界和精神成长，必然要担当促进社会进步的历史使命。教学文化的核心是以人为本，它的目的在于唤醒人们对知识的渴望、对高尚情感的追求、对美的创造，在于升华人生的意义，提高自身的价值，在于实现自我超越，为我们的社会，为我们身边的人尽一份责任。

其次，它告诉我们什么是教学文化建构的主体。这本质上是由教师和学生在共同信仰和价值观的基础上组成的教学文化共同体。教学文化共同体是教学主体在教学实践中通过交往互动而形成的，共同体中的每一位成员都有相同或相近的教学信念、价值取向、兴趣、心理模式和行为方式等。不同的交往关系造就了不同的教学文化模型，也就是教师与教师之间的教学文化建构、学生与学生之间的教学文化建构以及师生之间的教学文化建构。

再次，它还保有教学文化建构的方式与中介。根据哈贝马斯的观点，文化是以象征媒介，也就是符号为中介来表征的，教学文化正是在社会文化的背景下以表意符号或象征符号为中介，通过教学主体的交往行为而形成的教学生活方式，它也是教学主体集体文化生成过程与生成结果的辩证统一。教学文化的生成、存在与发展是一个历史的时间性和现实的空间性并存的关系，它将人类已有的文明成果与教学生活的过程和谐地融合在一起，将人类历史文化中的价值、规范、传统、行为方式、思维结晶加以对象化，内化为教学主体自身的文化因子，并在现实的教学活动和社会实践中以崭新的面目显现。这一过程形成了我们的教学文化。

最后，教学文化对教学系统的文化要素做了系统而完善的总结。教学文化蕴含着教学的思想信仰、价值取向、行为方式和习俗制度，它们是教学文化构成的核心要素，只有这些核心要素相互作用并有机整合，教学文化才能作为整体发挥其功效，对教师和学生的教学和学习生活有长足的帮助。

教学文化是丰富而具有指导意义的，它的内涵体现了教学文化的本质，折射着教学文化的特征。研究教学文化是一个循序渐进的过程，我们必然会在洞悉其内涵之后追问其深层的本质、特性及其运动变化的规律。本质是事物之间必然、普遍、内在和稳定的联系，是一个事物区别于其他事物的根本属性。科学理性主义的认识观认为：人类可以通过归纳的方法、演绎的方法、实证的方法、数理统计的方法去认识和捕捉藏匿于大量现象和事件堆砌之下的事物的本质和规律，并认为复杂的是纷繁的现象，简单的是事物的本质，本质和规律是不变的，只要一经掌握就可以普遍指导人们对现实世界的认识。这种传统的认识论告诉我们：事物的本质是不变的、静止的，一经掌握便可揭示事物普遍的、永恒的规律。但根据哲学本质观的最新发展，人们认识到事物的本质是建构生成的、多元的和主客观统一的，本质不仅是客观现象之间的必然联系，而且是本体及其规律、主体及其价值观之间的必然联系。本质是灵魂、心脏、神经、血脉、骨骼和肉体的统一存在，是有主体、有价值、有规定、有规律、有表有里、有血有肉的活生生的存在。本质、价值和规律都是随着主体的实践发展而发展变化的。因此，我们从建构生成的本质观审视教学文化，其本质是以教学思想、教学价值观、教学信念和教学行为等为核心的教学生活方式，是教学主体与教学生活的文化融合的过程，是师生集体文化建构过程与建构结果的统一，是基于教学环境和教学文本，通过师生交往而生成的精神文化、活动文化和关系文化。

这种教学文化本质具有以下几个方面的规定性：

首先，教学主体交互的生活模式为教学文化。教学源于生活，得益于实践。现今倡导教学回归生活，回归实践，与师生的生命活动和人文精神相契合，离不开教师文化和学生文化的相互理解。教师文化集中体现了教师群体的生活方式：当教学实际问题摆在教师群体面前时，教师需要通过交往、对话、协商建构价值体系和文化规范来解决特定的教学实际问题，这就是教师文化，它自发或自为地影响教师的言行举止、知情意行。学生文化反映的是学生的生活方式，是学生在集体生活过程中经过交往实践形成的价值体系和文化规范，它对学生的价值观念、思想信仰、道德标准、学习行为等具有直接的规约作用。可见，师生之间的差异主要体现在理想目标、人生观价值观追求、文化心理、思维模式、情感态度、行为模式等方面，但教学文化又是师生之间、教师文化与学生文化之间相互作用，通过双方共同努力建构而产生的有机系统，这就需要教师与学生之间相互交流、对话沟通、表达和阐释各方见解，以达成共识，因而文化的融合由教师与学生在教学生活中实现，以保持系统的稳定和其健康运作。否则，教师与学生将因为在文化修养、生活追求、人生观、价值观和世界观上的不同，而导致师生关系恶化、友好关系进展停滞、交往进展停滞、学生情绪低迷、师生之间产生无法逾越的心理隔膜，进而导致教学热情减退及教学质量滑坡，最终导致无法避免的尴尬——师生关系对立。在这种状况下，师生的教学生活充满竞争、对抗和分裂，教学文化的差异也导致师生间的相互交流源泉和动力消失，教学文化系统无法保持稳定，这必然会导致教学文化系统的紊乱。例如，课堂上教师自说自话，对于学生的心理需求和已有的知识水平不予理会，师生交流仅仅流于形式，只有一些毫无实际意义的嘘寒问暖等。这种机械单调的“互动”实质上根本无法建构充满意义的师生生活方式。当教师在课堂上盛气凌人、置学生的问题于不顾、对学生放任自流时，师生之间基于民主、平等、协商、理解意义上的交往互动也不会发生，教学活动完全可能变成一种战战兢兢的接受知识的训练或一种游牧式的随心所欲，这样的教学生活很难形成良性的教学文化，也很难达到教化生命、培养人才的目的。由此可见，教学文化本质上规定着教学主体必须在和谐的教学氛围下，以民主平等、彼此尊重、相互理解为准则，通过对话沟通等交往活动积极地建构师生的教学生活，形成优质的教学文化，真正彰显教学文化作为师生集体文化的本质，从而达到广泛地弘扬师生集体创造出来的主体价值观的效果。

其次，教学文化是师生集体文化生成过程与生成结果的统一。教学文化的本质具有建构生成的特点，这就决定了教学文化是师生集体文化生成过程和生成结果的辩证统一。教学文化从始至终与教学活动同时开始，同时结束，现已成为教学的基本存在形态：“教学的存在首先充分体现教学的人为因素及文化因素，鉴于教学的存在是一个历史发展的过程，表现为教学既是现存常态又随着历史的前进不断更新换代，注入新鲜的内容，既是代表着教学是必须以活动为基础而落实的，又是促进师生关系的存在，所以作为在教学中生成与发展着的教学文化，毫无疑问，应该是文化生成和生成结果的辩证统一及其相互转化。”对教学文化这一本质规定，我们应该追问教学文化是怎样作为生成过程与生成结果而存在的，教学文化生成结果又是怎样转化为新的生成过程的？其中生成和转化的机制又是什么，对于这些问题的解答，应该历史地、现实地、动态地加以考察。教学文化作为过程文化始终贯穿教学实践活动，它的存在与发展是一个时间性与空间性并存的动态过程，在不同的历史时期，各有反映那个时代精神面貌的教学文化的存在和发展。如春秋战国时期“政教合一”的官学被私学取代，教学内容突破“六艺”局限，与时代变革有关的新知识、新技能、新思想融入其中，教学对象“有教无类”，教学思想以“启发诱导”为主，教学方法提倡学、思、行结合，各家各派纷纷著书立说，开门纳徒，一派“百家争鸣”的繁荣景象，反映了历史大变革时期“自由办学、自由就学、自由讲学、自由竞争”的教学文化精神。而历史的画卷翻到五四新文化运动时期，西学东渐，民主意识觉醒，思想空前解放，投射到教学文化领域，表现为教学上倡导科学、民主精神和个性解放，主张平民主义、实用主义、科学主义的教学文化思想，教学内容推行白话文和国语教材等，这些都是五四时代精神在教学文化上的体现。

同时，教学主体在不同的空间地域，由于宏观的社会文化环境和微观的生活条件迥异，他们的教学理想、教学追求、教学观念、教学目标、教学内容、教学手段、教学方式、教学评价等就有所差别，如我国东部沿海经济文化、教育发达地区的学校教学文化和西部经济文化、教育不发达地区的学校教学文化之间的差别就很大，这明显体现了教学文化具有境遇性、空间性的特征。时间性和空间性动态发展的过程正是教学文化主体通过交流对话、协商理解、不断地自主解放的过程，也是教学文化作为生成过程和生成结果统一的过程。这种统一结合在历史与现实的时空中转化既有的生成结果，衍生出新的生成过程。教学文化的生成结果和生成过程是辩证统一的，可以相互转化。任何一次教学文化的生成过程都以既有的教学文化成果为基础和源泉，适应时代和社会发展的需要，结合学校内部的文化环境和培养人才观念的变革，体现在教学实践中师生集体创造的生活方式上。教学文化的生成过程又始终伴随着教学文化生成结果。所以师生交往互动建构的生活方式本身就是教学文化生成过程与生成结果的相互转化和螺旋上升的过程。教学文化持续地生成与转化的动力机制是已有的教学文化与现实的教学需要之间的矛盾冲突。根据我们的理解，教学是历史发展的产物，它的核心教学文化必须满足教学实践的各项要求，当原有的教学文化不能满足教学发展的要求，甚至阻碍教学发展的时候，就必须仔细寻找并剖析原有教学文化的弊病，在继承前人经验与精华的基础上对教学进行创新与改造，使之充分满足教学的现实需要，这种取其精华弃其糟粕、改造、创新的过程就是教学文化的产生过程，在产生教学中不断创造出新的教学文化成果。

再次，教学文化是三种文化的集合体，其中包括精神文化、活动文化及关系文化。文化的重点是“人”，是人的精神文明，教学即文化，教学本身就是人的精神世界，引导人生观、价值观，塑造人的性格特征，提升人的文化底蕴的活动。教学本身就蕴藏着教学文化，具有文化性格。教学实践中的“教学文化本质上是一种精神文化，其核心是教学思想、教学价值观和教学信念”。教学思想、教学价值观和教学信念三者之间相互关联、相互制约，逐层深化，都以教学行为为表征。教学思想经过主体的教学经验的筛选，结合主体自身的教学风格凝聚成教学价值观，这种教学价值观经过教学实践的锤炼，形成教学主体坚定的教学信念，并通过教学主体的教学行为进一步彰显，成为实然的教学文化。这种实然的教学文化又深刻地体现着教学文化是一种活动文化。教学活动是教学文化的生动体现，它是客观存在的、动态的实践文化，教学文化也始终内蕴于教学活动。教学中教师教的文化与学生学的文化交织在一起，交互建构，多元沟通，共同创造，新的教学文化不断生成。因此，从这个意义上说，教学文化本质上是一种活动文化。在这种活动文化中体现的“不仅是一种信息的传递、知识的增长、认知的进步和能力的提高，而且是一种情感的陶冶与态度、价值观和信念的影响”。教学文化总是与师生的教学活动紧密联系，师生教学目标的确定、教学的交流对话、教学步骤的调整与推进、教学结果的评价与反馈等都属于课堂教学的集体文化生活方式。教学文化不同，教学的活动方式就有区别。例如，以认识论为基础的教学文化和以概念重构论为基础的教学文化在课堂教学活动中就会表现出很大的不同。

最后，教学文化在本质上还是一种关系文化。经由师生多边交流、建构生成的教学文化在内部和内外部之间形成了多元复合的关系。例如，通过教学准备阶段教师集体备课、合作研讨，教学中同行听课、观摩，课后的议课、评课等活动形成师师之间的互动关系；通过课堂教学中教授、提问、反馈、探究、指导性学习、合作解决问题等活动形成师生之间、生生之间的互动关系；教学主体与教学环境之间也会形成利用和支持关系等。从教学文化的结构上看，教学文化内部各组成成分也会形成各种关系。在教学活动中，教师文化在教学环境文化的影响下和文本文化与学生文化相互作用；在学生自主学习的过程中，学生文化也必须借助教学环境文化的支撑与教学资源发生认识与被认识的关系，而且学生对文本文化进行利用、加工、改造和建构，有时还会受教师文化的间接规约；教学环境文化的建设也会受到教师文化、学生文化和文本文化的直接或间接的影响。三者之间的有效互动有助于促进教学环境文化优化进程，反之三者之间的差异对立导致的断裂将会打破固有的教学环境文化的协调与平衡，导致产生低效的教学活动和混乱的教学秩序。

三、当代教学文化的特征辨析

当代教学文化的定性原则的规定不仅决定了它的最终目标是使人不断完善，最终成为与时代精神和社会需求相一致的人，能追求人生意义和超越自我的人，关心“我与你”潜能与价值实现的人，而且也决定了教学文化具有知识继承性、规范稳定性、实践指导性、情境渗透性和发展创生性的特征。

第一，教学文化具有知识继承性。知识继承性本质上是教学文化的具体实用属性。知识是一切教学活动的出发点，没有知识的存在，就没有教学的存在，离开了知识谈教学文化就会抽空教学实践的根基，教学文化就难以形成。在教学追求的三维目标中，知识与能力、过程与方法、情感态度价值观是一个综合的连续体：知识是根本，没有知识形成不了能力，也就没有形成能力的过程与方法，培养人的情感态度价值观的宗旨就会落空。因此，离开知识的传递、继承和创造，教学文化就成了虚无缥缈的空中楼阁。教学文化的形成过程正是教学主体在交往建构过程中继承人类积淀起来的文化知识，对历史和现实的文明成果加以承传、改造和重新解释赋义的过程。教学文化的知识继承性不能简单地理解为对人类知识经验的照搬照抄、机械记忆或刻板模仿，它是在师生集体生活方式中的能动反映和积极建构，应该对知识经验进行有目的、有针对性的选择，应该符合学生的心理特征和已有的认知水平，应该符合教育教学的需要，因此，教学主体需要满足自主、合作、研究。知识继承要求不断进行自我反思，并进行自我批判，学会反思和批判。

第二，教学文化拥有稳定的规范性特征。教学文化的产生与形成将致使相应教学规范的产生，教师教的行为和学生学的行为受教学文化规范潜移默化的影响，同时也在某种程度上地影响着师生的生活方式。例如，在应试教育的教学实践中很可能生成竞争型的教学文化：教师为了获取领导、家长、社区等的社会认同，为了巩固自己的教学地位，维护个人的荣誉和利益，追求高分和升学率，采取超负荷训练的方法以提高教学效率，往往以极端工具的思维方式控制课堂教学活动，对教学资源和教学经验实施垄断，很少与其他教师分享成果。学生之间也是互相攀比学业成绩，单兵作战，缺乏相互合作与共同提高的意识。而素质教育提倡的合作型的教学文化主张师师合作、师生对话、生生交往，组成教与学的共同体，彼此分享教学智慧和成果，合作探究教学难题，共享成功的欢乐和喜悦。这种合作型教学文化规范着师生在价值理性的引导下共同追求自我实现的目标，追求教学主体的精神与实践的解放，这才是真正意义的教学相长。可见，教学文化能够持续地规范师生的教学行为，而且文化本身具有相对稳定性，教学文化也不例外，同样说明了教学改革往往步履维艰、迟滞不前的原因（其根本原因在于教学文化的形成是一个漫长的过程，它的稳定性与持续性在教学思想、教学价值观、教学信念和教学行为的长久变革中占有重要比重）。

第三，教学文化具有实践指导性特征。教学实践中生成教学文化，其生成物从教学实践中来，反过来又指导教学实践。不同的教学文化类型对应不同的教学实践，教学文化指导着师生的教学行为并决定着师生生活方式以何种形态呈现。教学文化包含了丰富的内容和意义，它能否被学生选择、加工和内化，直接关系到教学的有效程度和学生认知水平的提高。教学文化不可能脱离教学实践而存在，教学实践也无法逃避教学文化的指导。一旦某种教学文化丧失了实践的指导性，它就变成了抽象空洞的理论，就成了脱离教学生活的孤零零的僵死的东西，它将对教学实践和人的发展毫无意义，更谈不上提升师生的生命价值和日常生活的意义了，也就无法促进教学主体的社会化了。教学文化的实践指导性是通过教学交往体现的。教学交往是一种人与人之间的相互作用，但它主要是以人类已有的认识成果为中介而进行的教师与学生、学生与学生间的现实的相互作用。教学交往是伴随着教学认识活动而展开的自觉的、高水平的交往。教师的教学理念受教学文化统摄，其归功于教学交往机制的正确使用，规约学生的学习方式，指导师生的生活实践。

第四，教学文化具有情境渗透性特征。教学阶段，教学文化能够创新情境，营造特殊的精神氛围和心理氛围，而且教学文化具有弥散性，它有机地渗透于教学的整个过程，影响着教学活动的方方面面，决定着师生的生活方式。诗情画意、优美典雅、活泼圆润的教学文化能够给师生带来宽松、和谐、愉快的教学氛围，能够“润物细无声”地渗透师生交往互动的生活世界，从而能潜移默化地影响师生的气质、情感、情操、性格、意志、信念，能陶冶师生的美好心灵，使师生产生畅悦的美感。反之，封闭、枯燥、机械的教学文化情境不仅会破坏教学的意境美，而且会使师生产生消极不良的心理，导致师生精神萎靡、情绪低落、意志消沉、思路阻塞。一旦这种教学文化渗透教学的各个环节，将会造成课堂气氛压抑沉闷、教学情境简单乏味和教学效率低下的严重后果。因此，只有师生在良性教学文化的情境中陶冶了高尚的情操，激发了浓郁的学习情趣，开发了创造的潜能，提升了道德品质，师生才能获得教与学的快乐与幸福，才能获得“心有灵犀一点通”的情感共鸣，才能使自己的情绪、思维、智慧、想象、志趣得到升华，才能达到教学过程中的主客体、物我两忘的境界，也才能形成师生心情愉悦、智慧充盈、精神抖擞、视野通达的教学文化场，最终使教学文化成为“精神的永生鸟”，在教学生活的蓝天自由自在地飞翔。

最后，教学文化具有发展创生性特征。教学文化是一个有机的生态系统，信息、能量和资源不断地进行外部交换，系统内部也同样不断地调整、改革与创生，只有这样才能维持教学文化系统的生态平衡与和谐。由此可见，教学文化既是一个内外部相互作用的、活动的、发展的系统，又是一个内部自我组织、自我适应的有生命的系统。教学文化系统不是绝对稳定的结构，它会随着社会环境的变迁、文化的沿革、教学实践的深化不断地发展创造，不断地抛弃那些与教学现实不适宜的成分，不断地吸收与借鉴先进的理论与经验，在教学主体的文化自觉意识的精神统领下消弭自身与教学实践的差距，更现实地贴近师生的教学生活，更真切地为教学打造一个充满教学机智、教学美感、教学伦理和教学艺术的文化境界。教学文化系统内部的平衡也将随着教学实践的发展和教学主体的自身知识与意义的建构不断地被打破。教学文化持续地在原有教学文化的基础上吐故纳新，生成新的教学文化。反之，如果教学文化处于相对静止的状态，发展缓慢，就无法创新，也不可能解决原有的教学文化不能适应教学活动变革的矛盾。可见，教学文化始终是动态地、历史地发展着的。世界上根本就不存在绝对静止的、永恒的教学文化，发展创生是其本质特征之一。

第六章　应用视角下的英语语言学

应用语言学始建于20世纪中期。经过半个多世纪的发展，已成为一门独立的学科，研究领域也从最初的语言教学研究扩展到诸多领域，并取得了丰硕的成果。应用语言学研究通过对我们所使用的语言进行描述、分析和理解，探讨语言是怎样被教授、学习和运用的，以解决在真实世界中的一些语言问题。因此，面对语言这一复杂的研究对象，应用语言学的研究范围也较为广泛，对其学科性和研究领域需要仔细梳理。本章从应用视角对英语语言学进行了分析，对于提升学习者的语言学习能力有着积极的促进作用。

第一节　应用语言学概述

一、应用语言学的定义和方法

应用语言学是研究语言在各个领域中实际应用的语言学分支。应用语言学研究的目的就是挖掘新的事实，揭示新的规律，有效地为应用服务。[1]应用语言学着重解决现实中的实际问题，它是鉴定各种理论的实验场。语言理论方面的研究和应用方面的研究在19世纪初开始分化。19世纪末，波兰语言学家博杜恩·德·库尔德内提出了应用语言学的概念。库尔德内认为，语言只存在于个人的头脑之中，或组成该语言社团的个人的心灵之中。一方面，他注重语言的物质方面，强调语音在人们交际中的作用，认为语言是集体的、社会的现象，并运用社会学的方法研究语言；另一方面又把语言视为心理现象，是个人的行为。20世纪以后，语言科学得到了进一步发展，语言应用方面的研究

[1] 云贵彬．语言学名家讲座[M].北京：中国传媒大学出版社，2006：167.

和理论方面的研究开始比较明确地区分开来，应用语言学这个名词开始被广泛运用，促成了应用语言学和理论语言学的分化。应用语言学的研究方法是思辨（Speculation）与实证（Empiricism），两者互相依存，缺一不可。[1]曹贤文的《应用语言学实证研究方法与量化数据分析——对外汉语教学研究视角》从对外汉语教学研究的视角对应用语言学实证研究和量化数据处理方法进行了系统的讨论。曹贤文对应用语言学研究中最常用的五种研究方法做了介绍，包括问卷调查研究、实验研究、基于学习者语料库的研究、个案研究和行动研究。

应用语言学是语言学的一个分支。研究应用语言学既有西方传统，也有中国特色。我们仅以齐沪扬、陈昌来主编的《应用语言学》为蓝本，结合其他资料予以介绍，内容包括语言教学、对外汉语教学、语言测试、中文信息处理、语言规划与语言调查、儿童语言发展等。语言教学是有目的、有计划、有特定方法的活动。[2]其总目标是培养提高受教育者的语言能力，分母语教学、第二语言教学和外语教学；分语言政策的制定、语言教学的总体设计、课堂教学、语言测试等阶段；教学过程涉及大纲、教材和教学法；国外的语言教学可以分为古代和中世纪、文艺复兴时期、17和18世纪、19世纪、20世纪等发展阶段；教学方法包括直接教学法、自然教学法、心理教学法、语音教学法、阅读教学法、语法教学法、翻译教学法、语法—翻译教学法、综合教学法、单元教学法、语言—控制教学法、模仿记忆教学法，练习—理论教学法、同源教学法、双语教学法等。有用刺激—反应的模式看待语言的，有将语言看成一套形式体系的，也有对语言持心灵主义观点的。研究语言的方法既有归纳法，也有演绎法。关于语言的本质，有三种观点（语言是实体，语言是形式，语言兼有实体与形式），大多从三个侧面研究语言：听上去、看上去是什么样的；是怎样运作的；是如何发展的。研究语言探讨的仍是语言与人类的关系。有人认为语言从属于思维，并划分出五个思维范畴：存在、事实、环境、情态，关系。索绪尔认为语言处于独立状态，并建构了结构主义语言学。有人认为语言是活动，或思维活动，或大脑活动。

英语课程属于语言教育课程的范畴。英语课程通常由一系列具体课程组成，如听、说、读、写等技能课，语言学、词汇学、语音学、英美文学等英语专业知识课程。英语课程和其他语言教育课程一样，主要有两个目的：一个目的是帮助学生提升英语语言能力，具体地说，是帮助学生通过英语水平考试，

[1] B.库玛．文化全球化与语言教育[M].北京：北京语言大学出版社，2017：15.

[2] 齐沪扬，陈昌来．应用语言学纲要[M].上海：复旦大学出版社，2009：43.

从而为进行其他课程的学习做准备；另一个目的是，帮助学生提升综合运用语言的能力。因此，促进学生语言能力的习得、提高学生的语言使用能力、测量学生的语言能力等课程问题一直是应用语言学所关心的主要问题。应用语言学是指运用不同学科（如人类学、社会学、心理学和教育学）的知识和方法，分析探讨与语言发展和语言使用相关的一系列问题。由于应用语言学和语言教育课程之间的关系，我们认为应用语言学及其相关理论和方法应该是建构英语课程评价体系的理论基础之一。首先，应用语言学与语言教育课程评价之间的内在关系。Lynch 指出，长期以来，语言教育课程一直都有得到评价的需求。这种需求既来自课程改进的内部需求，也来自课程基金使用情况的外部强制。那么，课程评价是不是一种普通的活动？需要应用语言学范围内专门的研究吗？实际情况是，语言教育中的语言测试实践包括试卷的编制、试卷的信度和效度等相关专业技术问题都受到应用语言学研究方法的影响，而语言测试理论和实践的研究也对应用语言学内的各个学科产生了影响。语言测试和应用语言学之间存在互为因果的关系。但是由于目的不同，语言测试与应用语言学之间也存在本质的差别。语言测试的目的是编制更好的试卷，使其适应语言和心理学理论的发展，如反映行为主义心理学及结构主义的结构主义——心理测量法；强调语境和心理完善的综合分析反映功能语法的交际测试法；等等。因此，为了更好地理解考试，语言测试侧重对编制试卷的方法进行研究。这些研究包括：如何进行语法、用法及词汇等语言知识的考试，如何进行听力理解、口语生成、阅读理解和写作技能等语言技能的考试，如何设定考试的标准和类型，如何解释考试分数，等等。尽管如此，语言测试的效果及语言测试的信度和效度在某种程度上确保了应用语言学研究的科学性，增加了应用语言学课程评价研究的技术指标。

其次，语言教育课程和应用语言学中的评价项目发展同步。Scriven 是最早提出形成性评价和总结性评价概念的课程评价专家。在 Scriven 看来，在课程评价的最初阶段，允许不同意见存在，因此评价在评价者之间，在评价目标界定及课程功能等方面的探讨允许存在差异。但是，在评价的最后阶段，应该融合各种观点对课程的优劣做出总结性判断。因此，应用语言学范围内的语言课程评价出现了关注课程经验、关注课堂过程等的变化。

在目标本位课程评价的影响下，语言课程评价强调对课程结果与目标达成的一致程度。考试是测量语言课程结果的主要方法。因此，在应用语言学范围内，各种大型的客观测试、标准化考试、标准参照考试逐渐成为评价课程尤其是学生语言水平的重要测量工具。但是由于多项选择题测量的语言项目是离散的语言知识，不能充分反映学生的语言运用能力，因此侧重自然发生的课程经验的评价逐渐受到关注。但是改变课程结果的测量，转向对真实的课程经验的评价是摆在课程评价者面前的一个极为复杂的任务。因此，语言课程评价需要从理论层面入手，寻找与课程发展和学生语言能力发展一致的构念（construct），从而设计具有课程评价功能的考试。除了依据课程标准对语言课程的要求外，语言课程评价尤其需要关注语言能力构念（language competence constructs）。语言能力的认识对课程经验的评价起着十分重要的作用。

二、应用语言学的研究范围

应用语言学可以分为狭义和广义两种。狭义应用语言学的研究范围是语言教学及相关领域，广义应用语言学的研究范围是与语言应用相关的所有其他研究领域。从另外一个角度来划分，应用语言学也可以分为一般应用语言学和机器应用语言学。语言教学是应用语言学最主要的分支，它对于语言教学尤其是外语教学具有十分重要的意义。语言理论与语言教学有着密切的关系。语言学是以语言为研究对象的科学，语言教学是以语言为传授内容的活动。语言理论为制定教学大纲、教师确定教学原则与教学方法提供了理论依据。而基于语言学研究成果的教学语法和教材则可以直接应用于语言教学。纵观语言教学史，每次教学目的和教学内容的更新都来源于语言理论研究的突破性进展。教师可以从语言理论中获得语言洞察力（Linguistic Insights）。语言理论有助于语言教师根据不同的教学对象，有针对性地确定教学内容和重点，高屋建瓴地驾驭教材和教法。有了好的教学大纲和好的教材，还需要有好的师资。师资培训是非常重要的工作。师资水平不高，其他条件再好也无济于事。外语教学的效果在很大程度上取决于教师的语言水平和语言教学理论水平。要改革外语教学的内容和方法，就必须注意更新教师的语言观和语言教学观。教师应该努力成为优秀的课堂教学的策划者、课堂活动的组织者和引导者、外语学习的促进者和咨询者、学习进度的控制者、实践活动的协调者和评论者、学习效果的观察者和研究者。

在近代外语教学史上出现了各种教学法：语法翻译法、直接法、情境学法、听说法、交际法（功能意念法）、沉默法、咨询法、比较法、自然法、暗示法、全身反应法、集体学习法，等等。其中交际法注重语言能力和交际能力的培养，注重语言的意义，强调语言使用的得体性。现在，具体的教学方法并没有一个固定的模式。教必有法，但无定法，贵在得法。语言教学是目的性很强的一项活动，如何培养合格的语言人才，需要教师付出创造性的劳动。在新的教材教法层出不穷的情况下，许多专家学者提倡教师采用博采众长的综合法或折中法。这就要求教师在综合考虑学生的特点、学习目的、教学内容等多方面的因素后，设计出最佳的教学方案。教师要掌握教学规律，改进教学体系，开发学生的学习潜能，提高他们的学习效率，并且在教学实践的过程中不断地检验和修正自己的方案。教师、学生、教材是决定教学效果的三大要素。编写高质量的教材和参考书，研究切合实际的教学方法，一直是语言教学研究的重大课题。在国际交流日益频繁的当今世界，如何把外语教学搞好，是摆在语言学家和外语教师面前的重要课题。近年来，随着科学技术的发展，语言教学也在经历一个现代化的过程：逐渐地将知识型的外语教学模式改变为能力型的外语教学模式。在这个改革的过程中，还有许多问题值得我们进一步研究和探索。我们应该总结自己的经验，结合先进的理论，搞出一套实用有效的、具有中国特色的外语教学方法来。

儿童可以很快地学会一门语言，而成年人往往需要几年到十几年的时间才能掌握一门外语，研究儿童学习语言的特点，把儿童学习语言的大脑机制模拟出来，探索儿童学习语言异常迅速的奥妙，有助于大大缩短成年人学习外语的时间，这项研究具有重大的意义。应用语言学的另一个重要分支是词典学（Lexicography），包括词典史、词典编纂原则、词典编纂法等。词典是为读者解疑释惑的极为有用的工具书。知识性、稳定性、实用性是词典的灵魂。高质量的词典对于提高人们的语言水平起着非常重要的作用，不论是社会科学工作者还是自然科学工作者，只有语言水平提高了，阅读能力和表达能力才能加强。任何人都离不开词典，词典学的研究大有可为。新的语言学理论为词典体系构思、总体设计展示了新的途径。随着现代语言的日益发展，按照不同需要来使用词典的人越来越多，这就给词典编纂者提出了更高的要求。我们必须在词典的宏观结构和微观结构上进行更加深入的研究，编写出适应21世纪读者需求的不同类型的词典。这些词典应该互相配合、互相补充，从总体上提供语言信息和知识信息，使我国的词典形成一个完整的体系。

翻译也是应用语言学研究的一个重要领域。翻译要把原作的思想内容、感情色彩、风格特点等都尽可能地用贴切的译文语言完全、充分地传达给读者。语言的表层结构与深层结构的不一致性、语言的模糊性、不同体裁作品结构的特殊性、不同民族在文化和思维方式上的差异性、不同作者的不同风格与个性等诸多因素决定了翻译的复杂性和非模式性[1]。翻译也是应用语言学的重要分支

[1] 童之侠．当代应用语言学[M].北京：中国传媒大学出版社，2016：27.

是在笔译和口译两种语言之间进行的创造活动。如何处理好意义的传达和形式的转换，有很多问题要探讨。

应用语言学还研究标准语的建立、语言规范化、文字的创制和改革。建立用于各方言区的标准语非常重要。应用语言学要解决的问题是如何选好这种标准语的基础方言和标准音。文字改革包括文字系统的部分改进和彻底更换。辞书编纂是应用语言学的重要分支。词汇是语言中变化最快的部分，新词新义不断涌现。及时、准确地把这些新词新义固定在词典中，指导人们如何运用，这是辞书对语言规范化的作用。

除上面这些课题外，一般应用语言学还涉及专业语言研究、建立国际辅助语和速记系统等机器应用语言学。机器应用语言学研究如何利用电子计算机等先进工具来处理自然语言，包括以下课题：①实验语音学。电子计算机得到运用以后，语音实验从音素音节分析扩展到成句成章分析，同时超音段特征成了重要研究对象。除了语音分析，还有语音合成等。②机器翻译。电子计算机和语言的最早结合开始于机器翻译。它开辟了计算机非数值应用的领域，同时为许多语言学理论和方法及许多技术成果提供了一个广阔的试验场。③情报检索。情报检索中的关键是情报检索语言的建立。这种语言应能准确表达文献主题和提问主题所需的词汇语法，不会产生歧义，并且便于用程序运算的方式进行检索。④汉字信息处理。汉字字形繁复，字数庞杂，而且存在大量的一音多字、一字多音现象，这给编码输入带来了很多麻烦。为了使编码简单易学、操作方便、输入迅速，我们需要对汉字进行多方面的研究。机器应用语言学除了以上这些课题外，还涉及自然语言理解、言语统计和少数民族语言的信息处理，等等。

三、应用语言学的性质和特点

（一）应用语言学的性质

作为人类最重要的交际工具，语言伴随着人类的产生而产生，也随着人类社会的发展而发展。人们对语言应用的有关问题很早就开始关注并进行研究了，如字母及文字的创制和选择、语言教学（包括第二语言教学或外语教学）的理论和实践、标准语的确立和规范、正字法的确立和规范、字典和词典的编纂、语言与社会文化关系的探讨等。应用语言学（applied linguistics）专注于对语言应用的种种问题的研究，应用语言学作为学科是与语言本体研究、理论语言学（普通语言学）相对应的。

（二）应用语言学的特点

作为从20世纪60年代发展到今天的一门学科，人们对应用语言学的认识越来越明确，应用语言学已经成为一门比较成熟的语言学分支学科，形成了自己的理论和方法体系。总体来看，应用语言学具有综合性、相对独立性、实用性和实验性等特点。

1.应用语言学具有综合性的特点

应用语言学的学科性质决定了其综合性。应用语言学要根据具体的研究对象和研究目的同其他学科相结合，所以研究应用语言学不仅需要语言学知识，也需要相关学科的知识。例如，研究语言规划离不开政治学、民族学理论与方法的指导；语言教学研究要汲取教育学、心理学、教育测量学、学科教学论等学科的理论和方法；研究社会语言学需要社会学、文化学、人类学、统计学、心理学等学科的理论和方法；研究计算语言学当然要跟计算机科学、数理逻辑、人工智能、信息论、控制论等学科结合。正是应用语言学在不同领域与不同学科的结合，才产生了应用语言学的许多下位学科，如心理语言学、病理语言学、社会语言学、神经语言学、计算语言学、人类语言学、语言风格学等。因此，对应用语言学学习和研究，除了需要语言学的知识和理论方法之外，还需要更多的其他学科的知识。与之相对应，应用语言学的研究人员是一种复合型的人才，其成长和培养需要多学科的合作。从这个意义上讲，应用语言学具有跨学科的性质，是一门多边缘的跨学科的综合性学科。应用语言学要千方百计寻找适当地与其他学科的结合点，充分发挥多边缘、跨学科、综合性的特点，只有这样，应用语言学才能不断发展和壮大。

2.应用语言学具有相对独立性

应用语言学成立了全国性和国际性的学术组织，创建了大量专门的研究机构，出版了大量教材、研究论著，创办了专门的研究刊物，拥有相当数量的专门研究人才，有自己独特的学科基础；有明确的研究对象，形成了如语言教学、语言规划、社会语言学、心理语言学、儿童语言学、语言信息处理、神经语言学、词典学等几个较为成熟的下位领域；有明确的研究任务，研究语言学在一切领域的实际应用问题；形成了专门的应用语言学专业和课程，国内外许多大学和研究机构设有应用语言学系，招收应用语言学的本科生，更多的大学或研究机构招收应用语言学及其相关研究方向的硕士或博士研究生，以培养高学位的后备人才。因此，应用语言学是语言学中一门相对独立的学科。

3.应用语言学具有实用性的特点

应用语言学以实用性作为存在和发展的基本条件，以语言学在社会生活中的实际应用，各种实际的语言问题的解决为目标，如语言故障康复、指导和帮助语言教学、语言规划、语言信息处理、翻译、词典编纂、速记等。而应用语言学的各主要分支学科，如语言教学、计算语言学、社会语言学、心理语言学、神经语言学、儿童语言学等，也都是为社会的实际需要服务的。应用语言学的目的可以说就是直接满足语言学在社会生活中的实际需求。

4.应用语言学具有实验性的特点

应用语言学要解决语言运用的实际问题就离不开调查和实验，比如调查和分析语言教学或第二语言教学要对教学对象、语言自身的特点、中介语现象、教学效果，语言教学的新方法是否有效等进行相关的实验，提取必要的分析数据，得出科学的结论；进行社会语言学研究更要进行必要的社会调查；进行语言规划要对语言文字使用者的状况、语言文字自身的特点和现状、语言规划的目的和效果等问题进行调查和研究；进行语言信息处理研究，必须懂得使用计算机做各种实验等。调查和实验是应用语言学研究的重要方法。调查通常包括观察调查、访谈调查、问卷调查（包括网上问卷调查）等；实验则是神经语言学、语言教学、计算语言学、社会语言学等领域常用的研究方法。无论是调查还是实验，都要对材料、数据、结论进行统计、比较和分析，因而比较的方法和统计的手段在应用语言学中较为常用。通过比较可以考察出相近或相关现象之间的异同，统计手段的运用则可以使研究的结论达到定量和定性的统一，从而保证结论的可靠性和科学性。当然，应用语言学没有理论和方法的指导不可能成为一门学科；没有理论和方法及研究手段的更新和发展，应用语言学也不可能取得进一步的发展。不过，相对理论语言学或普通语言学来说，应用语言学的实用性和实验性的特点更加突出一些。

第二节　应用语言学理论

一、应用语言学理论的种类

（一）交际理论

1.交际理论的基本思想、目标和地位

古往今来，语言被人们从不同的角度下了许多定义，其中较有影响的定义之一就是从语言的本质的功能方面给语言下的定义：语言是人类最重要的交际工具。这个定义揭示了语言的一个重要的属性——工具性。此外，人文性也是很早就被很多学者所认识到的语言的又一特性。语言一方面是文化的载体、在运送、传播信息方面也具有一定的人文性，并且这种人文性不包括属于上层建筑的有阶级性的部分。

语言的这两种特性不是二元论，交际离不开人类的文化，而语言是人类进行交际、思维和认知的一种工具，并且是最重要的交际工具。交际理论指出，世界万物的发展变化都离不开能量的交换，在彼此的相互吸引、排斥中实现动态的平衡。而生存于社会中的人需要协调和交际，语言也在这一协调和交际的过程中得以产生和发展。从某种角度来讲，语言的变化和发展以交际为目的和动力。

总之，交际是语言的本质，这是交际理论的基本思想，应该为语言交际而研究语言。在交际理论的基础上，中国应用语言学界还提出了层次理论、动态理论、中介理论、人文性理论及浅显理论等。

2. 交际理论的基本内容

（1）交际是最基本的语言能力。

交际是人类语言能力中的基本能力。在语言的使用上，人们应知其然还要知其所以然。也就是说，语言教师的“语感”和“论感”都要强。需要强调的是，有些语言学家可能与以前主要受到语言知识能力的教育而没有受到应有的语言交际能力的教育有关，以语言的深奥为能事，这种语言观是与交际观格格不入的。

（2）在多样的语言交际中实践语言交际能力。

教师可以用模拟的方法进行语言教学，但要注意让学生知道生活实际中的情况。比如，有些方言区的人学习说普通话还不错，但稍有变化或者不是很标准就听不懂，这恐怕也是一种欠缺。

（3）应该以交际值作为衡量语言规范的标准。

交际也存在着一定的规范，交际到位的程度——交际度或交际值是对交际规范进行衡量的基本标准。规范不是单纯要求语言的纯，因而不应存在妨碍交际的规范。

（4）语言交际能力的实践不是一次性完成的。

交际能力并非一次性完成，表现在语言的时代性上，应该让学生学习鲜活的语言。语言学习要有一定的量和质：一定的量可以内化，可以生巧；一定的质，可以提高层次。

（5）要重视创新。

人们常说的语言灵气主要指语言创新方面。《马氏文通》后序说：“世界上一切人种，不论肤色，天皆赋予心之能意，意之能达之理。”这和乔姆斯基的语言“与生俱来说”颇为相像。今天的学者对这一观点耳熟能详。

创新部分是稳定部分的唯一来源，现有的稳定部分当初都是创新部分。因而特别要鼓励创新，教材要帮助学生创新。教师要在创新方面进行身教。一切语言示范者都要在语言规范和语言创新两个方面起到表率作用。

对学生语言学习的测试要注重语言的创新，这里的创新不应降低层次，不应是奇谈怪论，也不是一般形式的变化，教师要留心好的语言现象，提高创造语言的能力，及时调整语言观。

（二）动态理论

1. 动态理论的基本思想

哲学上讲运动是绝对的，静止是相对的。一方面，语言作为人的交际工具也处于运动变化之中，因为为了沟通的方便，人类的交际形式必然发生变化，这是语言发展变化的动力。另一方面，语言从古代汉语到现代汉语，其发展也呈现出一种新陈代谢的动态。

2. 动态理论的基本内容

动态理论主张用动态的眼光看待语言、语言应用和语言研究。大体上可以包括以下三个方面。

（1）对语言动态性的认识。

动态性的认识指在人们的交往中，语言是以动态的方式存在的。受结构主义语言学的影响，长期以来，人们习惯将静态看作语言的本质特征，认为动态只不过是对静态的使用。而语言的动态观认为，语言的动态是语言的主导方面，静态是运动速度相对平衡的一种存在形式，是一种为了研究、说明和解释而假想出来的状态。

语言是各个部分运动的速度并不同的系统。局部的发展变化会引起语言内部有关部分的发展变化，使得有关部分协调，这可以称为语言的自我调节。调节也是运动，语言的运动是有规律的，语言在其运动过程中表现出三种不同的主要类型：隐退或消亡、中和、吸收。

第一，隐退或消亡。在隐退方面，语言运动也表现得非常充分。以新词语的隐退为例。有学者研究了中华人民共和国成立后 50 年间某些汉语新词语的隐退情况，发现词典中所收录的 1949—1991 年期间出现的 8000 多条新词中，已经有 843 条极少使用，占该书所收词条的 10.5%。

第二，中和。中和指在吸收的过程中再加以改造，以及开始时人们不认可后来又认可的成分。“胡同、戈壁、克隆、迪斯科”等都是按照汉语的语音系统加以改造而进入汉语的，属于前者。

第三，吸收。吸收主要是针对新词而言。对新词的吸收有许多方面，许多是新创词，旧词新义，也有的是从方言中吸收。从外语中吸收，方言词的吸收已经成了普通话新词构成的一个重要途径。

（2）对语言认识的动态性。

应用语言学的研究，从实践到理论是动态，从理论到实践也是动态，实践和理论的互动更是动态。而对语言的认识，既是实践性活动，也是理论性活动。语言是一种复杂和特殊的社会现象，在一代又一代人的努力下，人们对其的认识不断加深，但这一认识不会结束。因为任何事物的变化、发展都不会是笔直的，而是曲折的、螺旋式的。语言工作的发展也是曲折的、螺旋式的。认识这些规律有助于能动地促进语言文字工作。语言文字工作的规律提醒人们注意，语言是社会的、动态的，语言文字工作也是社会的、动态的。语言文字工作不能脱离社会时代背景进行，必须遵循语言文字的发展规律。

（3）语言研究要动稳结合。

在语言学上，不存在纯粹的动态或稳态研究，二者是相互作用、共同存在的。为了适应人们交际、思维和认知等方面的发展，语言要进行必要的自我调节，表现在两个方面：一是不断产生新的语言要素；二是保持相对的平衡状态，使得整个语言体系不被毁坏。因此，语言研究必须考虑到语言的这一事实。此外还应注意到，动态的研究和稳态的研究都要为动态的交际服务。索绪尔之后，对语言的共时研究和历时研究进行了严格区分，但把二者割裂开来是不对的。历时研究可能局限于语言要素的研究，但不是不能进行语言系统的研究。

总之，以上三个方面是密切相关的。认识到语言的动态性，把动态看作语言的本质特征，自然会使自己对语言的认识随着语言的变化不断调整，而这也就形成了动稳的结合。

二、应用语言学理论的发展

（一）应用语言学的发展阶段

为了对外语课堂教学评价有更进一步的了解，我们必须首先了解一个基本的术语：应用语言学。应用语言学是一门独立的学科，一门边缘学科，一门应用学科，更是一门实验性的学科。应用语言学可以分为狭义和广义两类。狭义的应用语言学的研究对象就是语言教学或外语教学，这是应用语言学历史等因素在人们心中形成的定式。当初应用语言学把语言学理论应用到外语培训和外语教学中去，目的就是研究如何教授外语，这符合当时的实际需要，也符合语言学本身的发展规律，所以它被看作一门研究如何教授与学习外语的学问。广义的应用语言学是语言学随着社会的发展广泛应用的实践，通过语言学理论与社会实践相结合所产生的。20 世纪 70 年代以后，应用语言学与其他一些知识领域的某些学科相互交叉、渗透形成一些新的应用学科及边缘学科，这种现象符合语言发展规律。根据理查兹等人著的《朗文语言教学及应用语言学词典》，应用语言学指的是研究第二语言和外语的教和学的学科，是联系实际问题来进行的语言和语言学研究。为了发展自己的关于语言及其应用的理论模式，应用语言学利用社会学、心理学、人类学、信息论及语言学的知识，并将这些知识和理论运用到实际中去。研究者认为应用语言学的研究范围包括第二语言习得、外语教学、语言测试、词典学、术语学、自然语言处理、语言的教与学、语言师资培训、语言教学大纲建设。应用语言学的研究涉及三个层次：

（1）本体论层次：语言的本质、语言学习理论、第二语言学习的心理过程、学习者的个性差异。

（2）实践论层次：教学如何实施。

（3）方法论层次：研究教学方法和手段。

应用语言学在成为独立学科之前，长期从属于哲学，属于语文学的范围。19 世纪以后，应用语言学就已经与历史比较语言学分道扬镳了，当时的应用语言学主要是指语言教学。1870 年，波兰语言学家博杜恩·德·库尔特内就已经提出要区分“纯粹语言学”和“应用语言学”。20 世纪 40 年代，第二次世界大战前后，由于军事、科技、文教、旅游的需要，随着外语教学的发展，人们开始重视应用语言学的发展。一般认为美国是应用语言学的发源地。直到 20 世纪 40 年代，人们才正式使用“应用语言学”一词。1946 年，美国在密歇根大学建立了英语学院，研究如何对外国人讲授英语，并出版著名的杂志《语言学习》，这个刊物的副标题就是《应用语言学杂志》，这是世界上第一本明确冠以“应用语言学”的杂志。1964 年，法国南锡召开了第一届国际应用语言学大会，国际应用语言学协会成立，该会议每三年举行一次。从此，应用语言学作为一门独立的语言学科受到学术界的承认和接受。

应用语言学大致经历了四个发展阶段：

（1）对比分析（20 世纪 50—60 年代）。

（2）差错分析（20 世纪 60—70 年代）。

（3）行为分析（20 世纪 70 年代末）。

（4）话语分析（20 世纪 70—80 年代）。

20 世纪 50—70 年代的应用语言学研究中，对比分析、差错分析占有很大比重。对比分析在 20 世纪 50 年代相当盛行，它的心理学基础是行为主义。第一个系统阐述和应用对比分析于教学的是拉多。对比分析认为，通过判定母语（第一语言）和第二语言的语言结构差别，能够预见学习者在学习该门外语中可能犯哪些错误，从而采取措施防止它们出现。对比分析的基本主张是，当本族语的“习惯”与所学语言不一样时，学习者会把本族语的语言习惯迁移到所学语言中形成干扰，而错误就是这种迁移或干扰的结果。

在对比分析占主导地位的 20 世纪 50 年代，应用语言学的研究和实践集中于对不同语言的异同进行对比，包括语音、词汇、语法的对比。由于人们在实践中越来越多地发现，两种语言结构不相同不一定就出现错误，而两种语言相近的地方却发现很多错误与母语（第一语言）并没有什么关系。在此期间，乔姆斯基对行为主义心理学进行了猛烈抨击，科德倡导的差错分析取代了对比分析。20 世纪 60 年代末期到 70 年代，差错分析在外语教学中发挥着重要作用，它的理论基础是认知心理学。科德从认知心理学出发，系统地阐明了学习者错误的性质、意义和分类，并且提出了一套比较完整的进行错误分析的方法，认为错误不是消极的东西，而是创造性学习的表现，错误是不可避免的、必要的，并且具有系统性。正确的做法不是防止错误产生，而是在错误出现之后认真研究它们。20 世纪 70 年代末期，人们不再过多关注学习者的语言差错，而是把注意力投向整个第二语言的学习过程，他们研究学习者的词汇、句法、音位习得规律，行为分析因而成为继差错分析之后应用语言学研究的又一热门话题。与此同时，话语分析由于摒弃了孤立分析句子的弊端，把话语分析与话语所使用的语境联系起来而备受推崇。20 世纪 80 年代，话语分析在应用语言学研究领域已经相当盛行。

（二）第二语言教学理论的发展

现代应用语言学的话语分析所描述的语言结构特征为第二语言（外语）教师选择教学重点和目标提供了依据，也扩展和深化了第二语言（外语）评价的内容和重点，为我们更好地制定第二语言（外语）评价的计划和标准提供了理论依据。在进行有效的课堂评价前，通常都需要制订评价计划，那么评价的目标和内容是什么？评价方法和标准又是怎样的？如何解释评价结构？这些都涉及评价者自身所持有的语言观。

外语课堂教学目标可以分为语言的、策略的、社会情感的，等等（Genesee &Upshur），但这些目标并不是对课堂教学评价同样有用。语言目标应该是外语课堂教学评价的基础。语言目标可能有许多不同的形式和种类。由于观察语言的形式和角度有很多种，就会有大量思路各异的语言理论。语言教学论是应用语言学一个最主要的分支，它对于语言教学尤其是外语教学具有十分重要的意义。人们对语言教学评价的认识和对语言规律的认识是一致的，与他们对语言教学规律的认识也是一致的。也就是说，有什么样的语言教学观，就会有什么样的语言评价观。语言教学理论是人们认识语言教学规律的集中体现。外语教学中的很多教学规则来自第二语言教学理论。外语课堂教学评价与第二语言教学理论有非常密切的联系。语言理论与语言教学有着密切的关系。要回答语言教学中“教什么”和“怎样教”等基本问题，就不能不涉及“什么是语言”和“语言的内在规律是什么”等语言理论问题。语言教学是以语言为传授内容的活动。语言理论为制定教学大纲，为教师确定教学原则与教学方法提供了理论依据。纵观语言教学史，每次教学目的和教学内容的更新都来源于语言理论研究的突破性进展。教师可以从语言理论中获得语言洞察力，语言理论有助于语言教师根据不同的教学对象，有针对性地确定教学内容和重点，高屋建瓴地驾驭教材和教法。

外语教学是一个包括五个环节的系统工程：第一个环节是制定外语教育政策，决定教什么语言，面向哪些学生；第二个环节是制定教学大纲和编写教材；第三个环节是培训师资；第四个环节是课堂教学；第五个环节是学习评价，检验教学效果，同时还可以提供各种反馈信息。测试是语言评价的一种工具，本身就是语言评价活动的一个组成部分。但除了测试，对语言学习的评价还有很多其他的途径。

语言教学的含义远远大于讲授语言课。第二语言（外语）教学理论可以包容不同的思想流派或各种（二级）理论：每一种都有其假设、必要条件、原则、模式、概念。近代外语教学史上出现了各种教学法：语法翻译法、语言测试法、情境教学法、听说法、交际法（功能意念法）、心理测量—结构主义语言测试、任务型教学测试法、基于任务的语言评价法、自然法、暗示法、全身反应法、集体学习法，等等。

语法翻译法是外语教学中最古老、影响最深远的一种外语教学方法，至今已经有几百年的历史，它最早出现在 18 世纪晚期的欧洲。该法的最早倡导者是德国学者麦丁格和费克。人们认为严密的语法是用来训练思维的最佳材料。古罗马教育学家昆提利安在其《演说术原理》（*DeInstitutione Oratoria*）一书中曾提道："语法是教人说话和写作的艺术。"说话，特别是在把演说视作一种艺术的古代欧洲，被认为是与智力及思维分不开的。这样，语法成为当时外语教学的"重头戏"也就成了一种必然。这种教学方法提倡用本族语教授外语，在教学中以翻译和机械练习为基本手段，以学习语法为入门途径，强调语法在教学中的中心地位。直到20世纪初，这种教学法还在很多国家被广泛采用。

传统的语言测试法是在语法翻译法的基础上产生的，传统的语言测试重视语法规则、词形变化和词语的用法，所以一般只有笔试，没有口试和听力。现代教育心理学证明："没有一种语言技能是孤立存在的。各种技能之间有着不同程度的依存关系，或互相影响，或互相补充，对一种技能的掌握有利于另一种技能的发展。"单纯的语法翻译法显然无法完成21世纪外语课堂教学目标，基于语法翻译法的语言测试也无法全面展现学习者的语言能力。

听说法于20世纪40年代末产生于美国。第二次世界大战爆发后，美国军队急需在最短时间内培养出精通外语特别是口语的军事人员。于是聘请结构语言学家布龙菲尔德、弗里斯及拉多等制定了训练军队的外语教学方案，进行外语口语强化训练。这样便产生了听说法。听说法主要盛行于20世纪40—60年代，实际上是在直接法，特别是在Palmer的口语教学法体系的基础上，与美国结构主义语言学观点相结合而形成的。由于这种方法要求的是听和说，训练的方法也是听和说，听说法便因此而得名。它曾经在美国外语教学中占支配地位。听说法无论是在外语教学理论方面，还是在实践方面都对外语教学法的发展做出了贡献。听说法的优点主要表现在以下方面：

第一，强调外语教学的实践性，重视听说训练。

第二，建立了一套培养语言习惯的练习体系。

第三，把句型作为外语教学的中心。

第四，广泛利用对比法，在对比分析母语与所学外语的基础上找出学习外语的难点，并在教学中有针对性地加以解决。

第五，广泛利用现代化教学技术手段。

听说法否认了人的认识的能动作用和智力在外语学习中的作用，过分重视机械性训练，忽视了掌握语言基础知识和活用语言能力的培养；过分重视语言的结构形式，忽视语言的内容与意义，学生读写能力较弱。

听说法在语言测试方法上汲取了心理语言学领域的心理测量学（Psychometrics）的方法，形成了所谓的心理测量—结构主义语言测试（the Psychometric-structuralism Language Testing 或 Modern Language Testing Phase）。结构主义语言学家认为语言这套符号系统可以分解为语音、词汇、语法等。19世纪60年代，著名的语言测试权威拉多在其经典著作《语言测试》（*Language Testing*）中就把语言分为语音、句法、词汇和文化，认为语言考试可以通过听说读写四种方式测试语音、句法、词汇和文化。由于语言可分以解成构成元素，因此可以设计出分点式测试（Discriminate Point Test），认为试题应该每题只考查一个考点，其主要题型有选择填空、词汇填空、语法填空、完成句子、改错等。分点式测试对特定的测试如诊断性测试和特定的目的仍然是有效的，不能一概否定。

因为心理测量强调测试的信度（reliability）和客观性（objectivity），而传统的测试如短文写作主观性极强、极不可信，于是具有较高信度的多项选择题便应运而生。而且统计方法引入了语言测试领域，可以对试题难度、区分度、整卷信度等进行定量分析。在教学中，把听说摆在读写之前，在测试中注意给听说技能（尤其是听）一定的比重。但结构主义测试忽略了语言情境，为了考查结构，试题有明显的人工捏造的痕迹。但笔者认为此阶段的最大成绩是多项选择题（Multiple Choice Question，MCQ），虽然此题型备受争议，但设计科学的多项选择题对于大规模标准化测试、机器阅卷等贡献巨大。语言测试专家J.B. 黑顿认为多项选择题与交际语言测试并非非此即彼的关系，在很多交际测试中仍可限制性地使用此题型，特别是在测试阅读和听力时。

交际法起源于20世纪70年代的英国，它注重语言能力和交际能力的培养，注重语言的意义，强调语言使用的得体性，受到了比较广泛的重视。交际法作为语言教学法之一，对外语教学产生了巨大的影响。它注重培养学生使用目的语进行交际的能力，注意语境和教学内容的真实性，主张以学生为中心，鼓励学生积极参加用目的语进行的交际活动，让他们在交际中学习语言。1990年巴克曼在《语言测试要略》一书中提出的交际能力模型是迄今为止最具有影响力的里程碑式的交际语言能力模型，是交际英语测试设计的理论基础，也是交际英语考试内容选择的参照依据。威尔详细阐述了交际语言测试（Communicative Language Testing，CLT）的理论原则，同时介绍了交际语言测试的题目类型。英国的IELTS（雅思考试）较好地体现了CLT（the International Language Testing System）的原则。

交际语言测试的主要特征是：重点是意义；语境化；语言活动带有可接受的目的性；有实际意义的语言；使用真实的语言材料；文本处理有真实性；反应结果不可预见性；以互动为基础；考生在真实心理状态下展示语言能力；根据实际交际结果判定成绩。交际式语言测试虽然可以分为听说读写，但它更加注意语言技能的综合运用，题目是围绕任务来设计的。根据社会语言学、功能语言学等语言理论，语言不是在真空中使用的，而是在一定的社会文化环境中使用的。语言除了表达概念意义（Ideational Meaning）以外，还要表达人际意义（Interpersonal Meaning）。任何只关注语言的某一个方面的教学方法或途径注定都是要失败的；任何不强调真实语境、不强调真实语言素材的语言教学途径都是低效的。

任务型教学法是从20世纪80年代逐渐发展起来的，无论是在教学形式还是在教学内容等方面它都非常强调真实性。此理论由美国教育学家杜威提出，他主张教育的中心应从教师和教科书转到学生，教学应引导学生在各种活动中学习，课堂教学始终围绕既定的教学任务展开，使每节课目的明确、内容实在，强调学生在实践中感知、认识、应用目的语，在“干”中学、“用”中学，体现了较为先进的教学理念。

基于任务的语言评价方法是根据学生每次完成任务的情况来进行评价的，学生在完成任务的过程中的表现及结果都作为评价的重要内容和依据。它不过于强调语言的正确性和准确性，鼓励学生积极参与评价的过程，能比较客观地反映学习者运用语言的能力。

语言教学理论的一个重要组成部分就是第二语言教学理论。第二语言教学理论的目的是揭示和阐明第二语言教学的客观规律。它不但对具体的语言教学活动有直接的指导作用，对语言测试和语言学习的评价也有重要的指导意义。不同的第二语言教学法需要不同的第二语言教学评价方法来匹配。第二语言的教学理论是第二语言教学评价产生的基础。语言教学是一项目的性很强的活动。如何培养合格的语言人才，需要教师付出创造性的劳动。在语言教学理论不断发展的情况下，许多专家学者提倡教师采用博采众长的综合法或折中法。这就要求教师在综合考虑学生的特点、学习目的、教学内容等多方面的因素以后，设计出最佳的教学方案。教师要掌握教学规律，改进教学体系，开发学生的学习潜能，提高他们的学习效率，在教学实践的过程中不断地检验和修正自己的方法，制定科学、合理的评价指标。拟订切实可行的评价计划，选择符合实际的评价方法，进行科学、有效的语言评价。

三、应用语言学的发展前景

语言应用是不断向前发展的。文化的进步、新技术的涌现不但使语言应用的范围日益扩大，而且使语言应用的潜力得到发挥，这必然使语言应用的效果日益完善。随着语言科学的发展，语言学的应用面越来越广泛。各种不同的交际都会造成语言的变异，应用语言学不但研究整体语言系统，还要研究个体语言变体[1]。研究语言在各个领域的应用就形成了与语言本体研究相对应的语言应用研究，形成了与理论语言学相对应的应用语言学。随着语言应用研究的不断发展，不断分化出小的分支学科。[2]创新可以产生在交叉点，也可以产生于与语言之外的学科的结合。由于不同学科之间的互相渗透，除了社会语言学、心理语言学、人类语言学、民俗语言学、文化语言学、神经语言学、数理语言学，计算语言学、统计语言学、语料库语言学、话语语言学、对比语言学等应用语言学现有的众多分支学科外，今后还将出现更多的与应用语言学相关的交叉学科。[3]

人类对语言的认识经历了漫长的道路，如今还在继续向前探索。从古到今，语言学家的视野逐步扩大，探索逐步深入。语言学家的研究从古代语言转向现代语言，从书面语转向口语，从个别的语言项目转向整个语言系统，从一种语言的某些特征转向多种语言的共同特征，从语言的结构转向语言的功能，从语言的系统转向语言的使用，从语言的表面形成转向语言的深层意义，从语法、词汇转向语义和语用，从把语言作为一个孤立的研究对象转向研究语言与社会文化的千丝万缕的联系，研究的范围越来越广，出现了语言理论多元化的局面。应用语言学的迅速发展已经引起了整个学术界的关注。语言学的思想和方法对哲学和其他学科都产生过极大的影响，推动着语言应用科学不断向前发展。人类在探索神奇的语言奥秘的过程中，视野必然会越来越开阔，认识也将会越来越深化。语言应用研究和应用语言学的发展前景无限广阔。

第三节　应用语言学的相关领域

一、应用语言学宏观视角的交叉学科

（一）语言生态学

语言生态学是一门综合性、前沿性的交叉学科。当今社会，生态越来越受到人们的关注，语言生态与构建良好的语言生态环境、生态文明紧密相连。多姿多彩的民族语言和文化都有其存在的理由和价值。语言和文化的多样性能够

---

❶ 李如龙．汉语特征研究[M].厦门：厦门大学出版社，2018：17.

❷ 任爱玲．科学与人文七题[M].太原：山西科学技术出版社，2016：48.

❸ 李传松．新中国外语教育史[M].北京：旅游教育出版社，2009：27.

更好地保证人类社会生态系统的平衡，保证不同国家、不同民族、不同文化、不同语言的人和谐相处、互相学习、共同发展，从而保证人类拥有可持续发展的社会文化空间。

在当今社会，语言的发展呈现出异常复杂的局面。一方面，由于经济和社会的变革，大量新的表达不断涌现并极大地丰富了语言，语言的呈现方式发生了巨大变化，语言的表现力也大为提高。另一方面，由于语言的发展受到诸多不利因素的影响，语言生态也面临着空前挑战。例如，现在很多广告语对语言的故意误用引起了人们的关注；篡改成语以求广告创意的做法有愈演愈烈之势。由于语言学习的黄金阶段集中在一个人的少年和青年时期，如果他们接受并使用各种不规范的语言，语言使用者本身、语言工作者和整个社会都将为此付出代价。

要改善语言生态，营造话语和谐的社会环境，需要全社会的共同努力。语言学家应该对语言污染密切关注并深入分析，提出有效的改善语言生态的方法，为国家有关部门的决策提供依据。媒体应该肩负净化语言的责任。媒体对语言有天然的依赖，因而也应该更加善待语言。阅读文学作品是提高大众尤其是青少年语言素质的重要手段，作家也应该肩负起规范语言的使命。同时，文化部门应该对流行音乐市场加以整顿并对语言生态进行持续、严密的监管，引导大众一起改善语言生态，营造语言和谐的社会环境。冯广艺的《语言生态学引论》从理论和个案两个角度论述了语言生态学及其相关问题，初步构建起具有特色的语言生态学体系。《语言生态学引论》着重研究语言生态系统、语言生态学视野中的语言接触、语言人和语言生态对策、语言生态与语言国策、语言生态与语言态度、语言生态与语言和谐、语言生态与语言运用、语言生态与生态文明建设等问题，在构建具有中国特色的语言生态学学科体系上做了尝试。[1]

语言是一个民族或族群的重要标志，也是其区别于其他民族或族群的重要特征。2001 年，联合国教科文组织通过的《世界文化多样性宣言》确认了生物多样性、文化多样性和语言多样性的相互关系，将这种关系上升为生命多样性的构成内涵。为此，保护世界语言多样性一直在联合国教科文组织众多工作中占有重要地位。有语言学家估计，到 21 世纪末，全世界 6000 种语言中 90% 可能消失，大部分语言的交际功能将陆续让位于国家或地区的通用语言。语言作为人类文化的载体，它的消失将导致人类一些重要文化现象消失。联合国教科文组织于 1999 年确立每年的 2 月 21 日为“国际母语日”，呼吁国际社会关

[1] 冯广艺．语言生态学引论 [M]．北京：人民出版社，2013：23.

注濒危语言，保护语言及文化多样性，促进社会平等和包容发展。教科文组织认为，语言与文化多样性具有加强社会团结、增强凝聚力的重要作用。如今更多人认识到，语言不仅对发展、确保文化多样性和进行文化间对话具有关键作用，在加强合作、建设包容性知识社会、保护文化遗产及提供全民优质教育方面也不可或缺。通过与各国政府、社会及民间机构合作等形式，教科文组织在世界各地广泛开展宣传保护濒危语言、发展多语言教育、促进社会和谐发展等活动。

（二）语言伦理学

伦理是指在处理人与人、人与社会的相互关系时应遵循的道理和准则，是一系列指导行为的观念。它深刻蕴含着依照一定原则来规范行为的深刻道理，包括人的情感、意志、人生观和价值观等方面。语言伦理学的研究对象是语言、言语交际与道德伦理的交叉点，主要是语言和言语中的道德伦理问题，特别是其中的是非、善恶问题。语言伦理是在普通语言运用的基础上提出的道德要求，是想要达到有效沟通对所有参与商谈的人提出的道德要求，包括陈述的真实性、态度的正确性、表达的真诚性。

对修辞的研究一直包含着伦理的内容。修辞是使用语言有效说服他人的技巧、技艺或艺术。修辞这种公共话语的伦理价值包括好的动机、对他人的善意、话语内容的真实。如果背弃了这样的伦理价值，言论技巧就会成为一种不正当的修辞，一种为达目的可以无所不用的手段，一种不正当的诡辩。

说话技巧不可能与说话者的心态和目的分开，而说话者是否能以无私的心态和以利他的目的说话是很难确定的事。孔子说“质胜文则野，文胜质则史”，也就是说，文饰多于质朴，就会流于虚浮，说些漂亮的门面话，甚至引经据典装饰，缺乏真诚的心意。说话不能不借助修辞，但是过于注重修辞却会令人生疑，认为说话者由于不能以诚动人才特别需要依靠说话技巧，或者因为说话的动机、目的欠缺，才特别需要用修辞来掩饰。久而久之，修辞便有了巧言令色、诡辩、强词夺理等负面含义。过分注重技巧的修辞，便成为一种有道德瑕疵的语言行为。

苏格拉底认为，话要说得好，必须是说话人心中对他所说的题目的真理已经有了一定的认识。修辞学是这样一种技艺：无论是在法庭、公共集会上，还是私人谈话中，用言辞来影响人心，无论讨论的问题是大是小，只有正确地运用它才能受到尊敬。可是有些人却不是这样，他们运用修辞可以将同一件事对一些人说成是，对另一些人说成非。公共话语常常被当作一种手段，甚至是不正当的手段。这样的话语不能说没有它自己的价值观（例如，为达目的可以不择手段、有效性高于一切、贯彻某人的指示、维护某种利益或制度等，都可以说是“价值观”），但是这样的价值观与合乎道德的公共话语伦理是相违背的。

（三）语言哲学

语言哲学（Linguistic Philosophy）是探索人类语言的一般性质、状态、特性及语言科学的理论基础和概念基础的各种研究的总称。[1]语言哲学是现代西方哲学中影响最大的一个哲学流派。

语言哲学包括三个方面的内容：①语言哲学是对意义、同义词、句法、翻译等进行的哲学思考，并且对语言学理论的逻辑地位和验证方式进行研究的学科；②语言哲学包括基于自然语言或人工语言的结构和功能的任何概念的研究；③语言哲学是关于语言本质、语言与现实的关系等内容的哲学性质的理论。语言哲学研究的核心问题包括以下几个方面：语言的本质；西方哲学发展中的语言转向；含义与指称理论；语言的意义和证实；图像论、使用论与语境；行为反应论与言语行为理论；语言的表达与理解；自然语言句法分析；逻辑分析方法。

在西方哲学发展史中曾出现过两次重大的理论转折，即从本体论转向认识论、从认识论转向语言哲学。哲学主题的每次重大转换都体现了人们在探索世界万物本源或本质时所历经的思维方式的转换。20世纪哲学的语言转向标志着人们在探究世界万物本源或本质时已认识到更为根本的东西不再是主客体问题，而是语言问题，理解思想和世界的关键在于理解语言。以罗素、维特根斯坦为代表的分析哲学和以伽达默尔为奠基人的解释学流派都十分重视语言问题。

路德维希·维特根斯坦提出语言游戏（Language Games）的概念，强调语言活动的意义，旨在通过语言的使用过程研究语义。他主张不要把语言看作孤立静止的描述符号，而要看作体现生活的动态人类活动。根据维特根斯坦的“语言游戏”观，篇章理解应该被视作一种建设性和持续性的活动，而绝不仅仅是将篇章所包含的信息传输进听者大脑的简单过程。篇章理解是根据内容、观点和场景的种种关系对接收到的篇章做出系统阐释的过程。维特根斯坦的哲学主要研究的是语言，他想揭示当人们交流时，表达自己的时候到底发生了什么。他主张哲学的本质就是语言，语言是人类思想的表达，是整个文明的基础，哲学的本质只能在语言中寻找，作为思想外壳的语言历来与哲学有着密切

[1] 李廷福．国外语言学通观[M]．济南：山东教育出版社，1999：277.

的关系。语言之于哲学，既是对象，也是材料和工具。当代哲学的语言转向更是将语言上升到哲学研究的中心和出发点。西方哲学的语言转向对哲学之外的其他人文社会科学产生了极大的影响，语言学也随之发生了哲学转向。哲学语言学是语言研究的根本任务，要以哲学语言学的精神考察古往今来的语言学研究，回顾中国语言学的借鉴和引进。哲学语言学是以哲学理论研究和解释语言问题的，或者是对语言进行哲学思考的。随着语言学家对语言哲学思考的逐步加深，哲学语言学正日益成为语言学领域的重要分支。《哲学中的语言学》是熟悉乔姆斯基语言学的哲学家万德勒的代表作。他用现代语言学的手段来讨论语言哲学问题。对于语言学是否能帮助哲学，作者的回答是肯定的。书中每一章考察一组语言现象，借用了现代语言学的工具，得出具有哲学意义的结论。

钱冠连在其著作中总结了语言的各种性质，包括语言全息性、语言递归性、语言离散性、语言层级性、语言线条性、语言模糊性、语言有机性、语言节奏性和语言任意性。他运用生物全息律、宇宙全息律和系统论对语言的性质、语言理论进行思考，阐述了语言各要素的本质特点及其相互间的联系，提出了语言全息论。在认定“天人合一”的中国哲学看来，既然语言是人的产物，“天人合一”的直接结合也意味着“天语合一”。语言全息论就是“天语合一”论。这里的“天”指宇宙、世界、现实。语言全息论是一种哲学观念。[❶] 钱冠连还采用民间语篇例证，指出以语言为最后的家园者，是每一个普通人，是语言行为中的人。

把语言看作思想本身是对语言性质的全新认识，与传统哲学及传统思维方式对语言的理解有很大不同。如果仅仅从经验的层面观察，语言的工具性质似乎占据了主导地位，然而只要进一步分析就会发现，语言活动不仅仅是在表达或传递某种其他的东西，它本身就是人类的一种活动，是一种经过社会化改造的本能的活动。认识语言就是认识人类自身。我们对语言的情况了解得越多，就越能了解我们自己及我们在宇宙中的地位。

二、应用语言学微观视角的交叉学科

（一）话语语言学

话语语言学（Discourse Linguistics）的研究对象是连贯性话语，是指任何在内容和结构上构成一个整体的言谈或文字，包括整篇文章、整部作品。话语

❶ 钱冠连．语言全息论[M]．北京：商务印书馆，2002：42.

是表达完整意义的言语单位，是句法层次的最高单位。话语分析是对大于句子或语段的语言单位的分析，包括口头会话和书面语篇。话语语法主要研究大于句子的言语单位“超句统一体”，借助话语分析来揭示连贯性话语的横向线性扩展规律。[1]话语修辞主要研究大于“超句统一体”的言语单位(节、章、篇)，借助修辞分析来揭示连贯性话语的纵向线性扩展规律。研究句际关系和句际连接手段，是分析连贯性话语的前提。研究话语的结构及其交际功能、交际条件，分析篇章结构及表达方式，是探索连贯性话语线性扩展规律的基础。

话语通常指一系列连续的话段或句子构成的语言整体。它可以是独白、对话，也可以是众人交谈；可以是文字，也可以是诗歌、小说；它可以是讲话，也可以是文章(短的两句即可成篇，长的可达万字以上)。话语往往指交流性的口语(Interactive Spoken Discourse)，篇章则常常指非交流性的单方面的(Non-interactive Monologue)书面语。[2]美国大多数学者认为，话语是口头的、意义连贯的、动态的语言单位，对话语的分析称之为话语分析。欧洲的学者认为，篇章是比句子大的、静态的书面语言单位。对篇章的研究称之为篇章语言学，如今篇章语言学和话语分析研究有融合的趋势。两者的共同点都是自然语言，超越句子范围，具有完整的意义。

话语语言学用来进行话语分析的基本方法是捷克语言学家马泰休斯提出来的句子实际切分法。[3]句子实际切分法是一种功能—意义分析法。马泰休斯根据词语在句中不同的交际功能，把句子切分为两个表意部分：一是叙述的出发点，二是叙述的核心。德国语言学家布斯特把叙述的出发点称为主题，把叙述的核心称为述题。主题指叙述的对象，表示已知的信息或不重要的内容；述题指对叙述对象的说明，表示新的信息或重要的内容。句子实际切分法就是把句子切分成主题和述题的方法。有些话语语言学家认为话语语言学的目的是描述人类交际的前提和条件的本质与组织形式。话语语言学的研究在语言教学，特别是第二语言教学中有广泛应用。

从20世纪60年代后期开始，话语语言学逐渐成为一门独立的语言学科。德国语言学家哈尔维克、德莱斯勒、施密特及温利希等人对话语语言学的研究对象、研究方法都做了详细的叙述。他们主要研究人类正确交际的前提、条件及话语与语境和上下文的相互关系。

---

[1] 钱冠连.语言——人类最后的家园[M].北京：商务印书馆，2019：3.

[2] 霍凯特.现代语言学教程[M].北京：北京大学出版社，2002：14.

[3] 范广伟，王治河.英汉社科大词典[M].北京：海洋出版社，1992：64.

20 世纪 70 年代以后，许多关于话语分析的理论相继问世，如句子功能观、交际动力主位、述位、过渡、衔接、照应、指示、替代、连贯、语境等，使语言研究的范围进一步超越了句子的范围。20 世纪 90 年代以来，话语分析的成果广泛应用到人类文化学、社会学、翻译学、心理语言学、计算语言学、教学法和跨文化交际等诸多领域，广泛揭示了人们在日常交际过程中如何运用真实语言、社会文化背景与话语建构的关系，以及话语单位所揭示的语言现象和特征。21 世纪话语分析的重点是知识共享和话语策略，任务是研究话语在团结社会文化群体中的作用，展示多元文化实现人类潜能的过程，探讨话语与社会化的生态系统及语言资源的使用策略，分析话语在获得和使用知识中的作用。

英国哲学家奥斯汀认为言语本身就是行为，话语可以分为施为句和表述句。他把实施言语行为的句子称为施为句，陈述事实的句子称为表述句，并将言语行为分为三个层面：言内行为、言外行为和言后行为。例如，当某人说出“I promise to come.”这句话的时候，实施的既是一个言内行为（发出了声音，使用了词语和语法结构），也是一个言外行为（做出了承诺），还是一个言后行为（听话人感到高兴）。美国哲学家赛尔认为，言语行为理论的一个根本出发点是所有言语实践都与言语行为有关，言语行为是言语交际的基本单位，并据此提出了间接言语行为理论。言语行为理论被许多学者用于话语分析的研究之中。

话语语言学探索言语内部构成的规律，包括话语理论、话语语法和话语修辞。话语语言学同逻辑学、心理学、心理语言学、社会心理学、语法学、修辞学、信息论、言语行为理论、翻译理论等学科都有密切的联系。

（二）对比语言学

为了解决教学或翻译问题而对比两种语言的异同的学科是对比语言学（Contrastive Linguistics）。对比可以在语音、语法、词汇、语义、语用方面进行，也可以从语言的文化、心理、民族角度进行对比研究，还有人对不同语言的标点符号系统进行了对比研究。随着全球化的深入发展，对比语言学越来越受到各国科学家和学者的重视。

20 世纪初布拉格学派中不少语言学家对语言对比产生了兴趣。马塞修斯于 1926 年发表了关于英语与捷克语对比分析的文章。1941 年，美国语言学家沃尔夫在《语言与逻辑》（*Language and Logic*）一文中使用了 Contrastive Linguistics 这一名称。1953 年，怀恩来希用结构主义语言学理论写了《语言接触》（*Language in Contact*）一书，提供了一个对比分析概念框架，提出了“干扰（Interference）”这个理论命题。1957 年，拉多出版了对比语言学专著《跨文化语言学》(*Linguistics across Cultures*)。对比语言学强调重点研究两种语言的差异，对没有亲属关系的语言进行对比研究。语言的研究应该以特点的研究为基础，特点只有在对比中才能发现。

要加强汉语和英语的对比研究，这种对比研究有助于语言共性和特性的研究，有助于语言对比研究方法的建立、改进和完善。汉语和英语在发音、构词法、句法、修辞形式及谋篇布局方面都有各自的规律和特点，两者之间虽然不乏相通之处，但也存在着明显的差异。从语言学角度来看，英、汉语言之间最重要的区别是形合(hypotaxis)与意合(parataxis)之分。形合指句子内部的连接或句子间的连接采用句法手段(Syntactic Devices)或词汇手段(Lexical Devices)，意合指句子内部的连接或句子间的连接采用语义手段(Semantic Connection)。印欧语言重形合，语句各成分的相互结合常用适当的连接词语或各种语言连接手段，以表示其结构关系。汉语重意合，句中各成分之间或句子之间的结合多依靠语义的贯通，少用连接语，所以句法结构形式短小精悍。

汉语是以意合为主的语言，汉语句子以主题为统率进行铺排，“话题—说明(Topic Comment)”的结构灵活、形式多样、组合自由，无主句也占了相当大的比重；分句与分句之间、句与句之间少见逻辑关系词。从语法来看，汉语语法具有典型的“隐含(covertness)”特点，表现为句子中词语的词性同词的外形没有必然联系，词语的语法功能不清晰，没有明显的语义标记词；而英语语法具有明显的“外显性(overtness)”，具体体现为词性同词的外形密切相关，因此词在句子中的功能很直观，句子中有明显的语义标记。

汉英比较研究有许多方法，着眼于语法和修辞是具有理论价值和实用意义的一种方法。连淑能的《英汉对比研究》从英汉的语法特征、表现方法、修辞手段、英汉民族的思维习惯和某些文化因素等方面论述了英语和汉语的不同特点。上篇是英汉语言文化对比，内容包括综合语与分析语、刚性与柔性、形合与意合、繁复与简短、物称与人称、被动与主动、静态与动态、抽象与具体、间接与直接、替换与重复。下篇是中西思维方式对比，内容包括伦理性与认知性、整体性与分析性、意向性与对象性、直觉性与逻辑性、意象性与实证性、模糊性与精确性、求同性与求异性、后馈性与前瞻性、内向性与外向性、归纳型与演绎型。作者选择了带有普遍性的专题，采用宏观与微观相结合的方法，联系语体风格与翻译技巧进行了对比分析。

语言是知识的载体，知识的表达、传播、储存、继承、创新都要通过语言来实现。电脑要模拟人脑的语言机制，先要理解自然语言，才能进行知识处理，这就要求发展研究人脑语言机制的认知语言学。经济的全球化必然导致第二语言教学的蓬勃发展、呼唤高质量的机器翻译的诞生，这就需要开展语言的对比研究，以弄清楚语言的共性和个性。

（三）比较语言学

比较语言学（Comparative Linguistics）又称历史比较语言学（Historical Comparative Linguistics），是把各种语言放在一起加以共时比较，或把同一种语言的各个不同阶段进行历时比较，以找出它们之间在语音、词汇、语法上的对应关系和异同的一门学科。利用这门学科，一方面可以研究相关语言之间结构上的亲缘关系，另一方面可以找出语言发展、变化的轨迹和导致语言发展、变化的原因。比较语言学在19世纪就被广泛地应用于印欧语系的语言研究中，奠基人是德国语言学家格林、博普和丹麦语言学家拉斯克。

历史比较语言学的研究重点是印欧语系诸语言的语音系统。1786年，英国学者琼斯在对梵语做了深入的研究之后指出，梵语同拉丁语和希腊语之间存在非常系统的对应关系。根据这些系统的对应关系，推测了它们的共同起源——原始印欧语的表现形式，同时把原始印欧语同后来的语言之间的关系用简洁明确的定律形式表现了出来。历史比较语言学自问世以来所取得的最大成绩就是对语言之间的亲缘关系有了比较明确的认识，尤其是在印欧语系的谱系分类方面，获得了相当确凿的证据。另外，历史比较语言学有助于人们对于有关原始母语的表现形态和使用地区的了解。

（四）演化语言学

演化语言学（Evolutionary Linguistics）又称历时语言学（Diachronic Linguistics），指在现代语言学出现之前，大部分语言学者所进行的一种语言的历史性演化的研究，主要研究语言在一定的时间跨度内所经历的种种变化。

2002年3月“第四届语言演化国际研讨会”在哈佛大学召开，会议安排了乔姆斯基等参与圆桌会议。会后乔姆斯基等人撰写了《语言机能：是什么，谁拥有，如何演化》（*The Faculty of Language*：*What Is It*，*Who Has It*，*and How Did It Evolve?*），提出了三个核心问题：语言是人类独有还是与其他动物共享？语言演化是渐变还是突变？语言演化是独特交际适应还是另有其他目的？

2012年11月，演化语言学国际研讨会在北京大学召开，来自美国、法国、日本、韩国等国家和地区的46位专家学者参加了会议。香港中文大学王士元教授提出语言的演化可以从宏观、中观、微观三种尺度进行研究。宏观演化关注语言的起源和分化，中观演化关注语言在几百年、上千年间的变化，微观演化关注语言习得与变异。三种尺度的研究都与大脑有着密切的联系。

演化语言学是以达尔文演化论为基础的语言学，涉及生物演化和社会演化两个方面，关注语言的起源与发展这两个根本问题。演化语言学更是一个交叉学科，语言学、人类学、生物学、考古学等学科的通力合作近年来在国际学界发展得如火如荼，取得了很多重要的进展。语言演化和人类演化的关系是21世纪自然科学和人文科学共同关心的重要问题。演化语言学将语言现象与多学科的理论方法结合起来，是极具前沿性和发展前途的学科。

（五）模糊语言学

模糊语言学是一门新兴学科。进入21世纪后，语言学界对语言模糊性的探讨开始从各个不同层面逐步深入。由于语言模糊性的讨论涉及诸多相关学科的理论和假说，其理论的科学性和独到之处令人耳目一新。人们对模糊现象的关注源远流长，最早可以追溯至希腊哲学家、梅加腊学派的代表人物之一布利德斯所提出的连锁推理悖论。但是当时受亚里士多德提出的“非此即彼”的二值逻辑的影响，人们无法对这一现象进行合理解释。1965年，美国控制论专家扎德提出的模糊集合论为模糊现象的诠释提供了有力的理论依据，由此引发了学界对语言模糊现象的关注。

自20世纪60年代中期开始，众多国内外学者纷纷从语义学、词汇学、心理学及认知科学的角度对语言的模糊性做了大量的研究，伍铁平、陈治安、张乔等出版了《模糊语言学》研究专著，从词汇学、修辞学等层面提出问题，进行阐释与探讨。模糊是自然语言的本质特征，模糊存在于词汇、句法和语篇的各个层面。模糊是文学作品语言的一个特征，模糊语言的翻译是一个值得关注的现象。模糊语言学是中国语言学分支学科里起步较晚却发展较快的一门分支学科。目前国内外学者已经就模糊和模糊集合的概念，以及模糊语言的三个基本特征达成共识，即不确定性、确定性和变异性。

（六）系统功能语言学

系统功能语言学（System-Functional Linguistics）是英国语言学家韩礼德创立的。他不仅研究语言的性质、语言过程和语言的共同特点等根本性问题，而且探讨语言学的应用问题，主张描写主义，反对规定主义。系统语言学家重视语言的社会功能及如何实现这些社会功能，集中力量去发现和描写由于社会情境和说话人的情况不同而产生的各种语言变体，以及这些变体与社会功能之间的关系。系统功能语言学可以应用于社会语言学和语言教学，与文体学也有密切关系。系统功能语言学和转换生成语法的根本区别是：系统功能语言学从社会角度研究语言，不重视语言的心理基础；转换生成语法从心理学角度研究语言，不重视语言与社会的紧密关系。系统功能语言学认为语言是一种“做事”方式，而不是“知晓”方式。在索绪尔区分“语言”和“言语”之后，乔姆斯基区分的是“语言能力”和“语言运用”，韩礼德的区分是“语言行为潜势”和“实际语言行为”。韩礼德认为，语言不是人的一种知识能力，而是“文化和社会所允许的选择范围”，也就是“在语言行为上所能够做的事情的范围”。“语言”是讲话人“能做”什么，“言语”是讲话人“实际做了”什么。乔姆斯基所说的“知识”是语言的心理学范畴，“语言能力”是个人的特性；韩礼德的“做事”的方式属于语言的社会范畴，即语言与环境的关系。

系统语言学比较重视对个别语言及个别变体的描写，并且认为这种描写本身就是语言学的目的之一，而不是发现语言的普遍现象。转换生成语法更重视发现语言的普遍现象，调查个别语言只是一种手段。韩礼德认为，人类语言共同遵守的规则是最容易被人们掌握的，研究这些规则对于促进人类交际没有多大帮助。只有语言间的差异，尤其是这些差异所体现的文化差异才是真正重要的，认识和掌握这些差异有助于克服其造成的交际障碍。韩礼德把语言看作一套系统，每一个系统就是语言行为中的一套可供选择的可能性，即在特定环境中可以选用的一组语言形式。“系统”这个概念是系统功能语言学的出发点，是它区别于其他语言理论的根本特征。

（七）语料库语言学

随着科学技术的发展，计算机使语言研究更具规范性和科学性，成为语言研究的重要工具。语料库（corpus）是计算机应用于语言领域的一种形式。近年来，语料库的建设已广泛展开，容量逐步扩大，种类繁多，其应用已渗透语言领域的各个方面，成为语言研究、词典编纂、语言教学的有力工具。

语料库通常指为语言研究收集的、用电子形式保存的语言材料，由自然出现的书面语或口语的样本汇集而成。经过科学选材和标注、具有适当规模的语料库能够反映和记录语言的实际使用情况。人们通过语料库观察和把握语言事实，分析和研究语言系统的规律。语料库可以帮助人们查出特定词语和语法结构的数量与分布，分析它们之间的联结模式（Association Patterns）。[1]

语料库语言学（Corpus Linguistics）是基于语言运用实例的语言研究，可以对自然语言进行语法和句法分析，还可以研究它与其他语言的关系。语料库语言学以真实语言使用中的语言事实为证据，采用定量分析与定性分析相结合

[1] 孙三军，周晓岩．语言研究——方法与工具[M]．合肥：安徽大学出版社，2011：145.

的方法，对语言、语言交际及语言学习的行为规律进行多层面、全方位的研究。语料库语言学与计算语言学、自然语言处理、计算机科学等学科有密切的联系，在各自的发展过程中相互影响、相互促进。语料库语言学的应用越来越广泛，从语言分析、语言教学、词典编撰到人工智能等领域都开始应用语料库语言学。语料库语言学有自己独特的理论体系和操作方法。别的语言学科大都是研究相关领域与语言之间的关系（例如，社会语言学研究的是社会与语言的关系），而语料库语言学以语料库为手段来研究语言。语料库与语言信息处理有天然的联系。研究中，分析语言的主要方法是基于规则的（rule-based），对于用规则无法表达或不能涵盖的语言事实计算机就很难处理。语料库出现以后，人们利用它对大规模的自然语言进行调查和统计，建立统计语言模型，研究和应用基于统计的（statistical-based）语言处理技术，在信息检索、文本分类、文本过滤、信息抽取等应用方面取得了进展。语言信息处理技术的发展也为语料库的建设提供了支持。从字符编码、文本输入和整理、语料的自动分词和标注，到语料的统计和检索，自然语言信息处理的研究为语料的加工提供了关键性的技术。

在语言研究中，语料库方法是一种经验的方法，它能提供大量的自然语言材料，有助于研究者根据语言实际得出客观的结论，这种结论是可观测和可验证的。在计算机技术的支持下，语料库方法对语言研究的许多领域产生了越来越多的影响。各种为不同目的而建立的语料库可以应用在词汇、语法、语义、语用、语体研究、社会语言学研究、口语研究、词典编纂、语言教学及自然语言处理、人工智能、机器翻译、言语识别与合成等领域。

对于词汇学、语法学、语言理论、历史语言学等研究来说，语料库的作用目前大多是通过语料检索和频率统计，帮助人们观察和把握语言事实、分析和研究语言的规律。语料库方法的发展会使这种起辅助作用的手段逐步变成必备的应用资源和工具。利用语料库可以把指定的语法现象量化，检测和验证语言理论或假设在应用语言学领域中的作用。词典编纂和语言教学是语料库的最大受益者，已有多部词典在编纂或修订过程中不同程度地使用语料库收集词语数据，用于释义、例句、属性标注等。通过容量足够大的语料库能对各类研究结果进行检验。语料库的基本功能是字词的索引查询功能、词表功能及主题词功能。小规模的语料文本可以分析具体的语言现象，大规模的语料文本可以研究各种趋势。语料库在口语研究方面提供了不同身份、不同场合的口头用语。它提供的是真实话语而不是人工条件下所产生的材料，这就保证了语料库所提供的语言现象是真实生活中存在的，保证了语言研究的客观性。

第四节 应用视角下的英语教学

应用视角下的英语教学以语言应用技能为目标，对学生进行听、说、读、写、译五个方面的技能训练，以提高学生的英语综合应用能力。根据我国最新的大学英语教学大纲《大学英语课程教学要求》，综合两种视角下的英语教学，为大学英语教学大纲确定了总体教学目标：培养学生的跨文化交际能力。因此在培训语言基本技能的英语教学过程中添加文化内容，增设文化知识的课程、跨文化交际课程、双语文化类课程等已成为必要之举。根据跨文化交际能力的构成内容、大学英语课程的教学目标、课程体系特点，跨文化交际大学英语教学目的可以细化为以下几个方面。

一、培养学生的英语综合应用能力

就英语语言教学而言，我们将从语言能力、语言技能和语言运用等方面对学生进行培养。根据大学新生入学的英语水平、摸底测试结果和专业特点、就业需求、深造需求，我们除了确定了适合我校学生的英语培养目标外，还从《大学英语课程教学要求》中选定了适合学校具体情况的“较高要求”列入了本校的《大学英语教学大纲》。我们按照“较高要求”从听、说、读、写、译、词汇六个方面确定教学内容，决定教学策略和方法，开设相应的课程，以提高学生的英语综合应用能力。我校大学英语教学的具体要求如下：①听力理解能力：能听懂英语谈话和讲座；能基本听懂题材熟悉、篇幅较长的英语广播和电视节目；语速为每分钟 150 ～ 180 个词，能掌握其中心大意，抓住要点和相关细节；能基本听懂用英语讲授的专业课程。②口语表达能力：能用英语就一般性话题进行比较流利的会话；能基本表达个人意见、情感、观点等；能基本陈述事实、理由和描述事件；表达清楚；语音、语调基本正确。③阅读理解能力：能基本读懂英语国家大众性报纸杂志上一般性题材的文章，阅读速度为每分钟 70 ～ 90 个词；在快速阅读篇幅较长、难度适中的材料时，阅读速度达到每分钟 120 个词；能阅读所学专业的综述性文献，并能正确理解中心大意，抓住主要事实和有关细节。④书面表达能力：能基本上就一般性的主题表达个人观点；能写所学专业论文的英文摘要；能写所学专业的英语小论文；能描述各种图表；能在半小时内写出不少于 160 个词的短文；内容完整，观点明确，条理清楚，语句通顺。⑤翻译能力：能摘译所学专业的英语文献资料；能借助词典翻译英语国家大众性报刊上题材熟悉的文章；英汉译速为每小时约 350 个英语单词；汉英译速为每小时约 300 个汉字；译文通顺达意，理解和语言表达错误较少；能使用适当的翻译技巧。⑥推荐词汇量：掌握的词汇量应达到约 6395 个单词和 1200 个词组（包括中学和一般要求应该掌握的词汇），其中约 2200 个单词（包括一般要求应该掌握的积极词汇）为积极词汇。

二、培养学生的跨文化交际认知能力

英语综合应用能力是跨文化交际能力的一部分。我校大学英语教学的终极目标是培养学生的跨文化交际能力。跨文化交际能力是进行成功的跨文化交际所需要的能力，即与不同文化背景的人进行有效的、适宜的交际的能力。跨文化交际能力一般包括三个基本因素：认知因素、情感因素、行为因素。这里的认知因素是指跨文化意识，即人们在对本国文化和外国文化理解的基础上，形成的对周围世界认知上的变化和对自己行为模式的调整。情感因素是指跨文化交际过程中人们的情绪、态度和文化敏感度。行为因素指的是人们进行有效的、适宜的跨文化交际行为的各种能力和技能，如获取语言信息和运用语言信息的能力；开始交谈，在交谈中进行话题转换及如何结束交谈的技能；移情的能力，等等。跨文化交际过程中的认知是指人在特定交际环境中处理和加工语言和文化信息的过程。跨文化的认知能力是获得跨文化知识、跨文化交际规则及提高跨文化交际意识的基础，包括文化认知能力和交际认知能力。在跨文化交际大学英教学中，我们应该优先培养学生的跨文化认知能力。

（一）文化认知能力

文化认知能力是指在了解母语和目的语双方文化参照体系的前提下，所具备的跨文化思维能力和跨文化情节能力。跨文化交际要求交际者既了解自己所在文化体系的文化习俗、价值观念、思维模式和行为取向，又了解目的语文化的对应知识。只有了解双方文化的参照体系，交际者才可以在跨文化交际语境中调整自己的行为模式，预测交际对象的行为取向，为有效交际做好准备。跨文化思维能力是指交际者在了解交际对象文化的思维习惯的基础上，能够进行跨文化的思维活动，是高层次的跨文化交际能力。在交际过程中，交际主体的知觉对象主要是组成沟通环境的各种事物，即交际行为发生在一定的语境中。福格斯为情节下的定义是“某一特定文化环境中典型的交往序列定式”，跨文化情节能力是交际者在特定语境中按照交往序列定式交际的能力。

（二）交际认知能力

跨文化交际能力既包括对目的语交际模式和交际习惯的了解，也包括对目的语语言体系、交际规则和交际策略的掌握。大学英语教学的主要内容是语言，掌握语言知识和应用规则是其重要的教学目标之一。由于各文化体系中人们的价值取向不同，交际规则差别很大，不了解目的语文化的交际规则即使正确使用目的语言也不能保证有效的交际结果。因此，外语学习者只有了解交际对象在文化方面的交际规则，学习其交际策略，才能在行为层面上表现出跨文化交际能力。

三、培养学生跨文化情感能力

《心理学大辞典》给情感下的定义是："情感是指人对于客观事物是否符合自己需要而产生的态度体验。"情感反映的是具有一定需要的主体与客观事物之间的关系，是对客观世界的一种特殊的反映形式，属于心理现象中的高级层面，能够影响认知层面的心理过程。情感、态度和动机能够影响人们对事物的认识和解决问题的方式。交际过程中的文化情感能力主要指交际者的移情能力和自我心理调适能力。

（一）移情能力

培养学生的移情能力是指培养学生克服民族中心主义的能力、换位思考能力，以及形成得体交际动机的能力。作为文化群体的一员，交际个体都有民族中心主义的倾向，以本民族文化为标准评价其他文化，对其他文化存在文化思维定式偏见和反感情绪。培养跨文化交际能力的课程体系能够增加学生对其他文化的认识，增强学生的跨文化交际意识和克服民族中心主义的负面影响。

（二）自我心理调适能力

在跨文化交际语境中，交际主体会因文化差异产生心理焦虑或感到心理压力，如文化休克。因此，培养学生的自我心理调节能力（包括困惑和遭遇挫折时，自我减轻心理压力的能力）、对目的语文化中不确定因素的接受能力和保持自信和宽容的能力是重要的文化教学目标。

四、培养学生的跨文化行为能力

跨文化行为能力是指人们进行有效的、适宜的跨文化交际行为的各种能力，如正确运用语言的能力，通过非言语手段交换信息的能力，灵活运用交际策略的能力，与对方建立关系的能力，控制交谈内容、方式和过程的能力等。跨文化交际的行为能力是跨文化交际能力的最终体现。跨文化行为能力的形成需要以认知能力和情感能力作为基础。在跨文化交际大学英语教学过程中，我们拟着重培养学生的三种跨文化行为能力：言语行为能力、非言语行为能力和跨文化关系能力。

（一）言语行为能力

言语行为能力的基础是语言能力和语言行为。语言能力包括词法、语音、语法、句法、语篇等语言知识，语言行为是正确使用语言的能力。因此我们应该从跨文化交际角度培养学生的言语行为能力，使学生了解目的语词汇的文化隐含意义、句法构成习惯及篇章结构布局等。

（二）非言语行为能力

培养学生的非言语交际能力，能提高学生的有效沟通能力。非语言交际行为包括肢体动作、身体姿态、面部表情、目光接触、交流体距、音调高低等。在交际中，非语言交际行为所传递的信息量远远超过了言语行为所传递的信息量。

（三）跨文化关系能力

培养学生的跨文化关系能力，能够保证跨文化交际的顺利进行。跨文化关系能力包括与目的语文化的交际对象建立并保持关系的策略能力、在不同的交际情境中的应变能力。

语言综合应用能力、跨文化认知能力、情感能力和行为能力构成了跨文化交际能力的主体，是跨文化教学的重要目标。这些能力需要通过跨文化交际课程体系来实现。

第七章　教学视角下的英语语言学

在日新月异的全球化背景下，语言学研究发生了深刻变化。语言本体研究依然是语言学重要研究内容的同时，近年来，语言学研究领域出现了若干新课题。人类语言在人的精神活动和社会生活中的重要作用需要我们从不同视角来对它进行认识。从教学视角对语言进行多方位和多重目的的研究不仅符合语言学的历史发展过程，也能使我们以更加开阔的视野来理解语言学研究在当代的新进展。

第一节　语言教学的主要性质与目标

一、语言教学概述

在特定社会中生长和生活的人，在学会第一语言之后，都在不同程度上需要学习新的（第二）语言。诱发第二语言学习的各种原因已为人们所熟知，此处不再深入讨论。问题的关键是社会必须提供什么样的条件来帮助人们学习所需要的第二语言。这个问题的答案取决于我们给语言教学的定义。

语言教学可定义为旨在促进语言学习的活动。语言教学的不同方面是本书探讨的主要内容。此处必须指出的是，本书对语言教学的诠释，范围远远超出了课堂语言教学的范畴，不仅包括正规的课堂教学或者训练方法，而且包括个性化的语言教学、自学、计算机辅助教学、媒体教学（如收音机、电视机）。另外，各种辅助性活动，如教学材料、教学语法或者词典的编写、教师的培训，以及教育体制内外必要的教学行政管理，统统都被纳入教学这个概念之中。在这些情况下，尽管教师并不处于显眼的位置，但是只要我们将这些非正式的途径有意识地用于语言学习，这些活动就没有脱离教学的范畴。

既然语言教学是“旨在促进语言学习的活动”，那么语言教学的理论中总是暗含着语言学习的概念？虽然学习者和学习的概念可能在某一理论中并没有明确阐述，或者两个概念可能给人误导，太教条、太有局限性、太苛求，或者可能不能正确阐释学习者或者学习过程，但是很难想象语言教学的理论不同时是语言学习的理论。好的语言教学理论可以以最好的方式满足学习者的各种条件与需求。语言教学恰恰是因为在这方面的失败，常常遭到批评，从而促使人们更加关注对学习者的理解。这是有充分理由的。但是，如果出于对学习者的关注，就坚定地认为我们只需要语言学习的理论，而不需要语言教学的理论，那就未免过分了。

总而言之，我们对语言教学的诠释是宽泛的，这样才能将所有旨在促进语言学习的活动全部包括进来。因此，在以下的探讨中，如果我们仅仅提到其中之一，请记住，在恰当的语境中，也包含其对应的方面，这一点很重要。

随着认知语言学理论研究的深入和发展，其研究成果不断地被应用到外语教学当中，以解释和解决外语教学中出现的问题，同时也可以检验认知语言学理论。

Langacker 认为，语法是用来将象征单位逐级组合成较复杂的象征单位格式。一个典型的语法结构通常也是一个复杂的象征单位。认知语言学是以意义为中心的语言学，它以语言所传达的语义为起点，并以语义贯穿始终。在认知语言学里，语义被置于首要地位。语义的中心地位说明语言无论是结构形式还是意义本身都具有理据性。语言的理据性以不同的方式体现在语言的不同层次，如意义与意义、形式与意义之间。

（一）中心意义到扩展意义——思维、理解能力的培养

语言中多义性是一种普遍现象。不同的意义形成一个语义网络。如果把一些词的不同意义分别处理为单义词、同音异义词等，对外语学习是没有益处的，因为这就把意义之间的相互联系切割掉了。以英语介词为例，介词所表达的时空意义与人类的空间经验紧密相关，并形成一个网络。它们之间联系的一个基本机制就是概念隐喻。大量证据表明学习者如果知道从中心意义到扩展意义中概念隐喻所起的作用，学习效果就会好很多。概念隐喻可以从三个方面培养学习者的思维能力：①概念隐喻指人类概念系统中存在一个隐喻结构，这个结构潜在地影响甚至制约人类的思维方式，如以空间表达时间、以旅行表达人生、以建筑物表达理论等；②学习者逐渐掌握这样的概念：隐喻的过程也是一个学会抽象思维的过程，一个发现事物之间的相似性的过程，一个建立概念结构或

概念域的过程。③由于隐喻具有深厚的民族文化特征，学习者理解隐喻的过程也是逐渐扩展观察问题和思考问题的视角、促进思维逐渐理性化的过程。习语曾被认为是语言中的死喻，因为它们已经变得非常稳定和广为接受，使用者对它们的隐喻性特征已经习以为常了，但是认知语言学家的研究表明，有两种方法能够重新唤醒习语背后的生动的意象：①发现其中的概念隐喻；②追溯其产生的原有语境和本义。如果学习者能够根据概念隐喻原理去理解习语产生的直义基础，他们继续学习的愿望会更加强烈，理解和记忆习语的效果也会更佳。

（二）形式与意义作为一个整体——同时学会

认知语言学将形式与意义密切结合起来进行研究。认知语言学认为，语言本身是语言符号及其所象征的意义。任何一个语言因素（包括音素、词汇、语法结构、句子等）都具有象征性且包含一定的意义，每一个语言因素都是一个形式—意义的结合体。对认知语言学家来讲，所有语言结构都是符号工具，不管是最小的词素还是复杂的结构，都可以用来传达意义。如过去时态标记 -ed 和进行体标记 be-ing 这样的语法形态标记并不包含一个实际的词汇意义，因为它们并不象征任何一个实际的事物，但是它们能够在人们的头脑中引发一个关于时间和体的概念，即某一情景在过去或现在的某时间在进行之中，因此它们也是有意义的。

语言的形式和意义在语言使用中不可割裂。语法是意义和形式、功能和结构的中介，体现两者之间极为复杂的关系。语法结构是显性的，看得见、摸得着，而语义关系是潜性的，看不见、摸不着。

语言是由形式与意义匹配构成的符号单位组成的，词汇与语法构成一个连续体。这表明语言学习必须是形式与意义作为一个整体同时学会。形式与意义之间的理据可以解释语音与语义之间的联系。例如，/sp/ 在许多单词中表示负面意义，如 spam（发送垃圾邮件）、spit（唾弃）、spew（呕出）、spite（刁难）、spleen（恶意）、spoil（溺爱）等；某些音特别适合某种意义，如 flip（轻击）、flap（拍击）、flop（摇拍）、flutter（一掠而过）、flicker（闪烁）、flash（闪光）等中的 /fl/ 表示与某类运动相关的具体动作。在认知语言学家看来，语言形式和意义之间的联系不是绝对任意的，语言具有理据性。

学习者在语言学习过程中思考意义与意义之间、形式与意义之间的联系是一个扩展的过程。扩展分为语义扩展和结构扩展。语义扩展指关于词或构式的意义的心理活动，结构扩展指关于词或构式的形式的心理活动。扩展是在比较深的层次处理信息，因而能增加信息在记忆中保留的可能性，从而促进学习。

（三）语义与识解——语言使用者位于语言使用事件中心地位

语言学理论研究一般围绕三个基本问题展开：什么是语言知识？怎样习得语言？怎样使用语言？这三个问题中的语言习得基本观点可以解释为：概念结构不能简单地还原为真值条件与客观世界的一一对应。人类认知能力的主要特征是将经验概念化后表达出来（包括语言知识的概念化）。在概念化过程中，识解起着十分重要的作用，同时也给意义增加了主观性。把动态的认知过程引入语法分析，是认知语言学的又一个鲜明的特点。

同样一个对象，认知视点的不同，会影响人们选择不同的句式去表达。认知语言学把这种认知视点变换与语言结构的选择之间的相互作用现象叫作“识解”。

识解实际上指的就是人的认知能力，不同的认知方式作用于同一情境产生了不同的语言表达和不同的意义。

The glass with water in it. 里面有水的杯子。（观察视点是杯子自身）

The water in the glass. 杯子里面有水。（观察视点是水）

The glass is half-full. 杯子装了一半的水。（观察过程是从杯底往上看）

The glass is half-empty. 杯子一半是空的。（观察过程是从杯口往下看）

语义是概念化过程。这意味着同一个事件可以有不同的理解，相反，同一个事件可以有不同的表达。再如名词和动词、主语和宾语等基本句法范畴，是指对它们所指概念内容的抽象的语义识解，这些基本句法范畴都有基本意义，但都是在人们对经验做出各种识解的基础上形成的。在跨语言对比时，我们会发现有很多相同的意义范畴，但这些相同意义范畴的识解却因语言而异。例如，英语中的“sick”被识解为一个形容词，具有非时间性，是总体扫描的结果，因此它需要借助表示时间的系动词 be（为顺序扫描）来表示。而汉语中的“病”则被识解为动词，属于程序性扫描，本身就具有时间性，因此不需要借助系动词构句。

语义结构是概念结构，语义是概念化。语义在一定程度上决定语法，语法是词语概念内容的结构化，这揭示了语义和语法之间的血肉关系。对语言本质特征的认识决定着对语言习得过程的认识和对语言教学基本原则的选择。以语义为中心的语言观对外语教学具有重要的启示。例如，对语法结构意义的认识有助于更好地理解语法结构的形式，能够更好地解释清楚相关结构之间的联系与差异。强调语法结构的意义教学使语法教学接近词汇教学，从而有效地与交际教学法、内容教学法、任务教学法等衔接起来。学好语法是为了更好地理解意义。我们通过理解语法结构的意义来学好语法，从而为理解意义服务。掌握语法不是语言学习的最终任务，而是为了更好地理解意义和使用语言。

语言学习者了解并掌握意义与意义之间、形式与意义之间的关系可强化信息的记忆，促进学习。意义是最主要的语言现象。当学习者习得了意义的生成方式后，他们就会更深刻地理解所学语言。语义是语言的核心，而语义的核心又是识解，语言使用中的语义建构离不开语言使用者的识解语言，使用者的识解对解释外语学习中的语言产出具有核心意义。语言表达式的意义取决于识解，意味着语言的约定性本质，同时也表明语言使用者对话语中语言表达式的分布具有选择决定权，即语言使用者处于语言使用事件的中心地位。学习者不断发现所学外语的理据性结构和原则，这一过程的本质就是学习能力不断增强。

二、语言教学的主要性质

（一）“工具性”与“人文性”之分

胡文仲和高一虹对“工具性”与“人文性”的界定是：

外语，或者任何一种语言，都兼有“工具性”与“人文性”。所谓“工具性”，是说语言作为一种声音和意义任意结合的自然代码，可以用来承载信息，表达思想；语言形式的单位可以被提取出来进行精确的分析和操练。因此，学习一门外语，就意味着学习它的形式格局；掌握一门外语，就意味着多一种可以传达同样思想的工具。所谓“人文性”，是说语言是人们认识世界的唯一框架，是一种文化代码。没有语言，也就没有人们对于万事万物的理解和把握。因此，学习一门外语，就意味着学习它所构筑的一整套文化视界；掌握一门外语，就意味着获得一种新的对世界的看法。

在此，胡文仲、高一虹认为二者的区别是：“工具性”指的是只将外语作为交际的工具；而“人文性”则指将外语看成获得观察世界和认识世界的新视野，或者说，“语言是人们认识世界的唯一框架”，也就是体现了人的内在素养和人格。他们认为，外语教学的主要目的是培养学生对新的世界的认识，而不是交际。所谓“人文主义教育”，指的是通过语言教育教授外语文化知识，以培养学生的文化素养，塑造“完整的人”。胡文仲、高一虹的看法代表了我国外语教学界当前越来越流行的一种观点，也反映了我国传统外语教学指导思想的复苏。

（二）“语言文化二元论”与“语言文化一元论”之别

胡文仲、高一虹认为，国内外外语教学有两条路径：一是语言文化二元论，即语言与文化是可以分的，语言是文化思维的载体，是交际的工具。它在教学中的典型表现是传播语言知识和技能的同时，介绍目的语国家的文化背景知识，注重日常生活和风俗习惯的细节，但不太注意价值观念的阐释。这种教学的特点是实用性强，与交际情境联系密切；缺点是往往比较肤浅，并不深究文化现象背后的深刻原因。他们认为，交际教学法、语言国情学及交际文化教学都属于这一类。二是语言文化一元论。语言即文化，语言中蕴含着整个文化的世界观、思维模式。它的优点是深刻、系统，缺点是忽视现实中的日常生活，如果运用不当有助长民族中心主义或惧外心理的危险。他们主张综合两种路径的优点，“既注重观察日常交际的具体现象，又注意发掘现象背后的价值理据；既能充分发挥语言作为交际工具的实用功效，又能意识到语言作为‘世界观’对人的思维的规范作用”。胡文仲、高一虹所指的“二元论”与“一元论”都在我国二语教学界，尤其是对外汉语教学界具有广阔的市场。

（三）将对外汉语教学课看成技能课、工具课

我国对外汉语教学界对对外汉语教学性质的认识是“语言课首先是技能课、工具课”，认为“对外汉语教学首先是语言教学。语言是交际工具，教语言就是要让学习者掌握这个交际工具，培养他们运用语言进行交际的能力”。(《对外汉语教学基础理论》，中国语言资源开发应用中心研修院对外汉语教学能力考试用书内部教材）

（四）关于外语教学与对外汉语教学的区别的不同看法

1.外语教育是人文教育，对外汉语教育是交际文化教育

胡文仲、高一虹认为：一方面，与对外汉语教学一样，外语教学的基本目的是培养学生的交际技能；另一方面，教育的目的不仅仅是培养狭义的交际能力。在学习环境、学习者需求、教育目的方面，外语教学都与对外汉语教学有所不同，我们的学生没有生活在目的语环境中，日常生活活动是用母语进行的。而且有相当一部分学生在今后的工作中直接使用外语进行口头交际的机会比较有限，他们可能更多地将外语作为专业阅读的工具。因此，除了一些强化性质的出国人员培训以外，在短时间突出交际文化的教育似乎是不太适宜的。同时，从更广或更普遍的意义上来说，外语教育还是一种人文教育，它力图使学习者具有更高的素质和更完善的人格。对于外语专业的学生来说，学习外语

不仅仅是学习生存技能，应付日常交际，更是用目的语文化的其他方方面面来丰富自己。

2.对外汉语教学的任务是教会外国人说中国话，而不是翻译

吴为善认为，外语教学注重跨文化交际，但他们研究中有一个很重要的方面就是翻译，包括口译和笔译，因为外语专业毕业的学生将有很多从事对外交流工作，这项工作的要求之一就是通晓两种语言，能在跨语言交际中充当翻译角色。换句话说，文化背景的差异主要由翻译这个中介来解决。而对外汉语专业却不一样，这个学科的任务是教会外国人说中国话，包括中国文化的对外传播，所以着眼点在交际双方的直接交际而不是通过翻译这个中介来完成任务。因此我们基本上不涉及翻译问题，而侧重语用规范，通过了解双方文化的价值取向和行为规范，协调双方交际中涉及的文化因素，从而保证交际的有效性。

吴为善主张对外汉语专业"要强调与外语专业跨文化交际的区别"。吴先生的诠释使这一概念包含以下几个要点：一是交际双方必须来自不同的文化背景；二是交际双方必须使用同一种语言交际；三是交际双方进行的是实时的口语交际；四是交际双方进行的是直接的言语交际。前两点属于一般的外延定义，适用于所有类型的跨文化交际，"要注意的是后两点。第三点区别于非语言、非实时的跨文化交际途径……我们着眼的主要是实时的口语交际，即双方当面交谈。此外，也包括伴随口语交际而可能发生的书面语交际，即文字传播方式的交际。第四点区别于外语专业的跨文化交际内涵"。

胡文仲、高一虹和吴为善都认为外语教学和对外汉语教学不同，提出的理论依据却有差别。胡文仲、高一虹的观点是：第一，强调外语学习者的母语环境对外语学习的影响，突出部分学习者主要将外语作为阅读的工具；第二，外语教学是一种人文教育，培养的是学习者的"文化素质和完善人格"，而对外汉语教学是交际文化教育，目的是学习生存技能，应付日常交际。吴为善却用是否需要翻译做中介来区分对外汉语教学与外语教学的性质，强调对外汉语教学是教授实时的口语交际，认为对外汉语教学只要教学生学会用汉语与中国人交际就行，不需要教授翻译技能。

第二语言学习者当然都是为了掌握一种新的语言交际工具，至于第二语言教学的指导理论是"工具论"还是"人文论"却是人们需要认真研究和严肃对待的大课题。外语教学和对外汉语教学的性质和任务（目的）的异同点也是人们需要研究的问题。

三、语言教学的目标

（一）以培养阅读能力和翻译能力为教学的主要目的

19 世纪后半叶，在欧洲产生了直接法。在直接法产生以前，欧洲大陆的外语教学基本上以培养阅读能力和翻译能力为教学的主要目的。当时在欧洲，人与人之间用外语进行直接交往的机会并不多。起初，学习外语还是少数人的特权，而学习的语种主要是古希腊文和拉丁文，学习目的是阅读和翻译用古希腊文和拉丁文写成的古代文献。当时使用的教学法是语法翻译法。到了 18—19 世纪，外语学习逐渐受到重视，但教学方法还是老的，还是原来的语法翻译法，教学目的主要还是培养阅读和翻译能力。

在西欧许多国家，外语教学的前几年被用来介绍某种语言的基本语法规则，其形式与含义的类别、句法、词汇和动词功能的基本编目表，在技能方面发展听力理解、阅读理解、口语和写作能力。较早的课程规定了前几年教学中的语法和词汇量（后者范围为 1500—4000 个），并把它们规定在这样一种教学情境中，即教学应当适合儿童的需要，应当以了解这个国家的文化为主，旨在激发学生对这个国家的兴趣，并使学生能够在只使用一种语言的教学情境中通过模仿言语的形式来形成口头的目标语，以及在体现情境的角色扮演中根据目标语的日常生活情境来产生口头的目标语。

从 1970 年起，对技能、主题范围、情境及学习目标的陈述变得更为精确，而且在课程中，企图包括语言的发展、列出一系列句型和语法类目也变得愈明显。20 世纪 70 年代中期，欧洲委员会就吹捧的外语教学开始了两项研究：阈限水平和阶段法。它们作为欧洲学校中的外语教学的课程框架，其有效性目前还难以预料。尽管人们普遍同意，在语言获得阶段以后，言语练习依然是文化与文学学习领域的组成部分，但是在最初的几年学习之后，外语教学的目标是什么，在欧洲个别的国家仍有日趋不同的意见。成人外语教学主要针对这部分的学生，他们修读这些课程的目的是取得进一步的专业资格；打发自己的空余时间；出于某种个人原因，准备入学或参加结业考试；或更一般地说，是补偿失去的教育。像在联邦德国、荷兰、奥地利、瑞士和法国这些国家里所开设的成人课程以客观的成就测量原则为指导，并同强制性的考试规则、安排作业及评定标准相联系。在美国和大多数欧洲国家，这些课程的目标是发展实际的语言能力，包括听、说、读、写。

（二）以全面培养听、说、读、写能力为教学主要目的

直接法的产生对语言教学产生了很大影响，可以说，从根本上改变了语言教学的面貌。直接法是欧洲外语教学改革运动的产物。这次改革运动的产生有深刻的社会根源。随着工业文明的发展，在西方民族与民族之间、国家与国家之间的交往增加了，不同国家之间的人际直接交往的机会增多了。社会对外语教学提出了新的要求，只培养阅读和翻译能力已不能满足社会的需要。于是出现了外语教学改革运动。

1887 年，国际语音协会提出六项原则：主张外语教学应从日常生活口语开始；要让学生熟悉语音、常用的句子和习语；语法教学要用归纳法；要让学生用外语思维；写作训练要先模仿后创作；笔头翻译应在提高阶段进行。直接法体现了这六项原则。可以说，直接法的教学目的是全面培养学生的听、说、读、写能力，不过重点是口语能力的培养。四种能力的培养顺序是，先口语后读写。产生于 20 世纪 40 年代的美国听说法，教学目的也是培养学生的听、说、读、写语言技能。它吸收了直接法的一些教学原则，又自觉地把美国结构主义语言学和行为主义心理学的理论用于语言教学，提出了听说领先和以句型训练为中心等教学原则。听说法使语言技能训练的方法更加系统化和理论化。在教学中使语言技能的机械操练达到了一个新的水平，并收到了很好的效果，在语言教学领域产生了很大影响。

视听法产生于 20 世纪 60 年代的法国，教学目的与听说法没有什么不同，显著特点是用现代化视听手段来强化语言技能操练。

（三）以培养交际能力为教学主要目的

功能法把培养学生的语言交际能力作为教学的主要目的。语言交际能力这个概念是美国语言学家戴尔・海姆斯首先提出来的。有的学者也称之为言语交际能力。海姆斯是针对乔姆斯基的“语言能力”这个概念而提出“交际能力”概念的。

乔姆斯基在《句法理论的若干问题》一书中区分了语言能力和语言行为。他说：“我们把语言能力和语言行为从根本上区别开来，前者指说话人或听话人所具有的关于他的语言的知识，后者指具体环境中对语言的实际使用。”他还认为：“一种语言的语法，其主旨在于描写理想的说话人或听话人固有的语言能力。”海姆斯在《论交际能力》中认为乔姆斯基的“语言能力”其实只是语法能力，而理想的说话人或听话人也不是世俗社会中的人。于是提出了“交际能

力”的概念。[1]交际能力包括以下四个方面的内容：

（1）是否（以及在什么程度上）从形式上来讲是可能的？

（2）是否（以及在什么程度上）在依靠可获得的实施手段情况下是可行的？

（3）是否（以及在什么程度上）在特定的使用和估价语言的情境中是得体的（足够的，中肯的，有效的）？

（4）是否（以及在什么程度上）实际上做了，真正实现了，以及行动产生了结果？

这四个方面的内容，通俗一点说，就是指说出来的话是否合乎语法，是否具有可接受性，在具体的交际环境中是否得体，在交际中的使用率怎么样，是常说的还是不常说的。

在这里我们不评价乔姆斯基和海姆斯理论的优劣。许国璋先生说：研究拟想的人的语言是乔姆斯基语言学的旨趣；研究社会的人的言语是社会语言学的旨趣。前一种研究方法是生成语言学所必需的，后一种研究方法是社会语言学的产生条件。生成语言学和社会语言学是两种不同的语言学，其学术旨趣和研究方法都有很大区别。

功能法产生于20世纪70年代。它的理论基础在语言学方面，主要是社会语言学。功能法在教学理论中引进了交际能力的概念，并把培养交际能力作为教学的总体目的，这完全是合乎逻辑的。

提出培养交际能力的主张，在语言教学中又一次引起根本性的变化。这个目的的提出，使语言教学不仅要注意听、说、读、写语言技能的培养，而且要求学习者在实际交际中运用所学的语言；不仅要求学习者在具体的交际情境中说出合乎语法的句子，而且还要说得适切、得体。这是一个更高的要求，同时必然要求有一套符合交际能力培养所需的教学方法和教学手段。

第二节　语言教学的基本类型与过程

一、语言教学的类型

就语言教学的具体情况来看，有的语言教学是教授受教育者学习和运用本

[1] 乔姆斯基．句法理论的若干问题[M]．黄长著，林书武，沈家煊，译．北京：中国社会科学出版社，1986：33.

族语的系统知识进行口语和书面语交际，同时学习和领会本族语所负载的本民族的风俗习惯、文化传统、道德情操。这就是第一语言教学或母语教学（first language teaching，mother tongue teaching）。第一语言教学也就是传统的语文教学，它一般开始于正规的学校教育，通常是从小学阶段正式开始的。语文教学应该是听、说、读、写同步进行，但书面语教学如阅读教学和写作教学在传统的语文教学中占有更重要的地位，因为小学生已经能熟练运用母语进行口语交际。不过，语文教学中，不能忽视口语训练，口语教学应该是语文教学不可缺少的部分。考虑到当前社会交际领域的日益扩大，社会交际的方式、内容日益复杂，口语交际的日益重要，今后的语文教学中要适当地、有针对性地进行口语交际能力的教学和训练，如演讲训练、应聘求职的语言技巧训练、上下级之间或同事之间的语言沟通训练、与陌生人有效沟通的语言技巧训练、社会调查和采访的语言训练、日常生活交往的语言能力训练、电话交谈或网上交谈的语言文明教育、自身口头语言素质的提高等，这些都应该是语文教学中语文素质教育的应有内容。第一语言教学不仅要传授语言知识，使学生获得驾驭母语进行听、说、读、写的各种交际和表达能力，而且要通过语文学习获得丰富的文化知识、生活常识，并受到道德的教育、情操的熏陶。

有的语言教学是在受教育者已经或基本掌握母语的基础上再教授受教育者掌握第二语言的知识和运用第二语言的能力。这就是非本族语教学，也叫第二语言教学（second language teaching）。

第二语言教学的目标是培养学生运用第二语言进行口语或书面语的交际能力。不过，第二语言的教学目标往往因人而异，有的学习者学习第二语言是为了看外语文献，教学中就应重视阅读训练；有的学习者是为了日常交际，教学中就应该重视口语训练；有的仅仅是为了旅游，有的仅仅是为了做生意，则只需要注重旅游语言、旅游文化或经贸语言训练；有的是为了融入第二语言所在的社会，则需要进行全面的语言知识和语言能力的训练。

第二语言教学包括外语教学和少数民族语言教学。对外汉语教学属于第二语言教学中的外语教学。少数民族语言教学在我国主要指对少数民族的汉语教育，基本上属于双语教育的范畴，也包括在少数民族地区工作的汉族干部或其他人员学习少数民族语言。

二、语言教学的基本过程

语言教学是一个复杂的过程，它涉及语言学、心理学、教育学和哲学等众多社会科学，也涉及教学技术、计算机科学等自然科学，更与政治、经济及一个国家的教育政策有密切的关系，所以语言教学不仅仅指课堂教学活动，它更是一个多层次的综合过程，这一过程要由政府、应用语言学家、任课教师及学生来共同完成。

一般来说，语言教学包括如下几个阶段。

（一）语言教学政策的制定

语言教学首先要由政府或政府主管部门（如教育部）制定政策性的语言规划，解决要不要教语言，教哪种语言（多语国家或多民族国家尤其要首先解决这个问题，另外，选择第二语言教学也需要政府指导），教谁语言等问题；政府及政府各部门还需要确定语言教学的目的，提供必要的教育经费和教育设施，帮助培训教师和管理人员。这一阶段是属于政策性阶段。

（二）语言教学的总体设计

其次是由语言学家或应用语言学家或其他专业人员来具体执行上述政策，主要是进行语言教学的总体设计，如确定教学要求、教学内容和教学时间，确定课程设置及各门课程的具体教学方式，制定教学大纲和教学计划，编写或选择教材。语言教学的总体设计在语言教学的全过程中起着至关重要的作用，它不仅要解决教学目标和教学要求的问题，而且要解决教什么（教学内容）、什么时候教（教学对象）、教多少（教学顺序）、用什么（教材）教、如何教（教学原则和教学方法）等问题，还包括课时安排、教学阶段划分、课程设置等具体问题。总体设计是否科学合理直接关系到语言教学的成败。总体设计是对整个语言教学过程的宏观把握，它能针对不同教学对象来帮助教学者找到符合语言学习规律和语言教学规律、符合教学要求和客观条件的最佳教学方案，协调好各个教学环节，使整个教学过程和全部教学活动成为一个统一的、科学的整体。因而，语言教学无论是第一语言教学，还是第二语言教学，都应该重视语言教学的总体设计。

（三）课堂教学

再次是由任课教师实际施教，即课堂教学。课堂教学是语言教学的关键。语言教学政策和总体设计的具体实施者是任课教师，语言教学的成功与否在于任课教师实施的具体的课堂教学活动。任课教师必须具备丰富的语言知识和语言理论，有一定的科学文化修养，了解语言教学的目标，掌握科学的语言教学方法并且善于运用，运用好现代教育技术，具有娴熟和灵活的课堂教学技巧，并且善于组织教学。课堂教学不仅指课堂教学活动，还应该包括有组织、有计划的课外语言实践。

（四）语言测试

最后是语言测试，因为上述所有环节都要在学生身上实施，并要通过测试和错误分析来检查语言教学的具体效果，所以，语言教学的评价与测试是语言教学过程的重要环节，通过对教学过程中诸要素的评价和对学生的测试来检验语言教学活动的成效，以便对语言教学的各项计划及其执行情况做出评价和反馈。目前的测试方法主要有主观测试法和客观测试法，这两种测试各有利弊，最好是将主观测试和客观测试结合起来。而测试的具体形式主要有三种：一是鉴别性测试或分类测试，主要用于入学或分班测试；二是成绩测试或学业测试，主要用于检查学生课堂学习成绩；三是能力测试或水平测试，用于测试学生或受测试者对某种语言的掌握情况和实际水平。语言测试的项目应该包括听、说、读（包括语法、词汇、理解）、写、译等多个方面，同时不同学习目的要有不同侧重。

目前的语言测试已经进入科学化、标准化、实用化、多样化、国际化阶段，许多国家都对语言测试进行了大量的研究，一些语言如英语的测试已经在国际上推出了许多种类型，如托福考试、GRE 考试、雅思考试、剑桥英语系列考试等，中国的英语考试也有中小学英语等级考试、大学英语四级六级考试、专业英语四级八级考试等，各国英语考试还推出口语等级、口译等级、商务英语等类型。汉语水平考试（HSK）是检测母语非汉语学习者汉语水平的最权威考试类型，目前已经有相当大的国际影响；而且有关部门和机构已经研制和开发出专业性汉语水平考试，如旅游 HSK、商务 HSK、少儿 HSK、文秘 HSK 等。语言测试的形式也从主观性考试到主观测试和客观测试相结合，从传统考试到现代化、标准化考试，当前有些语言测试已经开始利用计算机技术采用自适应性考试类型。在测试研究上，应用语言学家和教育测量学家已经做了大量工作，对考试的信度、效度、区分度、难易度及实用性、可靠性、针对性进行了许多研究。

（五）语言教学的两个核心问题：语言教学大纲和语言教学法

语言教学是一个复杂的、动态的系统，在这个复杂的过程中，“教什么”和“如何教”是最基本的问题，也是语言教学的核心。“教什么”就是制定科学、合理、完善的教学大纲。语言教学大纲是语言教学过程的全面计划，它根据不同的教学目的和要求，对教学内容进行组织和安排，以便在编写教材及进行教学活动时有所依据。可见，语言教学大纲是语言教学活动的核心环节，主要是要解决教什么的问题。不过，大纲仅仅是提出语言教学的目标，要达到所规定的目标，还要研究和制定语言教学的具体步骤，确定实施各项步骤的具体途径，因而教材编写和教学方法是紧密联系的，即“教什么（大纲）—用什么教（教材）—如何教（教学法）”三者缺一不可。过去在中学语法教学的争论中，由于过分重视对语法体系（语法大纲）的论证，而忽视了编写出合适的中学语法教材，更忽视了对如何教好中学语法的研究，以致我国的中学语法教学一直没有取得良好的效果。

语言教学大纲应该在语言学、社会语言学、教育学、教学法、心理学等众多学科的指导下进行编写，但主要以语言学原则为基础。语言教学大纲的编写首先要确定项目的选择，即根据一定的培养目标来选择语言的语音词汇、语法、修辞、文字等要素项目。其次，根据教学对象和教学方法对项目进行组织和编排。例如以形式为标准编排项目还是以意义或功能为标准来编排项目，哪些项目在前，哪些项目在后，等等。大纲编排的标准往往与教学法相联系。如 20 世纪初的语言大纲是以单词为纲的编排法，50 年代出现了以结构和句型为纲的编排法，60 年代产生了结构编排法，70 年代以后出现了功能—意念大纲。功能—意念大纲不仅包括传统的词汇和结构，而且还包含功能、意念、场景、社会及心理因素等，它既考虑了语言交际能力，也兼顾了语法和语境因素。

“如何教”即教学法是语言教学的又一个核心环节，语言教学法既指具体的教学方式和方法，又指整个语言教学的方法体系。后者在外语教学中尤其受重视，近 100 多年来形成了不同的语言教学法体系，按出现的先后顺序大体有语法翻译法、直接法、听说法、视听法、功能法等。我国在第一语言教学即语文教学中也总结出许多有用的方法，如识字教学中总结出“分散识字”“集中识字”“注音识字，提前读写”等教学法，集中识字，大量阅读，分步写作。识字教学法已经把识字、阅读、写作融为一体，不仅仅是单纯的识字教学了。

第三节　第一语言教学和第二语言教学

一、第一语言和第二语言

（一）第一语言

1. 第一语言和母语

第一语言（first Language）是指一个人出生之后最先接触并获得的语言。比如一个儿童出生之后首先接触并获得了英语，英语就成为他的第一语言。一个人的第一语言通常是他的母语。

什么是母语呢？对这个问题目前还存在着不同的看法。有人认为母语是指“一个人最初学会的一种语言，在一般情况下是本民族的标准语或某一种方言”[1]，这个意思通常被译作 mother tongue；也有人认为母语是“指本民族的语言”[2]，这个意思通常被译成 native language；母语还可以解释为一个语系中作为其他语言共同起源语的语言，如拉丁语被认为是法语、意大利语、罗马尼亚语等所有罗曼语的母语，这个意思则通常被译成 parent language。要想弄清第一语言和母语的关系就必须先对母语进行明确的界定。我们认为，母语就是指父母乃至多代以前一直沿用下来的语言。母语具有继承性，它体现了人们世代的语言关系。一个人出生之后通常使用并继承了母语，母语通常成为他的第一语言。比如一个汉族儿童自幼所习得的语言就是他祖祖辈辈沿用下来的汉语，汉语就是他的母语，当然也是他的第一语言。

一个人从小接触并获得的第一语言一般都是从父母一辈习得的，他继承了前辈的语言“母语”，这是最常见的情况，因此，人们通常把第一语言和母语等同起来。其实尽管第一语言与母语之间的关系十分密切，但二者也有所区别。第一语言和母语是两个不同的概念，第一语言可能是母语，也可能不是母语。就多数人而言，母语是他们的第一语言。但由于种种原因，有些人习得的第一语言并非母语，如中国少数民族的小孩在汉族地区长大，首先习得了汉语，汉语是他的第一语言，却不是他的母语。对于那些移居国外的人来说，其

---

[1] 汉语大字典编辑委员会编纂．汉语大字典（第2版缩印本）[M]．成都：四川辞书出版社；武汉：崇文书局．2018：163．

[2] 刘珣．汉语作为第二语言教学简论[M]．北京：北京语言文化大学出版社，2002：2．

子女出生后首先接触并获得的语言可能也不是母语，如移居美国的华侨，其子女可能从小就不学说母语，而是先学说英语，他们的第一语言是英语，而不是母语汉语。母语缺失现象的存在也有力地说明了第一语言和母语的不同。在内涵上，第一语言指的是获得语言的顺序，而母语不完全是一个获得语言的顺序问题；在外延上，二者所指称的对象是交叉关系。第一语言是语言学的概念，而母语则更多地牵涉民族学问题。[1]

2. 第一语言和本族语

第一语言也不等于本族语。本族语（native language）是指语言习得者自己的民族所使用的语言，也称民族语。一般来说，每个民族都有自己独立的语言，如汉族有汉语、维吾尔族有维吾尔语、俄罗斯族有俄语。一个人儿时从父母那里习得本民族语言，这时，他的第一语言和本族语是一致的；但一个人儿时从父母或当地社团那里习得外族语言，这时他的第一语言就不是本族语，出现了第一语言与本族语分离的现象。

本族语和母语的关系又是怎样的呢？一般人会认为，母语就是本族语，如汉族人的母语就是汉语，蒙古族人的母语就是蒙古语，朝鲜族人的母语就是朝鲜语，等等。其实一个人的母语可以是他的本族语，也可以是非本族语，民族语与母语也不能完全画等号，母语的转用和民族语的消亡就是很好的证明。

第一语言和母语、本族语三者关系密切，但又不完全等同。在一般情况下，就绝大多数人而言，第一语言和母语、本族语是一致的。但现实中有些时候，由于本族语的消亡、母语的转用、母语与第一语言的分离等，第一语言和母语、本族语又不完全一致，形成三者之间相互交错的局面。

3. 第一语言的获得

人是怎样获得第一语言的呢？有人认为第一语言的获得大致可以分为两个阶段：第一阶段是早期的潜意识的语言习得，第二阶段是入学后在课堂上有意识的语言学习。[2]这种没有非常明确的语言学习意识的获得，通常称为“习得”，它是指在自然的语言环境中，通过语言交际活动不知不觉地获得语言。以儿童习得第一语言最为典型。以前有研究者把儿童语言发展的阶段分为独词句阶段、双词句阶段和电报句阶段。周国光曾指出：从儿童语言结构能力发展的角度来看，可以把儿童语言发展的阶段分为词语法阶段、词组语法阶段和句语法阶段三个阶段。在词语法阶段，儿童构成语言的句法单位是单词，

[1] 危卫红．高等母语学习论[M]．北京：中国戏剧出版社，2010：13.

[2] 刘珣．汉语作为第二语言教学简论[M]．北京：北京语言文化大学出版社，2002：4.

其语言形式是单词句、双词句和电报句，其句法规则是单词的语序及其语义选择限制规则；汉族儿童 1 ～ 1.5 岁处于词语法阶段。在词组语法阶段，儿童构成语言的句法单位是词组；汉语儿童从 2 岁起开始进入词组语法阶段。在句语法阶段，儿童构成语言的单位除了前期的单词、词组以外，又增加了分句；汉语儿童在 3 岁时已进入句语法阶段。这种划分更能真实地反映儿童的语言结构能力的发展情况，并指出“儿童习得语言的手段有模仿、替换和句法同化等”[1]。掌握第一语言，除了儿童语言习得之外，往往还要接受学校的正规语言教学。在课堂教学的环境下有专门的老师指导，严格按照教学大纲和教材，通过讲练等环节有计划、有系统、有意识地去获得语言，通常称为“学习”或“学得”。

研究第一语言习得主要是为了更好地探讨第二语言学习的规律，提高教学效率。国外有不少学者试图对儿童第一语言的获得进行合理的解释，提出了一些理论和假说，如刺激反应论、先天论、认知论、语言功能论等。这些理论各自具有独到的见解，从不同的方面探讨了第一语言习得之谜。

（二）第二语言

1. 第二语言和目的语

第二语言（second language）是指一个人掌握了第一语言之后所学的另一种或多种其他语言。比如一个人的第一语言是英语，他又学习汉语，则汉语是他的第二语言；一个人的第一语言若是汉语，他又学习英语、法语、阿拉伯语等，英语、法语、阿拉伯语等便是他的第二语言。第一语言、第二语言主要是按语言学习的先后顺序来划分的，先习得并掌握的语言是第一语言，后习得或学习的语言不管有多少种，都通称为第二语言。第二语言可以是外国的语言，也可以是本国其他民族的语言。第二语言通常为非母语、非本族语，特殊情况下也可以是自己的母语或民族语。

目的语（target language）是指人们正在学习并希望通过学习获得的语言，也可以说是在语言教学中正在被教授和学习的第二语言。在第二语言教学过程中，不论是外语还是非本族语，甚至是母语，只要是学习者希望掌握的目标语言，都可以称之为目的语。例如，我国汉族儿童从小学习汉语，然后又开始学习英语，英语是他希望掌握的第二语言，英语就是他的目的语。再如，一个藏族人如果他的第一语言是藏语，又开始学习并希望掌握汉语，汉语就是他的目

[1] 周国光．汉语句法结构习得研究[M]．合肥：安徽大学出版社，1997：15-17.

的语，后来再学习英语，此时英语也是他的目的语。第二语言的学习通常是目的语的学习，但第二语言不等于目的语。

2. 第二语言和外语

外语（foreign language），也称外国语，是指外国的语言。外语属于第二语言，但第二语言却不一定都是外语，二者所指对象的范围不同。第二语言大多是指外语，但除了外语，还包括本国其他民族的语言或本族语之外的本国通用语。例如在中国，中国人学习的英语，我们可以称之为外语，而少数民族学习汉语，或汉族人学习少数民族语言，一般不叫外语，可以把对方的语言叫作第二语言。中国人学习的外国语言如英语、法语、韩国语、阿拉伯语等既可以称为第二语言，又可以统称为外语。因此第二语言与外语的关系可以看成包容关系，第二语言所指的范围比外语要广，它既包括外国语，又包括本国的其他民族的语言等。这两个概念有联系、有交叉，也有明显的区别。不过近年来在术语的使用上，第二语言教学界出现了一种用“第二语言”取代“外语”的发展趋势。

3. 第二语言的获得

第二语言学习者是怎样获得第二语言的呢？第二语言获得的首要途径是接受学校的正规课堂教育，其次是家庭教育和自学等。人们获得第二语言与获得第一语言的途径有很大的不同。掌握第二语言主要是通过“学得”，而通常不能单靠“习得”。也就是说，获得第一语言以自然习得为主，获得第二语言以课堂正规的学习为主。学习第二语言者多为成人，第二语言的获得相对比较复杂，他们很少能够在自然状态下学习，主要是在教室通过教师、教科书和教具等人为的环境中学习。一般来说，获得第二语言要比获得第一语言的难度大。这是因为：第二语言课堂教学不能为学习者提供真实的交际情境；“教科书语言”与实际生活中的“活语言”相差较远；学习者接触目的语的时间和机会是极其有限的；学习者的母语或第一语言对第二语言的学习起一定的干扰作用；第二语言学习者由于年龄的问题；模仿能力和记忆能力相对较差；等等。

成人学习第二语言与儿童学习第二语言有共性，但也有不少区别：成年人意志力强，往往都是有意识地学习，要付出更多的艰辛；他们都要系统地掌握语法规则和语言基础知识；通常模仿和记忆能力不及儿童，而且学习第二语言要比儿童受到更多的来自第一语言的干扰等。

有人对“学习者是如何学会第二语言的”这个问题进行过研究，提出了一些比较有影响的理论和假说，如对比分析假说、中介语假说、偏误分析、内在大纲和习得顺序假说、输入假说、普遍语法假说、文化适应假说等。这些理论从不同的角度揭示了第二语言学习的某些特点和规律。

二、第二语言教学

（一）什么是第二语言教学

第二语言教学（second language teaching）是与第一语言教学相对应的概念。它是指对已经掌握第一语言的人所进行的其他语言的教学活动，这种活动通常是在学校环境里所进行的正规的教学活动。如汉语作为第二语言教学，包括对我国国内少数民族进行的汉语教学和对外国人进行的汉语教学。对外国人进行的汉语教学，我们通常称为对外汉语教学（teaching of chinese as a foreign language），如对第一语言为非汉语的日本人、韩国人、美国人、澳大利亚人等进行的汉语教学都称之为对外汉语教学。

对外汉语教学是一种第二语言教学。这种教学活动要求制定专门的教学大纲、教学计划，编写符合教学大纲的教材，按照大纲和计划组织教学并对学生的学习进行测试评估等。第二语言教学包括外国学生在目的语国家的学校里学习第二语言，也包括本国学生在本国的外语院校学习第二语言。前者如留学生在中国的学校里学习汉语，称汉语为第二语言教学；后者如中国学生在国内学校里学习英语、法语等，称英语、法语为第二语言教学等。第二语言教学还包括本国某一民族的学生在本国学校里学习本国其他民族语言。

第二语言教学包括“教”和“学”两个方面。研究第二语言教学，既要研究“教”，又要研究“学”。“教”包括课堂组织、课堂教学技巧、教材的编写、成绩的测试等；“学”包括学习者的心理和学习的规律等。尽管不同的第二语言教学具有不同的特点（例如，汉语作为第二语言教学在教学对象、教学内容、教学方法、教学手段等各个方面都应该具有区别于其他第二语言教学的特点），但作为第二语言教学，它们也有许多共同的特点和规律。

（二）第二语言教学的特点

尽管第二语言教学和第一语言教学都是语言教学，存在共同的语言学习规律，但由于教学对象、教学环境及学习者文化背景等方面的不同，第二语言教学与第一语言的教学存在着一定的差异，形成各自不同的特点。与第一语言教学相比，作为第二语言教学的特点主要表现在以下方面：

（1）第二语言教学主要是以培养运用目的语的交际能力为目标。

（2）第二语言教学以技能训练为中心，通过大量练习和反复实践将语言知识转化为技能。

（3）第二语言教学以集中进行强化训练为主要教学形式。因为第二语言学习者多为成人，要在比较短的时间内掌握目的语，客观上需要课程集中，内容密集，进度较快，班级规模相对较小。

（4）第二语言教学重视基础阶段的教学。这是因为基础阶段的教学对第二语言的初学者来说尤其重要，为进一步学习目的语打下坚实的基础。基础阶段学习者最多，也最能体现第二语言教学的特点和规律。

（5）第二语言教学注重语言对比，通过目的语与母语的对比，确定教学的重点和难点。

（6）第二语言教学存在着母语对目的语的迁移作用。

（7）第二语言教学更加注重文化教学。语言教学离不开文化教学，要熟练地掌握并运用目的语进行交际就必须学习该语言的文化，特别是与语言交际相关的文化。第二语言教学的这些特点会影响第二语言教学的内容、方法和教学原则等的确定。

三、第二语言教学与第一语言教学的异同

第一语言教学（first language teaching）是指儿童习得第一语言之后有意识地继续学习第一语言而在学校里进行的正规的课堂教学活动。例如，汉族儿童出生之后首先习得汉语，汉语就是他的第一语言，入学后继续学习汉语，在学校里所进行的一系列汉语教学活动就是第一语言教学。儿童入学之后，就进入了他获得第一语言的学习阶段，有教师指导、有教学大纲等。其主要特点是：学习者都有一定的语言基础，已经基本具备运用该语言进行交际的能力；时间充裕，有很好的语言环境，练习实践的机会多；学生和教师之间交流不存在语言障碍；教学更注重语言的形式；文化主要靠习得等。第二语言教学与第一语言教学相比较，二者既有相同的地方，又存在着很多不同点。

（一）第二语言教学与第一语言教学的共同点

第二语言的“教”与“学”和第一语言的“教”与“学”存在着某些共同之处。例如，第二语言教学和第一语言教学都是以培养语言的交际能力为目的，学习都需要有一定的语言环境，都必须学习并掌握语言的三个要素。其共同点具体表现在以下两大方面。

1.从教的方面来看

第二语言教学和第一语言教学都要讲授基本的语言规律，都需要培养学生的听说能力和对语言规律的概括能力；教学内容都包括语音、词汇、语法三个语言要素和原则、言语技能及相关的文化知识；教学步骤都有预习、讲解、答

疑、练习和巩固等几个环节；教学过程都是由易到难、由浅到深、循序渐进；教学方式上都会有实物展示、课堂提问、课堂讨论等；课堂上都要注意趣味性，提高学生的学习兴趣，增强学生的自信心。

2.从学的方面来看

第二语言教学和第一语言教学对于学习者来说，都是为了获得语言的交际能力；学习第一语言和学习第二语言存在着某些相同的学习策略；学生都要掌握基本的语言规律；学习大体上都要经过感知、理解、模仿、记忆、巩固和应用等阶段；都应该是有意义的学习，而不应该是脱离意义的机械性的操练。

（二）第二语言教学与第一语言教学的不同点

第二语言教学与第一语言教学由于学习的主体不同、动力不同、环境不同、方式不同、过程不同及学习者文化背景不同，二者存在着明显的差异。主要表现为：第一语言的学习者是儿童，而第二语言的学习者多是成人；第一语言的学习是在天然的环境中进行的，家庭、社会为学习者提供了优越的语言环境，而第二语言的学习者由于相对缺少目的语的语言环境，掌握目的语就困难得多；第一语言的学习者语言能力和思维能力同时发展，第二语言的学习者在学习过程中往往中间要经过第一语言的思维过程，存在着由此而产生的第一语言的负迁移问题；第一语言的学习者通常在学习语言的过程中就习得了该语言的文化和语用规则，而第二语言的学习还要花相当的时间和精力专门学习该语言的文化。第二语言教学与第一语言教学相比，二者的不同点具体表现在以下几个方面。

1.教学起点不同

第二语言教学需要从培养学生的最基本的语言知识开始，先教发音、最基本的词汇和语法，它是真正意义上的零起点教学。而第一语言的学习者在入学时已经基本具备运用语言进行交际的能力，不需要从最基本的言语能力开始教，第一语言教学主要是培养学生的读写能力和进一步提高表达能力及运用语言交际的能力。

2.教学环境氛围不同

第一语言教学往往是在母语天然的语言环境氛围中进行的，不存在语言交流上的障碍。第二语言教学缺乏良好的语言环境，教师与学生、学生与学生之间存在者语言交流障碍。

3.受其他语言的影响不同

第一语言教学中，学习者大脑里没有其他语言，不受任何其他语言的影响，不存在语言迁移问题。而第二语言教学要受第一语言或其他第二语言的迁移作用的影响：在第二语言教学中，学习者的第一语言习惯会对第二语言的学习产生迁移作用，两种语言的结构特征相同或相似容易产生正迁移，而两种语言的差异容易产生负迁移。例如，汉语中带宾语的主谓句的语序是“主语+动词+宾语”，英语中带宾语的主谓句语序也是“主语+动词+宾语”，结构相同，学习起来容易接受和掌握，产生正迁移；而汉语中没有动词第三人称单数的变化，英语中一般现在时第三人称单数动词往往要变化，初学者不易掌握，常常出错，形成干扰，产生负迁移。

4.文化对语言教学的影响不同

语言和文化关系密切，第二语言的学习者由于文化背景不同、风俗习惯不同、思维方式有别等，可能对某些语言现象不易理解并难以接受，这就会形成语言学习中的文化障碍，甚至会引起文化冲突。第二语言的教学任务之一就是要结合语言教学进行相关的文化教学，使学习者了解、理解甚至接受第二文化。而人们在习得第一语言的同时，通常也习得了该文化，他们自然地形成了说这种语言的人的文化心理和文化习惯。因而，扫除文化障碍、避免文化冲突在第一语言教学中一般是不会存在的，即便是有一些文化问题，也比较容易解决。

5.教学对象不同

第一语言的教学对象为本国的儿童，年龄不大，善于模仿，有着共同的文化背景；而第二语言教学对象范围广，是不同文化背景的外国人或本国外族人，他们以成年人为主，认知能力和抽象思维能力都已大大发展，有较强的理解能力，自我控制能力很强，注意力容易集中，但记忆和模仿能力较差。

6.教学目的和要求不同

由于教学对象不同，教学目的和要求应有所区别。第一语言教学中，学习者有着共同的基础、共同的学习动机等，因此教学目的和要求基本一致；而第二语言教学中，学习者年龄有差别，学习动机不尽相同，原有文化与目的语文化有冲突等，给第二语言教学带来了诸多困难，复杂程度提高。这些差异导致了第二语言教学和第一语言教学在教学目的和要求方面的不同。

7.教学内容及教学重点和难点不同

由于教学对象不同、教学目的和要求不同，第二语言教学与第一语言教学在教学内容上应有所区别。适合第一语言教学的内容不一定适合第二语言教学，同样，适合第二语言教学的内容也不一定适合第一语言教学，因而两类不同的教学需要两种不同的教材。在教学重点和难点上，第二语言教学与第一语言教学也有很大的不同，通常可以拿第一语言与目的语对比来确定第二语言教学的重点和难点。

8. 教学方法和教学技巧的不同

由于第二语言教学和第一语言教学在教学目的、教学对象、语言环境、教学起点、文化因素等方面存在差别，两种类型的语言教学在教学方法和技巧上存在不同。第一语言的教学方法不一定能适合第二语言教学，第二语言教学实践中出现的多种各具特色的教学法也不一定适合第一语言教学，二者可以互相借鉴，但不能简单地套用。

从以上几个方面可以看出，第二语言教学与第一语言教学存在很大的差异。作为第二语言教学的教育工作者应该充分认识到第二语言教学与第一语言教学的共同点和不同点，掌握第二语言教学的特点和规律，运用合适的教学方法进行教学。只有这样，才能有效地提高第二语言教学的质量和效率。

第四节　我国的英语与双语教学

一、我国的英语教学

（一）高校英语教学现状

当前，英语教学在各大高校都得到了足够的重视，大部分院校都设置了英语课程，并且课时与其他学科相比投入较多。虽然英语教学在高校中的重视程度较高，但是仍然有许多不足之处。

1. 教学模式单调

目前很多在校学生在中学时接触的英语课程运用的是以老师讲课为主的教学模式，大部分人都是在老师的灌输下被动地学习英语。然而，进入大学之后，虽然讲课老师的水平比以前高了，但是在教学模式上还是一成不变，这就很容易导致学生对学习英语感到厌烦。相对于其他专业课而言，英语是一门比较枯燥的学科，如果各大高校不能在教学模式上进行革新，就很难提高学生学习英语的积极性，从而学生英语水平很难提高。因此，单调的英语教学模式是目前各大高校英语教学的普遍状况。

2. 不注重学生能力的培养

当今社会就业压力不断增大。虽然学生在学习成绩上可以做到名列前茅，但是这并不能代表其实际应用能力。因此想要提高学生的就业率，就要想方设法提高学生自身的实践能力。英语作为各行各业从业者的必备技能，已经成为就业时很多企业考虑的重要因素。然而，目前各大高校普遍注重的是学生的英语成绩，很少关注培养学生的英语应用水平，这造就了一大批“高分低能”的英语人才，不但不利于学生的职业发展，也不利于我国人才技能的培养。

3.评估方法不合理

应试教育是我国自古以来就存在的教学模式。在当今世界一体化程度不断加深的时代，在竞争激烈的社会中，以考试成绩为标准选拔出来的人才并不一定能满足社会对人才的需求。为了更好地与社会需求接轨，为我国培养更多适应时代发展的人才，各大高校就要改变以前对学生英语水平评估的方法，制定一个更合理的评估指标。不能单单依靠英语考试的成绩来评定一个学生的英语水平。

4.英语教材单一

从各个学科的教学来看，教材是知识的载体。一部好的教材能在很大程度上帮助老师传授知识。然而，目前各大高校使用的英语教材普遍过于单一，有些甚至还是很多年以前用的老版本。这不但不能使高校英语教学跟上时代的步伐，更不能丰富学生的英语课程，而且长期使用同一种教材教课，也会使老师厌烦，使教学失去新鲜感，这就会导致教师的教学积极性下降，同时也不利于提高高校的教学水平。

（二）高校英语教学中存在问题的原因

1.教学目的不明确

高校的课程安排及教师对于高校教学目的的认识不够清楚使得教学模式的选择不合理，尚未找到合适的、能培养出当今社会所需人才类型的教学模式，从而在一定程度上影响了教师教学方法的选择。教学方法是否合适直接影响学生学习英语的兴趣，因此教学目的不明确是造成现阶段高校英语教学中存在问题的主要原因。

2.教学理念不合理

教学理念决定了教师的教学态度和对课程的重视程度。目前很多高校的英语教学理念不是很合理，导致对学生英语水平的评价指标不符合现实情况。考试成绩只能说明一个学生对基本英语知识的掌握程度，并不能反映一个学生是否能很好地应用所学到的英语知识。

（三）高校英语教学中存在问题的解决方法

1. 提高对应用型英语的重视程度

目前社会所需人才是应用型人才，所以能很好地把英语知识运用到实际工作中，运用到和外国友人的沟通中。因此，各大高校要提高对应用型英语的重视程度，注重对学生英语应用能力的培养。只有对学生的实际能力有足够的重视，才能进一步制订各种培养方案，在一定程度上促进学校教学方案的改革。

2. 改变目前的教学模式

针对目前各大高校英语教学模式单调、老套的现状，应当促进教学模式的改革，寻找一种符合我国高校英语教学的教学模式。只有合理的教学模式才能更好地提高高校英语教学质量。高校英语教学不能仅以学习课本知识为主，还要开设各种互动模式的课程，给学生提供更多提高自己英语应用能力的机会，让学生多与外国友人沟通，在不断交流中学习英语。这不但能提高学生学习英语的兴趣，还能提高学生的英语应用能力。

3. 提高师资水平

教师是教学的发起人，所以良好的师资力量是高校教学水平的保障。为了提高高校的英语教学水平，各大高校要重视对师资的培养，不但要吸纳更优秀的教师前来教学，还要加大对各种教学设备的投入。陈旧的教学设备已经不能满足目前高校英语教学的要求，因此要注重教学设备的更新，做到与社会发展同步。与此同时，还要注重对教师的培训，提高教师的整体素质，如定期组织教师去优秀的学校学习英语教学新方法和新理念。学生是祖国的栋梁，必须足够重视对他们的教育及培养。好的教育方法能提高学生的英语应用能力，提高他们与外国人的交流水平。

虽然目前我国高校的英语教学存在一些问题和不足，但是只要认真分析、认真对待这些问题，合理将其解决，就能够使我国高校英语教学更加适合当今社会的发展。

（四）我国英语教学现状原因分析

目前我国初中和高中英语大多是应试教育，主要是为了考取名校。到了大学阶段，英语教学非但没有淡化应试教学的色彩，反而有朝着“考研是目标，四六级是关键，60 分是硬道理”的方向发展的趋势，最终导致英语教学没能达到运用的目的，英语教学所花的多学时与实际效果极不相称。当下的现实恰如其分地反映了我国英语教学指导思想上的摇摆性。在课程标准设计上，以词汇为例，一般中国学生经历的过程大概是初中 1500 个单词、高中 1500 个单词、大学四级1500个单词、大学六级1500个单词，最后总数大概为6000个单词。6000个单词分为四个阶段、四个部分，像一字排开的长蛇阵，看似循序渐进，其实这种长蛇阵只适合知识类课程的学习，而不适合语言类课程的学习，语言的实质是技能。在这个一字排开的长蛇阵中，前两个阶段耗时太多，涉及了3000个左右的单词，这些单词不是以“学得”作为指导思想的产物，阻碍了学生语言知识的积累和语言技能的培养。后面的两个1500个单词的阶段已经到了大学阶段，英语成了公共课，此时的学生已经无力认真、细致地学习和消化后面的两个阶段的单词，更无力培养和发展听、说、读、写的综合应用能力，最后只为了应付四六级考试。大学阶段本该是把英语作为工具去学习专业知识，然而现实却是学生都还在拼命学英语。

1.我国英语教学问题

（1）指导思想有偏差。

指导思想的偏差导致了整个中学阶段学生所学内容太少，把过多的任务留给了大学，造成了“虎头蛇尾”的现象。以词汇量为例，国际上非英语国家的高考词汇量大都在6000个以上，而我国的高考词汇量长期以来是2000多个，最近几年才增加到3000多个。如同木桶盛水的原理，一块板短了，水就无法盛满。

（2）语言的输入量太少。

语言的输入量太少是当前学生英语水平不高的根本原因；语言技能的培养和形成是输入和输出的过程，没有足够的输入就没有理想的输出；而当前学生对词汇、句子和文章等语言知识的重视不足，对听、说、读、写的训练远远不够，导致了整体语感差、应用能力弱。

2.我国英语教学问题解决对策

（1）调整指导思想，把英语前置。

我国高等院校应调整指导思想，改变传统理念，探索更高效的方法，从宏观到微观，对当前的小学、中学和大学的大纲和教材进行全面改革。具体来讲，在词汇量设计和分配上，把之前提到的四个1500的“长蛇阵”改为“折叠式”，即将6000个单词作为一个整体，有计划、有方法地在初中阶段集中识记，中考的词汇量可设置为3000个，高考的词汇量设置为6000个；初中三年的主要内容是认识单词，理解语法；高中三年的主要内容是在6000个词汇量的基础上，进行听、说、读、写的训练；到了大学，自然而然地把词汇量提高到8000个，甚至10000个，学生在这时就能使用英语学习各自的专业，在使用的过程中，把英语提高到较高的水平。

（2）把词汇作为各阶段学习的基础。

首先，词汇数量要充足。中考词汇量达到 3000 个，高考词汇量达到 6000 个，大学阶段，8000 个单词属于核心词汇，而学生的阅读词汇量要超过 10000 个，最好能达到 20000 个。

其次，质量要达标。在对质量的要求上，熟练度是关键。如果熟练度达不到，单词是无法使用的。

再次，方法要科学。要利用规律记忆，绝不能单纯地死记硬背。单词的含义尽量做到推理而知，这样既能知其然，又能知其所以然，可以获得良好的效果。例如，根据英汉之间的联系来认识一批单词，如 book 就是汉语的“簿”，pool 就是汉语的“泊”，sum 就是汉语的“数”等。

最后，把句子和文章的大量背诵作为培养语言技能的基本手段。把背诵口语句子作为提高口头表达能力的手段之一。做法是要求不同专业和年级的学生背诵从阅读课文中精选出来的英语口语句子，采用“口语模版训练法”。另外，还应把文章背诵作为培养语感的手段之一。做法是采用“诗词捆绑记忆法”，要求学生背诵阅读课文全文。通过掌握记忆法来提高语言输入量。科学的记忆法可以提高学生的记忆力和学习能力。科学的记忆法可以增强学生对内容的熟练度，熟练度是发展语言技能的关键。

（五）我国学生英语水平现状

首先，我国的英语教学不注重对学生英语总体水平的教育，学校教育主要还是应试教育，学生为了在考试中取得好成绩，大多注重书面上的学习，而英语是一种语言，我国的英语教学违背了语言作为一种交流工具的使用价值。英语作为一种交流工具，注重的不是书写，而是如何用它去和别人交流，只会写，不会说，那就等于没学过这门语言。所以新课标要求学生听、说、读、写能力均衡提高，这样综合水平才会全面提高。

其次，在我国传统应试教学的模式下，学生的个性得不到全面发展。这种教学模式抑制了学生个性的发展，在我国传统的教学模式下的英语课堂中，老师反复给学生复习高考必考的题型，而忽略了学生个性的发展。在学习一种语言时，如果对待每个学生的学习方法都一样，那么这个课堂是枯燥无味的，学生的学习兴趣自然会下降，其成绩很难提高。所以，在英语教学中，注重学生的个性发展是非常重要的，要让学生有针对性地学习，这样学生的英语综合能力才会不断提高。

最后，应试教育导致学生的英语综合素质得不到提高。应试教育是以选拔为目的的，而选拔的手段又是以考试为中心的，结果导致教师最关心的是学生的成绩，而学生为了考试取得好成绩，不惜开展题海战术，把联系性极广的语言缩小到孤立的语言点，这些难题即使是英美人士也不能完全解答，所以就造成了我国学生对英语学习的片面性，运用语言的综合能力得不到提高。这种后果致使学生英语听说读写能力的严重缺失，很值得人们深思。祖国的下一代学好英语，对我国国民经济的发展至关重要，是我国经济可持续发展的重要基础。但是，我国的英语教学从总体上看还是相对不完善的、滞后的。所以，在世纪之交，我国又提出了对英语教学的新一轮改革，即英语新课标的实施，这是我们从事英语教学者的机遇，也是一种挑战。新课标的推出是中华人民共和国成立以来课改规模最大、改革水平最高的一次英语教学课程改革，这次改革要求英语教学工作者善于打破传统的英语教学模式，勇于改进英语教学方法，不断提高我国学生英语的听说读写能力。

二、双语教学

（一）双语教学的定义

就我国而言，双语教学中的双语主要是指汉语和英语。高校双语教学主要是指运用英语和汉语两种语言的教学，其目标是培养能在汉、英两种语言之间进行自由交际、具备“专业 + 外语”能力的复合型人才。然而从语言教育学的角度来看，双语教学应该有更进一步的含义。《朗曼应用语言学词典》对其是这样定义的：“The use of a second or foreign language in school for the teaching of content subjects.”（在学校里使用第二语言或外语进行各门学科的教学。）当下国内教育界对双语教学也趋于比较一致的界定，即“学校中使用第二语言或外语传授数学、物理、化学、历史、地理等内容的教育”[1]。也就是说，双语教学是用外语（主要指英语）来讲授非语言的学科知识，它不是纯语言教学，是以讲授专业为主线的教学。双语教学不一定要使用两种语言进行教学，两种教学语言不应该是双语教学的本质要素，双语指的是用第二语言或外语进行各门学科教学。在我国，双语教学的应然状态是完全使用英语作为外语的专业学科教学。

（二）双语教学的目的

双语教学是20世纪60年代北美一些移民国家或多元化文化国家为了使外来移民更快地融入当地社会而率先采用的用两种语言作为课堂教学媒介的方

[1] 王斌华．学习双语教育理论 透视我国双语教学[J]．全球教育展望，2003，32(2)：8-13.

法，目的是帮助外来移民尽快掌握社会主流语言。在我国，双语教学也非新鲜事物，主要在少数民族地区实行，其基本内涵是指“对少数民族实施民族语文和汉语文的教学”，目的是让少数民族的人们掌握我国的主流语言——汉语，同时又保留其民族语言。可以说，最初的双语教育是一种国家政策，其目的不仅是培养双语人才或追求共同语言，而且更多地源于种族同化、文化认同、社会稳定等社会和政治需要，甚至基于民族和谐共处、避免国家分裂的考虑。

目前，我国开展的双语教学不同于上文提及的双语教育，它主要是指课堂教学层面以英语为教学语言的双语教学活动，而不是像双语教育那样涵盖了学校教育、家庭教育和社会教育层面。最初高校实施的双语教学主要是为了解决原有大学英语课堂教学中的问题，通过拓展使用英语的语域，为学生创造与英语“亲密接触”的机会，以训练和提高学生的英语水平。也就是说，我国双语教学最直接、最主要的出发点是提高学生英语水平，满足国家、地方和学生未来发展的需要。

（三）双语教学内容的有效确定

如何把握双语教学的内容是开展双语教学首先必须面对的问题。在对这个问题的认识上，学界一般都主张双语教学应是以英语为教学语言讲授原版英文教材，理由是让学生学习原汁原味的英语知识，包括专业词汇的使用、专业内容的表达、专业知识的认知程序，以保证学生所学到的知识无论是从形式上还是从内容上都能够与世界主流技术和思想接轨。这种观点从有相当高度的国际视野中对双语教学进行把握，认为双语教学传授给学生的不仅是英语，还必须是专业的核心知识和核心理论，目的是让学生更准确地理解和触摸本专业的核心和前沿；强调教师在授课时应注意把重点放在专业知识的系统讲解和学科前沿知识的传授上，把英语当成教学语言，将国外精品教材原汁原味地传授给学生。这种站在国际前沿的“应然”思维方式对正确把握双语教学的战略发展方向是很有意义的。

目前，部分重点大学凭借占有绝对优势的教育资源，在双语教学上按照这种思路已取得了一定进展。据报道，清华大学 2001 年开设的 140 门课程中，已有 54 门课程采用英文教学；复旦大学引进了哈佛大学全套课程的 7600 多种教材；西南政法大学坚持用专业带动英语学习，从大一开始，学校就用英语讲授专业课[1]。然而，调查结果也表明，有些学校尤其是一些非重点院校的双语教

[1] 白根元．高等院校实施双语教学的回顾与评述 [J]. 英语辅导，2005(9)：41.

学效果并不明显。迄今为止，从检索到的有关双语教学方面的论文来看，尚未发现在普通高校有成功的例子。毋庸置疑，相对于中国高校整体教育资源的实际状况和中国学生英语基础的整体特点，基于以上认识而设定的双语教学的内容在现阶段似乎不太现实。

我们认为，各高校因为专业设置、资源优势、区位优势不同，开展双语教学的内容和方向的设定应有所区别，最终不是取决于教育部的行政要求，而应取决于各自所面对的社会市场需求具体状况，以及本校现实教育资源的制约，同时适当地体现超前性。因为双语教学的最终目的是满足社会经济发展对人力资源的市场新需求，而双语教学的有效进行则离不开学校各方面现实资源条件的制约。因此，各高校在本校基本条件具备的专业开设双语教学并确定教学内容时，应对社会经济生活中与该专业相关的涉外领域市场需求的具体情况做充分调研，找准教学服务的市场定位，然后根据学校现有的和可预见的将来所拥有的教育资源状况设定切实可行的教学内容。从这种思路出发，可能一些看似规范先进的观点实际上是不符合实际的。例如，要求把学科核心、前沿知识及理论用教授原版教材的形式通过双语教学传授给学生，而实践中，英语教学语言输出和接受的效率，以及效果上的不确定性使学科的专业学习效果大打折扣，反而影响了学生扎实的专业知识理论体系的建立。外语教学研究表明，用外语教学必须注意其可接受性和阶段性，教学超出学生的接受水平就会失去教学意义。一份对高校双语教学现状的调查也显示，由于专业词汇多、听力较差等原因，学生普遍认为双语授课信息量较小、收获小；有的专业教师采用全英语授课，但学生中 45.7% 的人未达到英语四级水平，使教学效果受影响。这里存在学生外语应用能力与双语教学方法不匹配的问题。双语教学要考虑学生的接受能力，循序渐进，以降低或损伤学科教学质量为代价来换取与外语“亲密接触”的做法显然得不偿失。况且目前的双语教学的教材亟待建设，双语教学使用的往往是原版核心理论系列教材中的一本或几本，在配套性上是无法和国内系统的精品核心理论教材相比的，对其片面采用难免会影响学生专业知识理论体系的构建。又如，一般认为应在受意识形态影响较小的自然科学、高新技术领域和国际化要求迫切的专业开展双语教学，历史、文化领域的内容则没必要涉及，但在实际涉外社会经济生活中，沟通、交流和合作的最大障碍可能恰恰存在于相互陌生的文化思维之中，因此双语教学中体现一定的有关西方人文的教学内容可能正是现实的涉外社会经济生活所需要的，也是市场需求对双语教学内容的要求。

各高校应统筹考虑市场、学校、教师和学生、课程等的实际情况，制定符合市场需求、切实可行的双语教学内容的规划和具体的教材建设方案，不能搞“一刀切”“齐步走”。我国以汉语为语言载体的高等教育专业课程及教材体系作为我国完整的国民教育体系的一部分，经过几十年的发展，是较为成熟和完备的，保持和强化其对接国际前沿的开放性、包容性，不断更新，与时俱进，是能够满足建立学生扎实的专业知识理论体系，使其准确地理解和触摸本专业的核心和前沿的教学目标需要的。我国开展双语教学最直接、最主要的出发点是提高学生英语水平，满足国家、地方和学生未来发展的需要。当前双语教学要解决的主要矛盾在于英语语言（包括专业词汇）和对西方文化的认知与理解。对体现双语教学内容的双语教材建设而言，应满足社会经济发展对双语教学的市场需求，服务于提高学生英语水平为主的双语教学目的，并且以各高校为创新主体，自主研究和试编一些满足现实需要的先进适用的双语教学教材，走符合国情的以自主开发为主的路子。国家高等教育行政管理部门应注意提倡、鼓励、发现和扶持各高校对双语教材的自主编写，并在时机成熟时加以引导和规范，从而逐渐形成中国高校双语教学课程自编教材体系。

（四）双语教学主体内驱力的激发

虽然推动双语教学起步和发展的源动力在于开放条件下中国相关社会需求的不断增强，但双语教学的有效开展则很大程度上取决于双语教学的主体——教师和学生；在实践的层面，教师和学生是促进双语教学开展、提高双语教学质量的直接力量。因此，双语教学中教师和学生主动性和创造性的激发是极其重要的环节。

在目前的国情下，师资问题是制约各高校双语教学发展的瓶颈已是共识。教师素质和使用双语的能力是开展双语教学的先决条件。当前，既有系统正规的学科专业知识和素养，又能流畅、准确地用英语讲授和答疑的高校教师无疑是一种紧缺的教育资源。按照市场规律，紧缺资源的价格应该是较高的，这样才能有效利用和开发这种资源。在这方面，已有高校通过课时量的计算、课酬和奖金的发放、专业技术职务的聘任及进修与培训等给予倾斜的形式进行了有益的尝试，但大部分高校尚未建立针对双语教学师资的激励和引进机制。我国现有的双语教师从事双语教学还大多出于自愿，具有自发的性质。因此，为增加双语教学师资的有效供给，我们还必须利用市场机制进行引导，让日益增强的社会需求引导双语教学教师及潜在的师资供应者把握其人力资本的增值方向，以促进双语师资数量的积累和质量的提高。

另外，对双语教学的受体——学生的激励普遍还未被纳入高校双语教学视野。在长期应试教育的影响下，有些学生更关心修一门课程得到的考试分数。加之语言能力和思维方式的障碍，选修双语课程要付出更多的努力。所以学生对双语课程的热情不高。实际上，学生是双语教学效果的最终体现者，也是双语教学社会经济价值的实践者，是最重要的环节。学校不但要在双语学习氛围的营造、专业知识及英语语言能力培养各环节的整体规划等方面加强建设和协调，而且也存在开阔学生视野，使其感受到强劲的社会需求发展趋势，从而激发起双语学习内在动机的问题。因此，打通社会经济发展的市场需求与双语教学中主体内驱力之间的市场供求机制，以日益强劲的社会需求拉动学校双语教学的良性发展应是高校开展双语教学的根本性思路。为此，学校可以创造机会，加强本校师生与开展双语教学专业相关的涉外机构之间学术和实务上的交流与合作，这样不但可以促进双语教学的发展，而且还能有效提高本校双语教学的社会知名度和认可度，增加对本校毕业生的潜在社会需求，实现双语教学供求的良性循环。

（五）高校开展双语教学的现实国情

1.我国高校开展双语教学的社会经济背景

我国加入世界贸易组织后，经济以前所未有的积极姿态迅速融入世界经济一体化，全方位、多层面的中外社会经济交往日益密切和深入。越来越多的国际事务需要以高校毕业生为主体的我国涉外人员通过外语（主要是英语）进行本专业的交流。面对真实的英语语言环境，通过阅读外文资料获得信息的时代已成为过去。我国社会经济生活客观上产生了对高校毕业生英语能力需求的全新的、质的变化。

2.双语教学是改变应试型大学英教学的有效途径

在我国，由于社会生活中没有相应的英语环境，英语是作为一门课程在学校学习的，英语教学依靠课堂形式进行成为必然。课堂是语言教与学的重要场所，也是学生进行语言实践的主要场所。由于应试教学导致的英语学习目的的异化，高校英语学习存在课堂学习和实践应用的脱节，语言自然习得条件严重缺位，教学效果得不到巩固和提高，使我国大学生的英语学习长期处于被动低效的境地。

双语教学与费时低效的传统外语教学相比有很大的优越性，它代表了语言学习模式的根本转变。双语教学使语言学习与真实内容和真实交际结合在一起，语言学习与内容学习相结合，为语言学习提供了一个坚实的基础。它通过学科学习来带动英语学习，这种教学的主要特征是以学科内容为核心，使学生通过学习具体的学科或课程来获得英语交际能力。当外语教学与学科教学结合起来时，外语学习的效率要比孤立的、纯粹的学习语言的方式高，因为它为学生提供了广泛交流的机会。只有学生通过亲自使用语言来实施真实的交际行为，才能使他们的语言学习产生良好的实际效果。从纯粹对语言的学习转向以语言为载体的学习，是英语教学的一场重大革命。

3.英语在中国的地位是边缘性和工具性的

英语语言在某一国家的地位和西方文化在该国的地位是相关的。在以英语为母语的国家，如英国、美国、澳大利亚等，西方文化即是原生文化，英语作为母语以自然的方式习得，功能和用途是全方位的。在英国的前殖民地国家或地区，如印度等，西方文化对这些国家的宗教、政治、科技、教育等有着深刻而长久的影响，因此，英语在其日常社会生活中被接受的程度较高，在有的国家还被定为官方语言。与这些国家情形相似的还有日本等以西化为长期国策的国家，在意识形态、军事、外交、教育等方面受到了西方的全面影响。由于本国原生文化缺乏与西方文化对等并存、完全独立的底蕴和实力，因而不同程度地受到西方强势文化的制约和主导。显然，中国的情况不同。中华文化博大精深、源远流长，虽然近代在科技方面落后于西方，但作为相异于西方的一种自成体系的人类原生文明，在现代人类文明中有着完全独立的根基与形态。相对于中华文化而言，西方文化是平等交流、并存共荣的对象。英语在我国社会生活中应用极少，只是在对外交往、开拓国际市场中为我所用，其功能和用途是边缘性和工具性的。

4.中国拥有以中文为基础的独立的高等教育专业体系

在英国前殖民地国家或地区及以“西化”为长期国策的国家，其高等教育领域中，学科的教科书及其教授往往是以英文为媒介语言的，形成了西方文化制约和主导下“很自然”的双语教学。我国高等教育的发展一直秉承独立自主的原则，力求在科技极为落后的情况下，建立完备的以中文为基础的教育和科研体系。经过几十年的发展，我国高校以中文为基础的各专业课程体系已相当完备，在加强其对接国际最新动态的开放性的情况下，是能够满足高校专业学习和研究的需要的。希望尽可能通过引进国外成套原版教材，“以英文为基础建立学生学科专业体系，掌握国际最新专业动态”，不论其可能性、现实性如何，其必要性亦值得商榷。以外族语言为基础建立学科和教育体系而进行的双语教学，势必对本民族青年一代的民族文化认同心理产生很大影响，会从根本上瓦解中华文化传承的基础，从而产生逐渐从属于或蒙蔽于西方文明的危险。

5.我国高校教学改革以政府行政力量为主导

我国高校绝大多数为公办，并且长期以来实行高度集中的高等教育行政管理体制。国家高等教育行政主管部门左右着全国高校办学、管理的大政方针，高校的日常工作一般只是在理解和执行其政策和任务，按计划招生，按大纲授课，接受其检查和监督。虽然近些年国家对高校管理体制进行了改革，强调落实高校的办学自主权，但由于在所有制、经费来源、人事管理等方面高校与政府有着剪不断的联系，再加上中国政治、教育联系密切的历史传统，高校教学管理与改革仍然未能摆脱高等教育行政主管部门主导的模式，要依靠“红头文件”来发起指导和督察。因此，研究中国高校双语教学的规律和特点，要把高等教育行政主管部门的主导力量作为一个重要的变量和条件。

6.我国地区间社会经济和高等教育发展不平衡

我国是一个发展中的大国，由于历史和地理的原因，地区间社会经济和高等教育发展很不平衡。中国东部沿海地区社会经济较为进步发达，高等教育发展情况也在全国居于领先地位；中西部地区在国家开发战略的带动下，社会经济发展水平近年来虽有较大进步，但和东部地区相比，仍然有较大的差距；边远地区的社会经济发展水平在全国则处于落后的状态。各地区的高等教育发展状况与社会经济发展水平是基本一致的。

（六）中国高校双语教学的基本特点

1.高校双语教学在我国应属于语言教学范畴

我国高校实施双语教学的直接动因来自国家开放发展对高校毕业生英语能力要求的提高和现实英语教学费时低效之间的矛盾，是基于提高英语教学效果，培养具备国际竞争力人才的“突出重围”的新思路。由于双语教学并非通过语言课程来实现英语教学的目标，而是通过专业科目的教学来达到帮助学习者掌握英语的目的，开展双语教学就不可避免地涉及语言教学目标和专业教学目标的混淆和矛盾的问题。目前看来，相当多的观点认为应尽可能多地引进原版精品教材，通过双语教学，把学科核心知识及前沿理论以教授原版教材的形式传授给学生，试图用英语建立学生的专业理论体系，专业教学目标成为双语教学的首要目标。这种思路是不符合我国国情的。如前所述，中华文化是自成体系的、独立的世界原生文化，我国高等教育发展坚持独立自主原则，以汉语为语言载体的高等教育教材体系经过几十年的发展是较为成熟和完备的，保持和强化其对接国际前沿的开放性、包容性，不断更新，与时俱进，是能够满足建立学生扎实的专业知识理论体系、使其准确地理解和触摸本专业的核心和前沿的教学目标的需要的。因此，我国开展双语教学最直接、最主要的出发点是提高学生英语水平，满足国家、地方和学生未来发展的需要。当前双语教学要解决的主要矛盾在于学生的英语语言水平和应用能力。从我国国情来看，开展双语教学的主要目的就是在更广泛的学科领域中，在更丰富的语言层面上拓宽英语的习得环境，培养学生的英语思维能力，提高学生的英语语言水平。因此，在我国，双语教学主要是一种英语教学方法，是英语教学方法的丰富和改善，应体现出语言教学的特点，满足语言教学的要求，因此主要属于语言教学的范畴。这是我国高校双语教学一个很重要的基本特点。

2. 高校双语教学是我国高校非英语专业英语教学的一部分

我国高校非英语专业英语教学中，目前存在着公共英语教学、专业英语教学和双语教学三种形式。这三种形式产生于我国社会发展的不同历史阶段，试图在有限的课堂教学学时内提高学生的英语水平，满足当时社会经济的发展需求。但由于我国高等教育（包括英语教育）传统地归于行政管理体制，在实践中形成了公共英语教学、专业英语教学和双语教学各有本位的教学体系，各自为政、相互脱节、费时低效。本质上，我国高校公共英语教学、专业英语教学和双语教学都属于语言教学的范畴，是非英语专业英语教学的有机组成部分，具有一致的教学目的——提高学习者的英语水平和综合应用能力。用高校非英语专业英语教学的概念涵盖公共英语教学、专业英语教学和双语教学，明确其语言教学的性质和目标，统一规划教学大纲、教材、师资和课时，整合教学资源、提高教学效率，是我国高校非英语专业英语教学发展的方向。因此，在我国高校，双语教学的引入作为促进和提高毕业生英语应用能力的一种国家教育政策，不但其本身具有语言教学的基本特点，而且其发展受到非英语专业英语教学改革整体规律的支配和主导。我国高校双语教学的理论和实践要紧密结合公共英语、专业英语教学的改革和发展，拓宽视角、包容传承，才能把握住符合实际国情的发展方向。

3. 政府高等教育行政管理部门对开展双语教学的宏观组织和指导

随着我国高等教育管理体制改革的推进，高校的办学自主权逐步得到落实和确立，高校成为社会主义市场经济中高等教育服务的微观产出主体。双语教学作为一种教育服务，应由高校以市场需求为依据自主开发、设计和产出，以满足社会经济发展对高校毕业生英语能力的新需求。政府高等教育行政管理部门似乎没有必要对这种具体的教学实践进行干涉和规定。正如美国、加拿大、澳大利亚、日本等国家的情况，高校开展不开展、如何开展双语教学，应是校方自主决定的事情，至多不能违反该国所制定的有关双语教学的立法（如果有这种立法）。但是，中国具有特殊的国情。一方面，如上所述，中国高校教学改革以政府行政力量为主导，是中国高等教育管理体制和高校所有制的内在规律。另一方面，高等教育行政管理部门可以跨高校、跨专业地集中最优秀的研究资源，对双语教学在我国的实行进行一些规律性的理论探索，对师资培养和教材编写进行有组织的规划和实施，确实能够提高双语教学的发展效率，确保其在较短时间内在我国高校全面铺开，并且保证其基本的规范性和教学质量。从这个意义上说，政府高等教育行政管理部门对开展双语教学的宏观组织和指导是中国高等教育管理体制的特有规律和优势。同时，这种宏观组织和指导也要适应社会主义市场经济条件下高等教育管理体制改革的要求，保证高校自主办学机制的有效运行。因此，政府部门通过检查评估来推动双语教学的开展是内在的规律，也是一种积极的促进力量。但是在检查评估中如果仍然沿用计划教育体制的思维模式，依靠指标体系"一刀切"地推动工作，就很可能导致学校搞各种脱离实际的形式主义，如盲目地"达标""跟风"等，从而既浪费教育资源，又破坏双语教学形象。政府部门的检查、促进主要体现在如下几方面：①学校确定开展双语教学的专业是否符合该校的优势；②双语教学课程设置及内容是否经过了市场需求调研，定位是否符合社会经济发展的实际状况和趋势；③该校师资是否能满足有效完成教学内容的要求；④是否建立了双语教学师资开发和使用的激励机制；⑤是否建立了社会经济需求与双语教学主体之间顺畅的沟通机制，运转效果如何。也就是说，应以考察学校运用市场经济思维开展双语教学的情况为着眼点，主要检查评估高校在开展双语教学中为适应、满足和开发社会需求而自主发展的意识、机制和效果。我们认为，这应是符合改革方向的政府部门通过检查评估推进双语教学的切实有效的思路。

4. 因地制宜开展高校双语教学

中国在高校中开展双语教学具有行政推动、文件指导、统一要求的特点，这方面有启动效率较高、考核标准统一的优点。同时，高校开展双语教学也要充分考虑到我国地区间社会经济和高等教育发展不平衡的现实。社会经济较不发达的地区一般对外开放程度较低，因而对双语教学的需求较弱，并且其高等学校从整体上看能够进行双语教学的师资力量也较薄弱。社会经济较发达的地区对外开放程度较高，对外交流较为普遍和深入，对高校开展双语教学以提高学生的英语水平和应用能力有着较为紧迫的需求。因此，中国高校推动双语教学，不但要遵循国家高等教育行政主管部门的统一部署，更重要的是因地制宜，使双语教学的开展符合本地区社会经济发展的现实需要。国家高等教育行政主管部门在制定推动高校双语教学的政策时，也必须把因地制宜作为一项原则。

各高校在开展双语教学的过程中，应发挥办学自主权，立足本校实际，因校制宜。各高校因为专业设置、资源优势、区位特点不同，开展双语教学的内容和方向的设定应有所区别。是否开展双语教学最终不是取决于教育部的行政要求，而应取决于各自所面对的社会市场需求具体状况，以及本校现实教育资源的制约，同时适当地体现出超前性。高校主动适应高等教育体制改革的要求，增强主体意识，自主地应用本校实际的比较优势资源，根据社会经济发展需求对毕业生的英语能力需求开展双语教学创新，是因地制宜开展高校双语教学的应有之义。

第八章　认知语言学视角下的英语语言学

众所周知，认知与语言之间存在十分密切的关系。很多学者从不同的角度对认知语言学展开了分析和研究。尽管角度不同，但他们都认为认知语言学主要是对语言与人类认知之间的关系、语言与人类基于经验而形成的知识体系之间的关系进行探索，从而更深层次地了解语言现象存在与发展的原因。因此，将二者结合起来进行研究的趋势近年来越来越明显，引起了广大学者的重视，并使认知语言学成为研究热点。本章就对认知语言学进行概述。

第一节　认知语言学概述

一、认知语言学的含义

"认知语言学"这个术语首次出现于 1971 年，原指研究大脑中语言机制的学科。其哲学基础是主观和客观相契合的现实主义中的经验（体验）现实主义（experiential realism）认识论（简称经验主义）。目前盛行于欧洲、北美及其他地区的认知语言学指的是诞生于 20 世纪 70 年代末，80 年代和 90 年代得到迅速发展，至 21 世纪渐渐成为主流的新兴语言学流派。经验主义的重要认识就是世界上没有绝对客观的现实，主观和客观是相对存在的，不是绝对的，感知和思维也不可能离开客观实在而独立存在，认知只是在一个特定的环境中（如在自然环境和社会文化环境中）相对而言才能成立。经验主义强调经验在人的认知和语言中的重要性。人类的经验源于人类与大自然（物理和生理）、人与人（社会和文化）之间的相互作用，来源于人类自身的感觉动力器官、智力与自然环境的互动（吃、穿、住、行），以及人与人之间的交往（社会、政治、经济、宗教等）。

一般说来，认知语言学主要有以下三个来源，国外认知语言学界的主要代表人物也是相关领域的重要学者：

（1）关注认知研究的人类学家、社会学家、心理学家、哲学家等，主要有 Lounsbury、Lamb、Maclelland、Rumulhart、Labov、Fauconnier、Piaget、Rosch、Gibbs、Putnam、Johnson、Kay 和 Berlin。

（2）从转换生成学派中分离出来的生成语义学家，如 Fillmore、Ransack、Lakoff 等。

（3）从功能和（或）认知角度研究语言的学者，如 Taylor、Brugman、Dirven、Talmy、Sweester、Tumer、Geeraerts、Rudzka-Ostyn、戴浩一等，他们主张深入研究语言表达背后的认知机制，运用普遍的认知方式来解释语言的功能和形式，这一阵营中还包括研究语言类型学和共性，或从认知角度和类型学角度研究语义相似性、语法化、演变等现象的学者，如 Hinnemeyer、Hawkins、Croft、Traugott，Hopper、Heine、Haiman 等，同时也包括认知语用学家 Wilson 和 Sperber 等。

其实，早在 20 世纪 50 年代，生成语法学派就提出从心智的角度研究语言。后来，由于生成语言学研究的基础是纯心智主义，而认知语言学家研究的基础是经验主义哲学或非客观主义的经验现实主义哲学，在强调认知的同时，还强调语言的体验性。因此，认知语言学家提出了许多与乔姆斯基假设相对立的观点，可以说，反对以生成语法为首的主流语言学是认知语言学建立的基础。根据研究范围和研究方法上的差别，可以将认知语言学分为广义的认知语言学和狭义的认知语言学两种。广义的认知语言学指一切从人的大脑和心智的工作原理来解释语言运用的认知能力和知识系统的语言学研究；而狭义的认知语言学则专指以拉科夫、兰盖克为代表的一批学者所进行的有自身特点的认知语言学的研究。

认知语言学不是单一的理论，没有形成统一的理论体系，而是一个语言学研究范式，包括一系列不同的理论和研究领域，其重点是揭示语言与人的其他认知能力的紧密关系。认知语言学强调心智的体验性、认知的无意识性、思维的隐喻性。认知语言学的目的并不是对认知进行全面的研究，它的研究源自一个基本前提：在语言和客观世界之间存在着一个中间层次——认知。认知指通过心理活动（如形成概念、知觉、判断或想象）获取知识。人们习惯上将认知与情感、意志相对应。认知过程是大脑对客观世界及其关系进行处理从而能动地认识世界的过程，是人们认识活动的过程，即个体对感觉信号接收、检测、转换、简约、合成、编码、储存、提取、重建、概念形成、判断和问题解决的信息加工处理过程，包括感知觉、知识表征、概念形成、范化、思维。从这个定义中可以看出，认知包含两个过程：一个是思维过程，即人们能动地去认识世界；另一个是认识的结果，或称知识和文化的沉淀。思维过程是认知的核心，因为它是信息加工过程中最高的阶段，是在感知觉、表象、记忆等基础上形成的，又反过来影响这些过程。人对世界的感知和经验、观察事物的方式影响着人们对语言的使用，特别是在同样符合语言规范的条件下如何选择不同的词与句子来表达非客观意义（认知语言学关于认知的内涵）。人的认知是语言与对现实世界的反映之间的中介，人类的经验都积淀在了语言的功能与结构中，其过程大体是：外部世界→认知加工→概念范畴→语言符号。所以，词汇是思维活动的结果。

认知语言学坚持概念的语义观，认为意义就是概念化。一种表达法的意义是其在说者或听者头脑中激活的概念。意义体现了词与心智之间的关系，而不是词与世界之间的关系，因此认知语言学坚持百科知识语义观。词或更大的语言单位是激活开放式知识网络的触点，要全面地说明一个词或表达式的意义，就需要考虑与其相联系的视觉的和非视觉的意象、隐喻联想、心理模式和对客观世界的知识。所以，一个词的意义远不是传统词典中的定义可以概括的；范畴不是由充分必要特征决定的，而是根据原型、家族相似性和范畴成员之间的主观联系等确定的。认知语言学研究的主要内容有：

第一，体验与认知。语言的形成和发展与人类的身体经验和认知密不可分，语言能力是人类整体认知能力的一部分，同时语言的出现和发展又促进了人类认知的发展。Ungerer 和 Schmid 指出："认知语言学是根据对世界的经验、感知和概念化的方法来研究语言的。"可见，客观世界是认知形成的基础，而语言是对客观世界认知的结果，是对现实进行概念化后的符号表达。认知和语言都基于对现实的体验，认知先于语言而决定语言，是语言的基础；语言又反作用于认知，可以促进认知的发展和完善。因此，语言和认知是相互作用、相互影响的。以往的语言研究多重视语言的形式、结构、内部关系，或强调语言与客观世界的对应，没有从认知角度，将主观与客观结合起来深入解释语言，这是认知语言学与其他许多学派的根本区别之一。

第二，意义为中心。认知语言学是以意义为中心的语言学，人类在对客观现实进行体验和范畴化的基础上形成了范畴，每个范畴对应一个概念，同时形成语义，逐步形成了概念结构和语义系统。因此，概念和语义既具有客观性，又具有主观性。

认知语义观是传统客观主义观念论的一次革命性的升华。体验哲学和认知语义观批判地接受了传统的观念论，将意义视为基于身体经验的概念化（conceptualization）。认知语义观一方面强调了意义与人们的认知密切相关，突出意义的动态观、认知主体的创造性和想象力，摒弃了观念论中客观主义的镜像观，这是“避其短”；另一方面则是“扬其长”，认知语义观继承了传统客观主义的“意义是抽象概念”的观点。因此，比起将语义视为概念（concept），认知语义观具有避其短而扬其长的性质。意义基于体验，意义在人们头脑里。这种语义观解释了语义的本质和来源，决定了语义具有体验性和创造性。

第三，认知方式（cognitive strategy，又称认知工具、认知策略）。要用有限的词语来描写世间纷繁芜杂、无限的事物，人们只能依靠有规则的认知方式和有组织的词语，否则人们就无法认识和理解世界。认知方式主要包括体验、原型范畴（化）、概念（化）、认知模式（包括框架）、意象图式、识解、隐喻（含换喻）、概念整合等。这些认知方式适用于分析语言的各个层面，对语言做出统一的解释。人类认识世界的方式直接影响了语言的表达、运用和理解，语言的差异也直接导致了认知的差异，这也是研究语言与认知关系的主要内容之一。对同一事物从不同角度去体验，就会认识或凸显事物的不同特征，因此就会出现不同的名称。同样，对同一事件认知的不同视角、态度及认识限制，就会凸显事件的不同成分，从而形成不同的句式。

第四，统一解释。认知语言学在描写语言事实的基础上，努力解释其背后的认知机制和规律，因此，认知语言学当属解释语言学。语言形式反映了人们对世界的认知方式和内在的认知机制。语言形式相对于人们的经验结构、认知方式、概念框架、语义系统及客观世界来说，应是有理有据的。因为这些形式有生理、心理、认知等诸多方面的动因，所以认知语言学强调深入探索符号形式与所指意义之间的理据性联系，努力解释语言交际过程中的一般认知机制和规律。这就形成了认知语言学中的相似性理论。

认知语言学不仅要解释语言现象、阐述语言与认知的关系，而且要尽力做出统一的解释。传统语言学在分析语言的不同层面时，往往采用不同的方法，如用形态分析法分析词汇，用成分分析法分析句子，用组合原则等分析语义，用会话含意、间接言语行为等分析话语，分析语篇则又需要用另外的方法。而认知语言学则尽量简化和统一分析方法，尝试寻找适合分析语言各个层面的几种基本的认知方式，这是其他理论范式所不及之处。

第五，知识结构。语言与人类知识（包括概念、结构、社会、习俗、文化规约等）密切相关。结构主义理论研究语言时排除了人和社会文化的因素，认为语言是自主的。认知语言学则认为语言不是独立的系统，它是客观现实、生理基础、心智作用、社会文化等多种因素综合作用的结果，对语言的解释必须参照人的一般认知规律和百科知识，要将语言描述清楚，必须充分考虑这些因素。

目前，国际认知语言学协会已经召开了10次研讨会，而地区性的认知语言学会也相继开始成立。20世纪90年代初，开始有学者将认知语言学的理论和方法介绍到国内学界，并很快得到广泛响应。进入21世纪后，国内多所院校多次邀请蜚声国际的认知语言学家前来举办认知语言学讲习班，并通过召开研讨会的方式积极推进国内认知语言学的发展，使之与国际接轨。目前，国内这方面的论文数量正在稳步增加，并已经出版了多部认知语言学专著。我们相信，随着时间的推进和科技的进步，这门新兴学科一定会取得更广泛而深入的发展。

二、认知语言学的性质及重要意义

（一）认知语言学是以语义为中心的语言学

语义研究历来是语言研究中最薄弱的环节。结构主义视语义为语义关系或义素的组合。转换生成语法认为语义只有解释性，语法是自主的，具有生成性，所以完全撇开语义因素而研究语法的转换规则。后来的生成语义学把语义提到重要的位置，认为语义才具有生成性。认知语言学继承了这一观点，认为词法、句法不是自主的，是受功能、语义和语用因素支配和制约的。语义是概念化的，是人们关于世界的经验和认识事物的反映，是与人认识事物的方式和规律相吻合的。认知语言学对客观条件的描写与对认知概念的建构统一起来，不区分语言意义和语用意义，而是探索意义在大脑中是怎样建构的，研究原型理论、范畴化、概念形成的过程及机制。

（二）认知语言学是共性语言学

语言的普遍性和共性是转换生成语法提出来并试图探索的，但从句法的生成与转换上并未找到各语言间任何共性的东西。语言的共性不在语言形式上而在于人的认知心理。认知语言学虽然是以某一具体语言为对象，但它探索的是语言的共性，目的是寻找人的认知和语言的普遍规律。共性是研究个性的基础，知同方能求异。各种语言之间之所以能够交流、翻译，也是以共性为基础的。其研究的重要性也就不言而喻了。

认知语言学认为，语言不是一个自动的认知装置（Language is not an autonomous cognitive faculty），语法就是概念化（Grammar is conceptualization/ construal），

语言知识来自语言使用（Knowledge of language emerges from language use）（William Croft & Allan Cruse）。

语言是一个认知系统，包含感知、情感、范畴、抽象的过程和推理等因素（Language is part of a cognitive system which comprises perception,emotions, categorization, abstraction processes, and reasoning）。所有这些认知能力都与语言互动，并被语言所影响（All these cognitive abilities interact with language and are influenced by language）。认知语言学认为，语言是认知的一部分，受人们认识世界的方法和规律的制约，要想做到描写的充分性，必须对语言现象做出解释，必须研究人的认知规律。所以认知语言学不仅对语言事实进行描写，而且致力于朝理论解释的方向迈进，揭示语言事实背后的认知规律。认知语言学力求用较少的规则解释较多的、表面上似乎不相关的现象，而且力求提出能独立论证的（independently motivated），而不是特设的解释。这有利于加深人们对语言的认识，揭示语言的本质。理解这些观点对我们进行语言研究是非常重要的。

三、中西认知方式比较

思维模式作为一种特定文化主体固定了的思维习性的基本状态，包括思维结构、认知属性、审美情趣、民族、个性及现实运用等。思维方式是主体在反映客体的思维过程中，定型化了的思维形式、思维方法和思维程序的综合和统一。连淑能深刻地论述了中西方思维方式的差异，他认为，东方和西方属于两大不同的文化体系，因而形成了两大类型的思维方式。东方和西方的思维方式从总体上看具有不同的特征，如东方人偏重人文、注重伦理、道德，西方人偏重自然，注重科学、技术；东方人重悟性、直觉、意象，西方人重理性、逻辑、实证；东方人好静、内向、守旧，西方人好动、外向、开放；东方人求同、求稳、重和谐，西方人求异、求变、重竞争等。他从伦理性与认知性、整体性与分析性、意向性与对象性、直觉性与逻辑性、意象性与实证性、模糊性与精确性、求同性与求异性、后馈性与超前性、内向性与外向性、归纳性与演绎性十个方面对中西方思维方式的差异进行深入的阐释。

古代汉民族思维的一个主要特点是它的整体性。这同西方游牧民族的个体性形成对比。“天人合一”的境界也使汉民族的思维模式趋向整体化。因此，汉民族思维不像西方人那样讲究分析，而是更多地带有综合的特点。汉民族整体性的思维特征甚至在生理上也能够得到证实。

成中英在《论中西哲学精神》一书中提出：天、道，性、命；理、气，心、性是中国哲学的基本范畴，并对此进行了详细的论述。他认为中国哲学的四个特征是：①中国哲学偏向于宇宙论和价值论的发展，而缺乏对知识问题、方法问题的专注，故往往就事象而言，而不重观念分析；②中国哲学偏向于对大体和大化的认识和肯定，而对小体事物与事件则缺乏细致入微的考察；③中国哲学重简易、合一、相融与和谐，而缺乏对宇宙人生中的复杂性、异质性、冲突性和矛盾性的认识和肯定；④中国哲学偏向实用而忽视理论。成中英进一步指出，如果说西方思维方式倾向于形式的、机械的、冲突的，那么，中国传统思维方式则倾向于整体的、辩证的、和谐的。故而我们将中国传统思维方式概括为“和谐化的辩证法”。

如果说西方的因果律模型是以原子论、外因论、机械论的原理为特征，那么中国式因果律特征模型的特征则是受制于整体论、内在论、有机论的原理。中国哲学这三大形而上学及方法学的原理构成了中国因果律的三大基本层面。周春生在《直觉与东西方文化》一书中对比了中国孟子与古希腊柏拉图在理想政治上的区别，指出中西思想文化的区别是：①人间一唯境地的理想政治与天人两难境地的理想政治；②理想政治的心理学基础与理想政治的逻辑学基础；③理想的孝道主义与理想的法制主义。

世界上几乎每个民族都有自己的历史文化传统和认知方式，人们总是按照一定的认知方式认识世界。认知方式是主体反映客体相对稳定的形式，它是某一文化类型的集中表现，是一个民族心理的深层结构。认知方式是指在人类社会发展的一定阶段，认知主体按照自身的特定需要与目的，运用思维工具去接受、反映、理解、加工客体对象和信息的思维活动的方式、模式，反映认知主体、认知过程三者关系的一种稳定的、定型化的认知结构。

（一）认知方式的构成

对世界认识的正确与错误、对世界认识的广度和深度都与认知方式有着十分密切的关系。认知方式是由哪些因素组成的呢？思维认知方式主要由价值标准、认知视野、认知方法等因素组成。

1.价值标准

人们的认知方式乃至行为方式都会有所不同。价值标准是主体在思维过程中对作为认知对象的外界事物的评价。价值标准不同，认知方式也不同。价值标准影响认知方式是通过认知取向进行的。中国有不少人说话、办事，或者看领导的脸色，见风使舵，或者看大多数人怎么做，随大流。人们的价值标准不同，就会对事物做出不同的评价，形成不同的思维目标。

2.认知视野

时间、空间是人类最基本的认知载体。由于时空不同，认知方式也就不同。思考的时间尺度不同，认知方式就不同，认知的结果也大不一样。我们可以想象，古代的中国人和现在的中国人在认知思维视野方面明显存在诸多差异。空间背景也是影响认知方式的一个重要因素。人们的认知方式总是受到时空的影响和限制。中国清朝闭关锁国，等到英国的军舰、大炮打到家门口，还以为“天朝物产丰富，无所不有”，以为别的国家都是“蛮夷”。欧洲中世纪的教会以为地球是宇宙的中心，太阳、月亮、行星都是绕地球运行，而哥白尼把地球放在太阳系考虑，创立了“日心说”，布鲁诺更进一步地看到了太阳也只是茫茫宇宙中的一颗普通恒星。可见，空间背景对认知的影响也是影响人们思维方式的一个重要因素。

3.认知方法

认知方法是指认知为达到问题解决所采用的手段。认知方法不同，认知的结果也必然不同。认知方式的特点与社会文化背景密切相关。人们认为，中国是一个“他向社会”，而西方是一个“我向社会”。在“他向社会”里，人们在处理人际关系时，总是先考虑对方是什么人、有什么背景和利害关系。在“我向社会”中，人们思维的重心在于“他们能干什么，凡事皆以自我为中心”。这两种不同的认知方式与中西不同的文化背景有关。“中国古代思想家没有像古希腊的哲学家那样，把主要精力和智慧用在对自然界的思考上。古希腊哲学家思考宇宙的生成、宇宙的构造、构成宇宙的基本材料，原子论者甚至猜想原子的形状是怎样的。中国古代的思想家也对宇宙进行思考，也提出过某种宇宙模式，但所谓的宇宙模式往往异常简约。它有一个基本的观点，即认为宇宙是一个整体，是运动的、和谐的。”认知方式作为观念文化的一种外在表现，是民族文化特殊性的重要标志。

（二）中西认知方式的不同背景

1.不同的认知开源

古希腊的学术思潮和哲学所发端开源的社会历史条件与中国先秦社会条件有着很大的差别。汉民族在华夏中原的沃土上自足地生存，东临不可逾越的大海，西阻于群山。封闭自足的环境使汉民族形成了整体、统一的意识。家族宗法制是中国古代社会独特的社会结构。中国的古代哲学认知发端于人伦哲学，中国先秦诸子学术思想及其所蕴含的认知方式，是中国学术思潮及其认知方式演变长河的开源。由于地理环境的差异，西方游牧民族形成并发展了扩张性、冒险性的性格，在古希腊奴隶制内部除了奴隶主与奴隶的分化外，还有一个自由民阶层，在奴隶主内部又有氏族贵族奴隶主与工商业奴隶主的分化，没有形成那种“大一统”的“王权神授”的政治。人类思维模式的地域性差异，是一个十分明显的事实。

2. 不同的认知内容结构

西欧是在古希腊自然哲学雏形基础上成长起来的科学主义和人本主义两大哲学思潮。西欧从古希腊学术思潮和哲学认知发端开源注重人同自然的关系，始终把对自然界奥秘的探索作为独立的重大课题，具有自然主义和客观主义倾向。

而中国学术思潮和哲学认知从一开始就注重人与人的关系，甚至把自然现象人格化、伦理化，中国是在古代先秦人伦哲学思维基础上成长起来的以儒教经学为主体的政治伦理哲学。

3. 不同的认知方法

在不同的民族中，由于种种不同的主观原因，有着不同的认知内容结果，形成了不同的思考重心、思考中心与致思趋向。中国语言哲学强调，语言意义实现的最高宗旨不是主客体符合，而是主体间的相契交流。文名从礼，语言作为一种有意义的表达形式（文名），终归不是与认识论的真理的“理”联系在一起，而是与社会学的伦理的“理”联系在一起。

中国传统认知方式的重心和运思的特征是人，是人与人的关系，是人自身的规范之法术，它所注重的是社会政治伦理问题。而西欧的传统认知方式的重心是探索自然界的奥秘，它所注重的是探求人与自然的关系。

因此，由于历史、民族、文化背景等的不同，中西认知方式有着明显的差异。

（三）中国认知方式的特点

张忠利、宗文举在《中西文化概论》一书中对中西文化的差异也进行了详细的论述。他们对中西文化进行了详细的比较，归纳了以下文化特征：第一，规范特征。一个文化系统中，对文化分子的思想、行为甚至情感，规定其应当或不应当。伦理和道德是规范特征的总汇。第二，艺术特征。文学、音乐、绘画、舞蹈、歌唱、装饰……都属于艺术特征。第三，认知特征。认知特征是一种文化的文化分子对其所在的自然环境、历史传统及周遭人事所做的认知了解的总和，这一特征的典型成就当然就是经验科学。第四，器用特征。器用特征是一种文化的文化分子因生存或求知等需要而采用的工具特征。

张忠利、宗文举对中西文化进行了详细的比较，归纳了以下几个根本差异：静止与运动、和平与斗争、平均与非平均、直觉思维与逻辑思维、精确与模糊、整体与个体、性善与性恶、人治与法治等几大特征。

从广义上说，思维方式作为民族文化的深层结构，它与中国人文文化是互为表里的；从狭义上说，由这种思维方式所建构的哲学是伦理哲学和政治哲学，是致力于做人的“明智之学”。中国传统认知方式的内倾性的主导方面是将自然包容于心，“万物皆备于我”，以人为天，天人合一，还原为心。任何一种类型的认知方式都是在一定的自然环境、生产环境、社会组织环境中，人们思维活动的逐步演变和长期积淀而形成的。中国传统认知方式亦是如此。

1. 以人伦为中心，以天道与人道相结合的主客互融的认知倾向

西方人把自我意识与意识对象（自然界）的界限划分得很清楚，因此他们有系统的本体论、认识论。古希腊哲学认知发端于自然哲学。它所提出的问题首先是什么是自然界的本原，然后是怎样才能达到理想的人生境界，它的核心是自然主义、理性主义和形式逻辑。而中国人基本上不在内心世界与外部自然界之间划出界线，而认为这两个世界是相互交错、相互渗透、相互融合的。中国传统的认知方式轻自然、重伦理，反天道、重人道，古代思维中以人道、伦长为特征，经过长期历史的积淀，作为一种致思倾向发展下来，成为中国传统认知方式的显著特点。例如，关于爱情的古典小说，中国古代的许多戏剧小说在描写爱情故事时，往往是描写这样的情节：男女主人公费了很多功夫，走了很多曲折的路之后达到一个大团圆的美好结果。特别喜欢从道德、伦理的角度去描写，侧重于对爱情、婚姻的道德评价，也热衷于抨击那些负心郎和薄情的妇女。

2. 直觉性、整体性和模糊性的认知特征

在古代中国，自然科学停滞不前，中国传统认知方式的直觉性、整体性、模糊性却得到进一步完善和发展，成为中国传统认知方式有代表性的特征。

（1）意会体悟的直觉性。

中国传统认知强调向内寻找，如“反求诸己”“反身而诚”“反求自识”等，“书不尽言，言不尽意”，人们也就只能靠感觉、体验、意会、领悟来把握它，而无须理性的逻辑思维的成分。中国传统哲学强调主体意识，强调参与，认为人是宇宙主体。

（2）笼统朴素的整体性。

整体性认知对世界的把握是笼统的而不是精确的。在整体性认知看来，世界在本质上是某种从混沌中产生出来的东西，它一产生出来便是一个整体，注

重和谐，认为世界浑然一体，习惯于融会贯通地把握事物，而不主张从局部、细节上把握事物。宋代哲学家张载的“气元论”“太虚即气”的宇宙同论，王夫之的“太虚一实”“气”的普遍无限性等就是这方面的体现。

（3）朦胧的模糊性

中国传统认知方式重视对事物做质的判断，而忽视量的分析；讲究“设象喻理”“刻意神似”，而疏于推理和逻辑性思考。模糊性特征在汉语里得到了充分发展。

3. 疏于逻辑推理、忽视理论体系的认知格局

中国传统认知对事物的把握往往是通过感觉、体验、意会、领悟的方式，讲究“设象喻理”“刻意神似”，而不重视严密的逻辑推理，十分重视“经世致用”，重现实、重人伦，探讨理论的目的在于眼前的实用。中国传统思维不重视宏观、系统的理论表达方式，忽视理论体系的构建，这对后世产生了很大的影响。总体而言，汉民族表现出一种重整体、重悟性、重主体的认知模式。

（四）西方认知方式的特点

1. 崇尚自然，以自然为主要对象的致思倾向

在西方文明的发源地希腊，地处大海，因为手工业生产、商业和航海业的发展，引起了人们对天文学、气象学、数学和物理学知识的兴趣，人们崇尚自然，形成了探索自然知识的学术传统。自然观是西方思维方式的重要特征。西方自然科学家同时也是哲学家的比比皆是。恩格斯说：“最古的希腊哲学家同时也是自然科学家。”爱因斯坦也说过，现代著名的物理学家几乎都是哲学家，爱因斯坦本人就是一个例子。西方思维方式崇尚自然，以自然为视觉焦点的致思倾向是西方思维方式一个十分重要的特点。

2. 实证性、局部性和精确性的认知特征

西方认知方式除了突出实证性外，由于受到自然科学发展状况的影响，还形成了局部性、机械性、形而上学性等特征。他们强调科学实验，注重形式论证，主张主客体分明，在认知模式上具有重理性、重分析、重形式的鲜明特征。

3. 强调逻辑思维、重视理论体系的认知格局

在西方，往往是通过逻辑推理、理论体系的完善来达到建构认知格局的目的的。西方的逻辑传统发端于古希腊，亚里士多德建立了一个包括逻辑学、自然哲学、心理学和认识论等各个方面的庞大的理论体系。亚里士多德也是传统逻辑的奠基人，他提出了形式逻辑的三大基本规律——同一律、矛盾律和排

中律。

在西方认知格局中，除强调逻辑思维外，还非常重视理论体系。由于西方人把视觉焦点集中于自然界，在探索自然界奥秘的过程中以求知、爱智为目标，追求理性主义。法国笛卡儿建立了形而上学的世界观体系，康德建立了先验唯心主义体系。

综上所述，中西思维认知最根本的区别不外乎“天人合一”与“天人相分”。从总体上比较一下中西方的文化传统是很有意思的：中国人似乎更擅长总体把握，而西方人擅长条分缕析；中国人善于归纳，西方人善于演绎；中国人强调群体，西方人强调个体；中国人重悟性，西方人重理性；中国人善形象思维，西方人善逻辑思维；中国人更具诗人的气质，西方人更具科学家的头脑；中国人把宇宙看作一个整体，充塞其中的是“道或气”，西方人把宇宙看作一个个原子，各自独立又彼此联系；中国人处理事情就像中医，把人体看作一个有机整体，西方人处理事情就像西医，头痛医头，脚痛医脚。这一系列区别虽然不一定适用中西所有的个体，但从总体的倾向来看还是相当有道理的。

第二节　认知语言学理论

一、基础理论

（一）兰盖克的“空间语法”与“认知语法”理论

心理空间与概念合成理论是认知语言学的重要组成部分，为进一步深入挖掘、构建和理解人类认知活动下的语言意义，提供了新的理论基础，指明了新的研究方向。

兰盖克于1976年提出了“空间语法”理论，于1987年又出版了《认知语法基础》（*Foundations of Cognitive Grammar*）的第一卷（理论前提）及第二卷（描写应用），细致地阐释了“认知语法”，其实是对“空间语法”的深化，也就是说，“认知语法”实际上就是最初的“空间语法”。“空间语法”是“认知语法”的原型，构建了兰盖克所称的“空间语法”的理论框架。之所以称其为“空间语法”，主要是因为他所持的一种语言观点，即语言表述如同观察事物，涉及诸种情境的观察视角，而这种视角显然是以自我（ego）为中心的角度择用。兰盖克将这一理论观点应用于对英语认识类情态动词（must，would， ought to，should，can，could，may，might 等）的分析，发现其语序与概念化的分层结构相关。1982 年，兰盖克发表了《空间语法、可分析性与英语被动语态》一文，从不同视角探讨了学界已经确认的语言学理论不可回避的一些基本假设，对语言结构形成了前后一致的看法，提出语法是一种符号现象，并强调语法结构可分析性的重要性。这篇论文构建了“空间语法”的描写性框架，同时简要描述了对语义结构及语法配价关系的研究途径。很明显，从初期建立的“空间语法”不难看出，兰盖克对语法结构和语义结构的研究视角明显带有他早期对美洲印第安语言研究成果的痕迹，而且他对语言研究所持的认知观已有所显露。需要特别指出的是，20 世纪 80 年代后期，“空间语法”改名为“认知语法”，其认知性主要表现在如下几个方面：①语法概念的界定有赖于感知表征的诸种特性，如语法上的主语和宾语的界定有赖于多种概念化情境的图形背景组织；②各种语言结构的形成和范畴化有赖于各种认知过程，而这些认知过程与其他的认知系统具有共性；③多种语言表征的构建与其他表征类似，如某一范畴中的诸成员关系并不是绝对的，而是度的问题；④有些语言现象能反映出意向的运作，即对于同一种情境，人们形成不同识解的能力；（5）对显示的概念化基于对世界的认知模式。

（二）福科尼耶的心理空间与概念合成理论

1985 年，福科尼耶出版了《心理空间》一书，标志着“空间语法”的研究进入了一个新的阶段：无论研究范围，还是研究重点，均有了新的延伸和拓展，并且其研究思路更加清晰和明朗。福科尼耶提出，心理空间就是人们在交谈和思考的过程中为了达到局部理解与行动的目的而临时储存于工作记忆的概念集，而隐喻则是跨心理空间映射的结构。他指出，在自然语言意义实时构建的过程中，通过各种语言形式，心理空间得到建立、所指和辨认的诸种具体情况，并认为对相关的语言组织的理解会将我们引向对空间域的探究，而这些空间域的建立基于我们的谈话或听话过程，并且我们借用各种语义要素（elements）、角色（roles）策略（strategies）及关系（relations）来建立这些空间域。他还进一步指出，这些空间域实际上就是彼此具有相互联系的心理空间。

在构建心理空间的过程中，语言起着至关重要的作用，因为语言能确立各心理空间的关系，以及各心理空间中各语义要素之间的联系。心理空间理论应成为探讨语言意义构建的关键，并以此为出发点，系统地考察了语言结构在人类认知结构中的体现，揭示了自然语言意义的生成与理解过程，为语言的意义探究提供了一个崭新的理论视角。心理空间的映射是人类思维组织和认知的一部分，虽然语言为这种映射提供了众多素材，但映射在本质上不是语言所为，而是存在于概念化的过程中。

1986年，福科尼耶撰写并发表了《角色与连接的途径》（*Role and Connecting Paths*）一文；1990年又相继发表了《空间域与连接》（*Domain and Connections*）和《隐性意义》（*Invisible Meaning*）两篇论文；1994年又出版了专著《心理空间：自然语言意义构建面面观》（*Mental Space：Aspects of Meaning Construction in Natural Language*）；1995年与特纳合作发表了长篇论文《概念整合与形式表述》（*Conceptual Integration and Formal Expression*），初次提出了概念合成理论，并将合成空间作为多空间模式中最后也是最为重要的一个。1996年，他与斯威策联合编写了《空间、界与语法》（*Space，orlds and Grammar*）一书；同年，他又与特纳合作发表了《作为语法重要过程的合成》（*Blending as a Central Process of Grammar*）一文，前后主要探讨了心理空间的生成，通过各心理空间的互动，产生心理空间的合成，从而实现自然语言意义的实时构建。这就是福科尼耶于1997年在《思维与语言中的映射》（*Mappings in Thought and Language*）一书中展开系统而详尽论述的概念合成理论。在这本著作中，福科尼耶论证了各心理空间相互的关系和互动作用，以此为基础，勾勒出了一个"四空间"交互作用的自然语言意义实时构建模型，反映了诸多语言现象中心理空间的认知操作，揭示了自然语言中意义实时构建及连接各心理空间的映射过程。"四空间"模型是相互映射、彼此连接的四个抽象的心理空间网络。福科尼耶认为，各空间域之间的映射是人类所独有的意义产出、意义迁移和异议处理等认知能力的核心，而语言的结构和运用为潜在的诸空间域之间的相互映射提供了依据；显性语言只是其隐性意义构建这座认知冰山所露出水面的一角而已；意义的实时构建随着我们的思维和交谈而向前推进，属于高层次的复杂心理运作过程，它既发生于各空间域之内又发生于各空间域之间，既有域内的心理运作过程又有域际的互动性心理操作。

《思维与语言中的映射》的出版轰动了认知语言学界。这一专著较为系统地提出并详尽地阐释了概念合成理论，其宗旨就是揭示自然语言中的意义实时构建及连接各心理空间的映射过程，即"四空间"交互作用的自然语言意义构建模型。这四个空间就是类指空间（generic space）、输入空间1（input1）、输入空间2（input2）和合成空间（blending space）。这一自然语言意义构建的宗旨是揭示概念合成的认知运作机制、程序。首先是从类指空间映射到输入空间1和输入空间2这两个输入空间，反映的是这两个输入空间共享的而且通常存在于人类大脑中更为抽象的思维常见结构和组织，同时规定核心的跨空间映射。这两个输入空间一旦发生直接的、部分而有选择性的对应映射，便会再被映射到合成空间，并在合成空间里借助组合（composition）、完善（completion）和扩展（elaboration）这三个彼此关联的心理认知过程的交互作用而产生“层创结构”。“层创结构”的产生过程就是意义的运演和形成过程。正是因为有认知思维和心理运演不断地展开，整个认知模型展示了一个动态的认知运作过程。他认为，语言研究的重点就是意义的构建过程，因此心理空间的建立映射和合成机制自然成为概念合成理论研究的核心问题。

1998年，福科尼耶发表了《心理空间、语言的情态与概念整合》（*Mental Space, Language Modalities and Conceptual Integration*）一文，同年，他还与特纳合作撰写并发表了两篇论文《概念整合的诸种原则》（*Principles of Conceptual Integration*）和《概念整合网络》（*Conceptual Integration Networks*）。《概念整合网络》指出，概念合成或概念整合也称之为心理合成，是一种基本的心理运作，具有统一的结构和动态的特点，可运用于包括隐喻和转喻在内的思维或行为等诸多方面。1999年，在第六届国际认知语言学会议上，福科尼耶宣读了论文《体验式整合》（*Embodied Integration*）；同年，他与特纳再次合作撰写并发表了论文《转喻与概念整合》（*Metonymy and Conceptual Integration*）。2000年，他发表论文《方法与类化》（*Methods and Generalizations*），同年与特纳再次合作，发表了《压缩与整体性洞悉》（*Compression and Global Insight*）一文。2001年，他撰写了《概念合成与类推》（*Conceptual Blending and Analogy*）一文；2002年与特纳再次合作出版专著《我们思维的方式》（*The Way We Think*）。在这部专著中，他们提出：概念合成是一种基本的心理认知机制，即便是最简单的思维活动，其背后也隐藏着极其复杂的运作机制，它无处不在，无孔不入，却不易为人们所觉察。认知语言学的根本任务之一就是要发掘和认识语言运用背后概念合成过程中的多种原则和运作机制。顺着这一思路，他们归纳出概念合成理论的导向性制约因素（guiding constraints），即组构性原则（constitutve principles）和管制性原则（governing principles）。组构性原则就是跨空间的部分映射、对合成空间进行有选择性的投射及在合成空间中产生“层创结构”。管制性原则具体表征优化“层创结构”的各种策略，同时还表现于其他一些方面，如结构、范式的完善、整合、诸种关系的强化、网络中各种连接的维系、合成空间的清晰性及在整个网络合成空间中结构的关联性等。所有这些原则均受制于一个目标，即获取具有人类维度的概念合成，即在人类易于理解的熟知框架中具有直接的感知和行为。概念合成若要达成具有人类尺度的合成空间，则要求概念合成网络在对合成空间进行投射时具备对诸要素和结构富有想象力的转换；一旦概念合成达成具有人类尺度的合成空间，这一合成空间就往往能够参与生成其他具有人类尺度的合成空间。此外，福科尼耶和特纳进一步提出了概念合成网络的四大类型，即简单网络、镜像网络、单域网络和双域网络。

这一时期的西方认知语言学家已开始尝试将心理空间理论应用于语言诸层面的探索，如在《叙事话语中言语与思维的视角与表征》（*Perspective and the Representation of Speech and Thought in Narrative Discourse*）一文中，桑德斯和雷德克将心理空间理论中的观点与叙事话语中的视角及焦点联系在一起，试图将心理空间理论应用于叙事话语中。言语与思维的关系研究也是将理论研究与语言实践探索相结合并将理论作为认知语言学的核心组成部分，概念合成理论是在概念隐喻理论的基础上形成的心理空间理论的延续和发展，其研究的中心问题是言语解读中各心理空间的建立、彼此的映射与合成机制的实时认知运作。这一理论将隐喻研究推向了另一层认知深度——隐喻言语的实时解读过程，为人类正确认识自身的言语心理认知能力提供了一个有力的诠释，同时也为语言研究开辟了一个新的天地。

（三）心理空间和概念合成理论的完善

概念合成理论以心理空间理论为出发点并通过概念隐喻理论发展而来，描述跨空间映射，具有强有力的解释力，但西方许多学者开始质疑其内部运作机制，从不同角度对概念合成理论提出大量改进和完善的意见。2003 年，哈德发表《心理空间：我们究竟何时需要它们》（*Mental Spaces: Exactly When Do We Need Them*），对概念合成理论的论证方法及其合理性提出了质疑。他认为，概念合成理论的论证方法与奥卡姆从简单到复杂的论证方向性的剃刀原则相悖。因此，他建议对于认知运作过程中的复杂问题，最好借用心理空间和概念合成理论来加以解释和分析，而对于像 in France 这样的认知过程，其结构本身就较为简单，无须使用这一理论加以繁复的解释和分析。

2004 年，布兰特出版了《空间、域和意义：认知符号学论文集》（*Spaces, Domains and Meanings: Essays in Cognitive Semiotics*），从认知符号学的角度研究并分析了心理空间理论和语义域的预定定位，以及与大脑的神经组织和人类现象学一致的心理结构问题。2005 年，他又发表《心理空间和认知语义学：批评性述评》（*Mental Spaces and Cognitive Semantics A Critical Comment*）一文，对心理空间理论的哲学基础提出异议，同时论述了心理空间的无限性。他认为，认知语义学研究应全面探寻语言现象。他提议，人们应改变先前对意义的拘谨看法和认识，合理地完善并发展心理空间和概念合成网络。与此同时，他还提出了概念合成五空间论：基础空间（base space）、呈现空间（presentation space）、所指空间（reference space）、关联空间（relevance space）和合成空间（blending space）。布兰特的五空间论补充和修正了福科尼耶的概念合成四空间论，对心理空间理论和概念合成理论的反思也成为他所提出的认知符号学的重要组成部分。

2005 年，福科尼耶发表了《压缩和层创结构》（*Compression and Emergent Structure*），在理论上详细地阐述了“层创结构”的产生与压缩的相互作用，进一步推动了概念合成“四空间”模型的内部运作机制的发展。他指出，类比、范畴化、范畴延伸、隐喻、转喻、框架和语法结构等心理模型，均可以看作概念合成的结果。压缩是建立于因果、类比 / 非类比、时间、空间、变化、身份、部分 / 整体和表征等关键性关系基础上的认知运作，并将分散的概念结构压缩成合成空间中易于人们理解、操作和把握的具有人类尺度的场景。福科尼耶认为，最佳的合成空间应简单并且能利用现存的可及性结构。

在 2005 年发表的《概念整合理论的制约：概念合成及分解的级次》（*Constraining Conceptual Integration Theory*：*Levels of Blending and Disintegration*）一文中，巴什指出，概念合成理论存在普遍适用问题，难以对人类认知的具体例子做出精确的解释。因此，他认为，概念合成的级次和概念分解对整个概念合成的运作过程需要某种程度的制约，并认为在心理空间的整合过程中，概念合成起到了联合并统一各独立输入空间的作用，而概念分解的作用则是将概念的整体分解为诸成分、特征和局部结构，以便个体性地投射到合成空间中。

格雷迪也在 2005 年发表了论文《作为概念整合输入的主隐喻》（*Primary Metaphors as Inputs to Conceptual Integration*）。他认为概念合成最为突出的一个方面就是试图将各种极为广泛而又繁杂的概念现象统一起来，并将这些概念现象视为一个单一的认知过程的产物。这一论文集中讨论了各种隐喻合成（metaphoric blends），充分说明了隐喻合成有别于其他合成类别的多种特性的原因，特别是审视了隐喻多种对应关系的性质。这些隐喻对应关系是从心理体验多种特定类型之间反复出现的各种关联衍生出来的。因此，了解概念合成的多种过程并不等于能了解隐喻概念化的全过程，特别是概念之间存在各种类别的隐喻关系，其运作有其自身的多种原则。在《概念合成的物质定位锚》（*Material Anchors for Conceptual Blends*）一文中，哈钦斯（*Hutchins*）指出，概念结构应该与物质结构相结合。他认为，概念合成过程包括对物体的感知过程，因而也包括身体与物质世界的相互作用。在思维过程中，为了生成并运作概念成分多种稳定的表征，需要对概念合成过程加以定位，即将概念成分映射到相对稳定的物质结构上。物质定位锚就是合成空间投射物质结构的输入空间。

福科尼耶的“层创结构假说”认为，在两个输入空间向合成空间投射的过程中，所生成的“层创结构”不存在于任何输入空间，而是映射过程中一系列不规则性所产生的结果，即始源域和目标域之间的不对称性和非对应性。门多萨对合成心理空间中的不规则性和不对称性提出质疑。对此，他和佩娜在2005年发表了《概念互动、认知运作和投射空间》（*Conceptual Interaction, Cognitive Operations and Projection Spaces*）一文，提出了“组合的输入空间假说”，并认为在映射过程中不存在任何不规则性，概念合成是始源域的部分成分和目标域的部分成分之间进行有原则组合的产物。因此，在各种认知操作（如跨域映射，域的扩张、减少、增强等）的基础上，构建了一个投射空间。

在《概念合成、身体印记和情感规范——以古汉语为例》（*Conceptual Blending, Somatic Marking and Normativity: A Case Example from Ancient Chinese*）一文中，斯录格兰德探讨了概念合成的物质基础问题。他认为，概念合成是通过人类易于把握的情感—身体反应才得以实现的，因而，整合可以支配产生于基本场景的情感，并利用这些情感来影响更为复杂或抽象场景中的决策。因此，即便是处于不同文化和时代的人，其内心的情感反应也基本保持不变，而且是可预测的。人类共有的认知能力构建了普遍适用的概念结构基础。

二、哲学理论基础

（一）客观主义理论

1. 客观主义的要求

客观主义要求语言必须具有十分精确的表征功能和再现功能，人们可以透过语言的意义精确地了解世界。在这一理论的指导下，人们追求的是语言与客观世界的一致性和语言表达的精确性，语言被视为能镜像地、客观地反映世界的工具，只要方法得当，人们都可以获得作者所要表达的“精确”意义。

2. 客观主义理论的观点

（1）世界范畴的客观性与独立性

现实世界中的范畴、关系是客观存在的独立于人的意识，可以根据客观特征来描写，无须考虑进行范畴化的主体。

（2）人类思维的分离性和镜像性

一方面认为心智、思维与身体分离，与感知经验、心理特性、生理系统、神经机制等脱节；另一方面又认为客观世界可以通过人的经验镜像般地反映到心智和思维之中，或者说，心智和思维中的概念范畴仅仅是对外部客观范畴的自然、如实的反映，人类据此就能正确地推理出客观世界的范畴和逻辑。为了保证这种镜像性，必须排除任何不反映客观范畴特征的东西，否则就不能反映世界的真实性，也就不能代表世界的真正知识。

（3）心智结构的非隐喻性和原子性

由于心智和思维具有镜像性，心智结构只能是非隐喻性的，与客观世界的范畴同构。经典范畴理论就是这种客观主义心智观的核心内容，将范畴视为只能通过范畴成员共享的客观给定的特征来定义。同时心智具有原子性特征，可以被分解为简单的“建造构块”，并且能根据规则结合成复合体，进行符合逻辑的组合。心智与思维可以像计算机一样对抽象符号进行机械运作。

（二）非客观主义理论

1.非客观主义理论的内涵

非客观主义理论（新经验论，体验哲学）是针对客观主义理论提出的，这种全新的理论吸收了客观主义中部分合理的成分（如认同概念结构受到客观现实的限制，也受到人们所具有的功能的限制，相对稳定的知识与客观现实有关，承认科学标准的客观性等），但在许多关键性原则的立场上，对其进行了体无完肤的批判，认为这种理论在本质上就是错误的，丢弃了人在认识范畴、形成概念、进行推理、建构语义系统中的主观能动性因素，忽视了人的身体经验、生理构造、认知方式、丰富想象力等所起到的重要作用。

2.非客观主义理论的观点

（1）世界范畴的主客观性与依存性

现实世界中的范畴、关系是通过人的主观作用被认识的，人们在认识客观外界时是不可能完全独立于意识的，此时必须充分考虑到进行范畴化的主体的因素，主客观同时并举，互相作用，互为依存。

（2）人类思维的体验性和互动性

人们的思维、心智、概念都是直接基于现实世界、感知体验、身体运动的，不可能与生理、神经无关，具有体验性。客观世界对于范畴、概念、思维、心智的形成有基础性的始源影响，但不可能像客观主义者所认为的那样是镜像般的映射，它们是身体与客观外界互动的产物。

（3）心智结构的隐喻性和完形性

由于人在认识世界的过程中发挥着一定程度的主观能动性，心智结构要超出对现实的直接映射，在体验的基础上运用了隐喻等方式，使得人类不断形成抽象概念，发展出抽象的思维能力。人类的思维、心智和推理在本质上具有隐喻性和创造性。因此，思维、心智和推理也就不能像计算机一样在对抽象符号进行机械运作的基础上进行。心智具有完形性，不可分解为“建造构块”。

三、心理学理论基础

（一）心理学的理论渊源

唯理主义者笛卡儿强调思维或理智的作用，“我思故我在”是他的名言。但是早期的经验联想主义者却强调经验对认知的作用，认为人的心理最初像一块“白板”，环境中的事物及其关系在没字的白板上随意书写，形成了人的联想或概念。这些联想或概念是按一定规律形成的。这些规律在古代亚里士多德时代就已经被提出来了，即接近、相似、对比等。以后的心理学派基本上继承了唯理主义和早期经验主义的基本观点。

（二）心理学的发展

1. 20世纪30年代的心理学研究

20世纪三四十年代，由于科学技术的发展，人的智力、认知受到高度重视，影响了心理学的发展：心理学开始尝试对内部心理过程进行研究。始创于德国的完形心理学开始研究知觉及思维活动的整体结构。皮亚杰独树一帜，研究儿童思维的发展，成为儿童思维心理学最早的一名主将。

2. 20世纪60年代的心理学研究

20世纪60年代计算机的产生、控制论和信息论的出现使心理学企图将信息加工过程论和心理认知过程联系起来，将人脑看作类似于计算机的信息加工系统，用信息的输入、贮存、加工、输出等概念来描述从感觉、表象到记忆思维的全过程，甚至试图用计算机来模拟人的认知活动，从而有可能用程序和流程图来说明人的认知、思维的内部奥秘。

（三）近代心理学的研究

1. 内省法

19世纪末的心理学主要研究意识，代表人物为近代心理学的创始人德国的冯特。他认为与思维、记忆有关的语言知识结构模型和内省有关，首开建立心理学实验室的先河，采用实验内省法或直接经验对心理内容做元素分析。

2. 行为主义

20 世纪初，心理学开始转向用客观主义的方法来研究人和动物对刺激能做出可观察得到的反应或行为，反对讨论意识问题，提出“刺激—反应”模式，并认为意义就是语言活动所引发的行为，但很少谈及“刺激—反应”之间的过程。该理论所主张的心理学实际上是一种没有心理的心理学（占统治地位长达半个世纪之久）。行为主义者在解释词义时，将其视为一种“刺激—反应”过程。主要代表人物有沃森、斯金纳、皮尔斯。

3. 认知心理学

随着 20 世纪 50—60 年代心理语言学和认知科学研究的深入，认知心理学不断发展壮大，从而爆发了一场影响深远的意在摆脱行为主义理论的认知革命，心理学、计算机科学、语言学这三路大军同时进发，使得基于信息加工的认知心理学成为心理学的主流方向。认知心理学把人类的心智视为一个信息加工的过程，可以用信息加工的方法来研究人类内在的认知过程，并倡导用计算机模拟及其他实验方法来探索人类心智的一般工作原理。

第三节　认知语言学视角下的英语教学

一、认知语言学对语言教学的意义

（一）认知语言学对语言教学的积极意义

认知语言学通过从主体认识外部世界的经验基础和主体认知能力出发更有效地探究语言现象[1]。具体来说，认知语言学对语言教学的积极意义主要表现在驱动教学进程、增强教学活力和丰富教学活动三个方面。

1. 驱动教学进程

传统的英语教学大多以语言能力为中心展开教学，将重点放在传统语法与生成语法方面。这种教学模式培养出来的学生在书面语言上能力较强，但是语言交际能力与应用能力较差。学者泰勒指出，虽然教学方法在不断翻新，看似有很

[1] 房国铮 . 认知语言学与外语教学 [J]. 黑龙江高教研究，2009(4)：191.

多差异，但是从内容上看，教学方式没有太大变化，仍旧是传统的教学方式占主体。针对英语语法现象，传统教学方式未能给出合理的解释框架，也未能形成统一的行为规范，对于一些特殊的、例外的语言现象只要求学生死记硬背。

具体来说，在传统的英语词汇教学中，教师按照单词在课文中的义项进行先后顺序教学。虽然教师对一个单词的不同含义进行了多次不同情况的讲解，也会根据词汇含义进行有针对性的教学，但是从整体上说，学生对词汇的理解仍旧处于分散状态，未能将词汇的不同含义形成相互联系的网络；在记忆方式上也是逐个记忆，浪费了大量时间，同时也不利于词汇的应用。认知语言学的相关研究能够驱动语言教学的过程：通过解释日常语言现象，为这些语言现象提供相关理论依据，有利于传统教学内容的改革。具体来说，认知语言学驱动语言教学进程的理论依据主要有以下几个方面的作用：

（1）认知语言学的教学能够整合学习者大脑中的分散知识，使知识汇聚起来，从而形成完整的知识网络。知识网络的形成对于促进知识的记忆十分有帮助，同时也便于学生对知识的正确理解，提高了英语知识的记忆效率。

（2）通过整合知识网络还能促进学生后续对知识的提取与应用，提高语言使用的便捷程度，促进学生英语思维能力的提升。

（3）认知语言学的相关理论依据还能追寻学生学习过程中犯错误的原因，帮助学生了解语言错误背后的深层知识，使学生的学习既知其然又知其所以然。

英语中有很多固定表达方式在具体语言教学过程中，教师往往告诉学生只要记住这种使用方法即可，但是学生在整体思维模式的作用下，仍旧可能出现语言使用错误。例如，一些英语动词后面不能直接接双宾语，如 donate。因此，“Jim donated a few paintings to the museum.” 这句话是正确的，但是 “Jim donated the museum a few paintings.” 便是错误的。

针对这种语言现象，学者泰勒做出了解释。他认为不能直接接双宾语的动词主要可以分为两类。用以转移实在物体的动词，如 contribute、select、donate 等；用以转移知识的动词，如 suggest、explain、describe、announce 等。

对这些动词进行研究可以发现，其都源于拉丁语，音节一般都较长，重音一般落在第二个音节上。

再如：

I taught Maggie English.

I taught English to Maggie.

针对上述两个例句，传统教学中的生成学派的解释是二者的表层结构不同，而深层结构相同，并且二者在语义上并没有任何差别。认知语言学则主张上述两个例句在语义和语用上存在巨大的差异。其中，第一个例句的语用焦点是“What did you teach Maggie?”而第二个例句的焦点是“Who did you teach English to?”从语义上来说，第一个例句中隐含着“Maggie actually learned English.”而第二个例句则不包含这个意思。

2. 增强教学活力

认知语言学能够增强语言教学的活力，主要表现为能够提升传统教学中对比分析的活力。“对比分析”一词最早是由拉多提出来的。他指出，通过对两种语言进行对比分析，能够了解语言学习中的困难，并对困难进行有效预测。这个观点一经提出便得到了很多学者在理论和实践上的抨击。但是随着认知语言学的兴起，这个理论又重新回到了人们的视野。

认知语言学认为人类的语言是对现实世界的认知结果和认知过程的反映。由于人们体验世界、认识世界的方式与视角不同，因此在脑海中所形成的概念体系与认知结构也不尽相同。语言学习和母语学习带有差异性。一般来说，语言学习要滞后于母语学习。也就是说，在进行语言学习时，学习者已经具备了一定的母语知识和概念系统。因此，对新的语言的学习与接受也会在一定程度上受到母语系统的影响，并需要对新的语言知识进行整合。

大体上说，学习者的母语系统发挥一种媒介的作用，这一点并不为学习者所认知。为了让学习者了解目标语的相关概念，教师可以采用对比分析的方式，促进学生对母语的中介作用从“无意识”向“有意识”转变。也就是说，通过认知框架下的对比分析，学习者更能了解语言的概念与范畴，并能对语言知识进行有效重组。这种教学方式更加有利于教学的展开，更能增强教学活力。例如，在中文的概念中，将印有文字的纸张进行装订，才能称其为“书”，而在英语系统内，只要被装订成册都能称为 book。再如：

I persuaded him to go to Beijing with me.（我劝说他跟我一起去北京。）

在上面这句话中，persuade 一词表示劝说，同时结果是有效的、成功的。而在中文表达过程中，劝说只是一个动作，并不能显示出其最终的动作结果。

在具体的语言教学过程中，教师可以通过对英汉语言在概念差异上的对比分析，激发学生对语言学习的兴趣，同时也能激发学生语言应用的兴趣。长此以往，学生在对比分析的作用下便能摆脱母语概念意义的影响，建立英语识别与应用的概念体系，这对后续语言交际能力的提高也大有裨益。

3. 丰富教学活动

认知语言学对语言教学的积极意义还表现在对教学活动的丰富方面。

认知语言学重视语言的体验性，认为人的身体是客观世界与人类认知之间的中介。语言学习的过程也带有体验性。在这种理论的引导下，教师可以设计丰富多彩的教学活动。

（1）在语言教学课堂上，教师可以教导学生使用肢体动作对语言概念进行解释与体验。认知语言学重视人的身体，认为其是构建语言意义的基础。语言的意义来源于人的体验。在教学过程中，将语言结构以手势和意象的方式进行重现，有助于激发学生对语言的认知，促进学生对知识的吸收与理解。具体来说，语言教学过程中可以使用肢体动作的内容有很多，如对介词的介绍、对方位词的介绍等。同时，教师还可以在教学过程中加入一定的戏剧表演或哑剧表演，使学生在表演过程中了解相关语言内容，并了解语言应用。

（2）教师的教学除了可以进行直接的显性教育外，还可以利用学生的主观能动性，促进学生对知识的主动吸收。教师可以通过向学生呈现语言材料的方式，让学生对材料中的语言规律进行归纳与总结。在这个过程中，学生会建立自己的语义辐射网络，探索语言的使用与意义之间的关系。这是一种自我探究性的学习，不仅有利于提升学生的自主学习能力，同时还能使学生提高自身的学习主人翁意识，增加学生学习上的积极体验。

相关研究表明，传统以动词为中心、以规则为基础的英语教学方式并不如认知语言学的教学方式有效。认知语言学下的语言教学活动可以以动画、幻灯片图示等方式展开，从而扩展学生学习的知识意义与核心意义。在具体教学过程中，教师还可以请学生补齐网络图中空缺的核心意义，并让学生解释补缺的理由，从而让学生判断具体实例是否合理。最后，学生在教师的指导下进行讨论与总结。

这种教学方式既能发挥教师的指导作用，也有利于学生的主动参与，促进了学生自主学习能力的提高，也有利于学生对语义网络系统的分析与建构。需要注意的是，在进行语言教学活动设计时，教师应该按照由易到难的顺序展开。在学生学习的初级阶段可以设计相对简单的交际任务，并让学生将注意力放在语言要素方面。在随后的教学中，逐级增加活动难度，促进学生语言能力的不断发展。在认知语言学相关理论的指导下，可以结合显性教学与隐性教学，注重教学过程的体验性，增强学生对知识的探索兴趣，发挥其主动精神。这样在趣味性的环境下，学生的语言学习也会更加轻松。

（二）认知语言学指导下语言教学的不足之处

虽然认知语言学在理论上已经取得了明显的突破，其发展也为传统的对比分析注入了新的活力，同时还为解释语言现象提高了理据，但是需要指出的是，认知语言学理论并不是专门服务语言教学的，其在研究过程中形成了自身的视角与研究重点。因此将认知语言学用于指导语言教学必然有其局限性，这种局限性主要表现在以下几个方面。

1. 理据性知识的非程式性

认知语言学中的理据性知识是对客观语言现象与规律的陈述，加之语言表述的灵活性与自主性，这些理据性知识无法涵盖所有的语言现象。在将认知语言学的相关理据性知识用于语言教学中时，由于其并不是程序性的客观规定，因此学生即使对其了如指掌，也无法做到熟练使用语言进行沟通与交流。

认知语言学将理据性知识转化为程序性知识还需要更多学者付出艰苦的努力，做更多的研究。因此，在语言教学中不能过于死板地注重理据性知识的讨论，而应该对具体语言知识的运用进行关注。语言学习带有其特殊性，其不同于客观知识的学习，带有自身的认知性与技能性，因此在实际的教学中要重视语言操练，提高学习者的语言应用能力。

2. 理据性知识的不完全性

语言的理据性存在以下两点不足之处：

（1）虽然认知语言学能够对一些语言现象做出独具匠心的解释，但也只是其中的一部分，能给出解释的非常有限，绝大部分的形义配对还只能被看作任意性质的。

（2）语言的理据性体现在语言的各个方面，包括隐喻、语音、顺序、数量、隐喻、身体体验等，教师和学生很难准确地预测该从哪方面获得理据，也很难理解这些理据解释的真正内容。例如，对于数量原则，我们只是模糊地知道语言形式越长，其语言意义可能越多，但是我们无法清楚地知道具体有哪些意义。因此，我们对于语言理据作用的评价要尽量做到实事求是，并充分发挥其在教学当中的效用。一旦教学中遇到缺乏理据的语言现象，教师要将此情况实事求是地告知学生，并采用有效的传统做法进行教学。

3. 理据性知识的非全体适应性

鉴于多年的教学经验，我们对语言理据性知识的教授要有选择地进行，因为大部分的理据性知识都不适合低水平的语言学习者，原因如下：

（1）就算给语言理据这种陈述性的知识配上图表等可视化的工具，也无法使教学过程变得有趣、生动，枯燥、抽象的教学活动会极大地挫伤初学者的积极性。

（2）讲解语言理据性的知识要运用很多专业术语。一般学习者要花费很长时间去熟悉专业术语，然后理解概念，最后再将这些科学知识概念化，而语言课堂上的时间极为有限。对于初学者来说，如果将有限的时间全部用于学习专业术语，而这些习得的专业术语又不能直接应用于交际活动，势必会使教学效果大打折扣。

二、认知语言学对外语教学的启示

从语言教学理论的整个发展过程来看，教学理论的产生和发展与科学的语言学有着不解之缘，它们是一脉相承和相互沟通的。应该说，任何一种新的语言学理论的诞生都会引起语言教学的一次革命，也为语言教学提供越来越多的证据。可以说，没有语言学理论的雄厚基础，外语教学就会成为无源之水，外语教学理论也就不可能发展到当今这么完善的程度。由于认知语言学是从人的认知角度来解释语言运作规律的，因此对语言学习、语言理解、语言使用及语言教学都有重要的启示作用。

应该说，把人的认知因素纳入语言学研究及外语教学研究，对人的语言能力进行审视重新已经成为当代语言学发展的趋势。

认知语言学与心理学息息相关，它更多地关注语言习得过程中人的心理因素。语言学习不只是激活原有机制的问题，它还需要更为复杂的心理活动过程。然而，人脑是个黑匣子，我们可以看到的只是语言的输入与输出，却无法观察中间的处理过程。认知语言学的任务就是打开这个黑匣子，研究其中的过程。可以预见，借助现有的认知语言学研究成果，从新的视角对外语教学的有关问题进行探讨，可以进一步揭示语言的本质和外语教学的性质和真谛，这对于推动我国的语言教学理论研究，特别是外语教学的发展和繁荣具有十分重要的意义。作为一个合格的外语教师，我们不但要有实际使用语言的能力，还要具备扎实的语言学理论基础。学好语言学的有关理论不但有助于我们认识教与学的规律与特点，还能使我们创造出更加适合课堂教学实践的外语教学理论。

威尔金斯曾提出，语言学对外语教学的四种作用是提供见解、提供启示、应用与无法应用。

第一，提供见解：语言学可以为人们提供有关语言的本质是什么和语言学习是怎样一个过程的知识。这些见解不一定构成教学内容，但是有助于确立教学目标，如应当采用的教学方法和技巧及如何安排教学内容的先后顺序等。也就是说，它对语言教学产生间接的作用。

第二，提供启示：在实际教学过程中，教师可以在语言学理论的启示下做许许多多的决定，按照语言学习的规律与特点确定具体传授什么内容。

第三，应用：语言学的一些相关概念和理论知识可以直接应用到教学活动中。

第四，无法应用：指的是语言学中不能为教学提供启示和重要见解的那一部分内容。

这种观点较为全面和客观地揭示了语言学与外语教学的关系问题，为人们提供了衡量某种语言学能否应用于外语教学，以及能够在何种程度上应用于外语教学的标准。按照这个标准，认知语言学在三个层面均对外语教学产生作用：

第一，提供见解。认知语言学理论包含对语言本质的认识，能在宏观层面指导外语教学和外语学习。认知语言学强调语义的体验性，强调人类习得语言的过程与人类认知世界的过程没有实质的差别，人对世界概念化的过程也是逐渐形成语言概念的过程。语言知识与百科知识是不能截然分开的，所有对语言形式的分析都不可能离开对意义和概念的分析，任何认知规律的获得都是以大量语言事实为基础的。反映到外语教学当中，认知语言学指导下的外语教学应当是以学生为中心的，应当是侧重语义理解的；同时，认知语言学指导下的外语教学过程应当是遵循人类普遍认知规律的。

第二，提供启示。师生关系一直是教学的核心问题之一。现代外语教学中天平倾向了学生一端。到20世纪后期，人们放弃寻找最好的、最有效的教学方法的努力，转向对教学的过程和学习的过程进行研究，把注意力放到学习者身上，从重“教”转向重“学”。教学活动同时也是学习活动，学生是活动的主体，了解他们的认知特点、认知模式，对英美文学教学大有裨益。认知语言学指导下的外语教学是以学生为中心的，而且侧重关注学生在学习外语时的认知模式，并检验认知语言学的既有理论模式是否对外语“学得”有实际的正面效应。在这个意义上，认知语言学对外语教学具有启示意义。

第三，直接应用。认知语言学中的一些分析方法、理论模式可以应用到英美文学教学中，为教学程序提供合理建议。例如，认知语言学中的基本层次范畴理论表明，最先被儿童习得的、词形较简单的、构词能力较强的词一般都是基本层次范畴的词，这类词一般在日常对话中使用频率较高，因而在外语学习和教学中应受到高度重视，应在编写教材、编纂词典和教学实施过程中处于优先地位。事实证明，认知语言学对于语言有了一些新认识，同时在语言习得研究方面的影响也是如此，在发掘看似纷繁复杂的语言结构的系统性及其背后的动因等方面也正在给英美文学教学注入新的活力。

除第四种情况外，前三种作用关系都表明了语言学在发展教学理论方面具有的作用，尽管有的作用是间接的。我们认为，认知语言学可以从三个层面对外语教学产生作用：

首先，认知语言学理论既可以表达对语言本质的认识，又能含蓄地反映一定的语言学习理论。

其次，从认知角度对语言所做的描述一方面可以提供教学内容，另一方面可以提供如何安排语言材料先后次序的建议。

最后，认知语言学中的某些分析方法可以为教学程序提供有益的启示和建议。

当然，将认知语言学研究成果引入教学研究，以不同视角进行观察、分析、总结和原则性阐述属于跨学科移植方式。因此，我们在移植过程中必须遵循三个基本原则：

第一，相关性。

应当深入了解教学需要解决的问题和目标，充分了解认知语言学中哪些理论与教学研究关系密切，哪些研究性质一致，哪些能深化对教学法的认识。相关性越大，移植越有效越实用越科学。任何理论都有其适用范围，不恰当地搬用只能是牵强附会，不可能深入教学实践的本质，也不可能触碰真正的教学规律，也就不可能在实际中对英语教学实践有所帮助。比如，隐喻理论是关于意义理解的理论，其适用范围应当是解释教学过程中与语义相关的内容，用其指导学生的发音和语调显然是不切实际的。

第二，层次性。

英语教学是一个系统工程，涉及诸多方面，这决定了教学研究的多层次性。这种多层次性要求人们把认知语言学移植到教学的过程中时要有针对性，即对准教学研究的某个层次，而不是所有层次。具体来说，教学当中通常包括语音、词汇和语法，或者说包括语法、语义和语用。不能排斥理论的多层次应用，有些理论，如概念化的原型理论，其适用面要广一些，可以指导词汇层面的教学，对语法层面的教学也有一定的启示作用，但试图用所有的认知语言学解释所有层次的教学实践显然是徒劳的。

第三，适存性。

被移植的理论应适应教学要求，经得起检验和推敲，保证教学理论和实践方法健康稳定的发展。适存性极为重要和关键，它要求人们既要消除与实际教学不适应的概念和内容，还要使能够移植的语言学理论得到更进一步的探讨，使其发展成适应教学需要的理论模式。对同一教学问题可以移植不同的理论，但要使它们相互融合和统一。

这三个原则的提出对于人们在英语教学中恰当地运用认知语言学理论具有非同一般的指导意义。对于每一个试图引入英美文学教学的理论模式都应当对照以上三个原则，只有符合这些原则才应被认为是有效的、可行的，才有可能切实指导教学实践。当然，有效的外语教学法设计不能仅仅依靠某一种单一的理论，还要注意吸收和借鉴心理学、社会学、人类学、教育学等领域的相关成果。对于不同的教学法，我们也应综合考虑，扬长避短，互为补益。只有理论联系实际，进行创造性的研究，我们才能探索和建立起一套适合我国外语教学实际的教学法体系，实现外语教学的最优化，从根本上提高外语教学的水平和质量。

三、认知语言学指导英美文学教学的基本思路

温格瑞尔、施密特指出，人们普遍认为，英语教学应当以学习目标（最好是交际能力和跨文化能力的目标）、学习策略和教学方法（存在明显的行为取向和以学习者为中心的方法倾向）为中心，但这种想法忽略了学习者的认知能力。如果得到合适的认知途径的支持，利用认知语言学的工具来研究和描写学习策略，那么学习策略就有望更成功。将认知语言学的成果应用到现代外语教学可以遵循以下思路：

目标：交际的，最终是跨文化的能力。

方法 / 策略：行为取向的，以学习者为中心的。

途径：经由原型、基本层次、主题和背景，以及完形等“学得”外语的认知体验途径。

由此可以看出，就授课目的和师生关系而言，认知语言学指导下的外语教学与认知教学法和交际教学法并无根本差异。利用认知语言学开展英语教学活动，关键在于通过合适的途径，运用合适的理论，解决相应的问题。英美文学的认知功能和艺术价值在于其是对人生体验的文化表征。文学作品隐含着对生活的思考、价值取向，是特定的意识形态。阅读英美文学作品，是了解西方文化的一条重要途径，可以接触到支撑表层文化的深层文化，即西方文化中带有根本性的思想观点、价值评判、西方人经常使用的视角，以及对这些视角的批评。英美文学是对时代生活的审美表现，是英国人民和美国人民创造性地使用英语语言的产物。英语表意功能强，文体风格变化多，或高雅，或通俗，或含蓄，或明快，或婉约，或粗犷，其丰富的表现力和独特的魅力在英美作家的作品中得到了淋漓尽致的发挥。阅读优秀的英美文学作品，可以感受到英语音乐性的语调和五光十色的语汇，回味其“弦外之音”。

认知语言学在认知科学和体验哲学的背景下发展成形，其衍生的认知法是与听说法相对立的、第二语言教学法的一大流派。其来源于翻译法，但不是翻译法的机械重复，而是有所发展和提高。当代心理学的最新成果——认知学理论被运用到语言教学研究中，首创了对学习者的研究，使外语教学法建立在更加科学的基础上，对第二语言教学做出了贡献。认知法企图用“认知—符号”学习理论代替听说法的“刺激—反应”学习理论。它主张语言是受规则支配的创造性活动，语言的习惯是掌握规则，提倡用演绎法讲授语法。听、说、读、写四种语言技能从学习外语一开始就同时进行训练，允许使用本族语和翻译的手段，认为语言错误在外语学习过程中是不可避免的副产物，主张系统地学习口述和纠正错误。它强调理解在外语教学中的作用，主张在理解语言材料的基础上创造性地进行交际练习。认知法是以认知心理学作为其理论基础的，使外语教学法建立在更加科学的基础上，但认知法作为一个新的独立外语教学法体系还不够完善，必须从理论上和实践上加以充实。

参考文献

[1] Minna Maijala. *Culture teaching methods in foreign language education: pre-service teachers' reported beliefs and practices*[J]. *Innovation in Language Learning and Teaching*, 2018, 14(2): 1–17.

[2] *Standards Expected to Boost Development of Artificial Intelligence*[J].*China Standardization*,2017(5):6.

[3] 曹静 . 现代英语语言学教学理论与发展趋势研究——评《英语语言学理论与发展探究》[J]. 教育发展研究，2019，39（21）：86.

[4] 曾剑平 . 文化认同和语言变异视角下的中国英语研究 [M]. 南昌：江西高校出版社，2017.

[5] 陈露露 . 认知语言学对英语完形填空教学的启示 [J]. 海外英语，2019（21）：28–29+35.

[6] 崔希亮 . 基于语料库的新媒体语言透视 [J]. 汉语应用语言学研究，2019（1）：39–54.

[7] 范广伟，王治河 . 英汉社科大词典 [M]. 北京：海洋出版社，1992.

[8] 房国铮 . 认知语言学与外语教学 [J]. 黑龙江高教研究，2009（4）：191.

[9] 于慧川 . 区域经济架构下的大学英语教学模式研究——基于语言经济学 [J]. 品牌，2015（2）.

[10] 冯广艺 . 语言生态学引论 [M]. 北京：人民出版社，2013.

[11] 付岳梅，应世潮 . 基于行业需求的高校英语课程多元化教学评价模式 [J]. 教书育人（高教论坛），2020（9）：104–105.

[12] 龚奕峰，罗益群 . 认知语言学与英语教学 [M]. 长春：吉林大学出版社，2016.

[13] 汉语大字典编辑委员会 . 汉语大字典 [M]. 成都：四川辞书出版社，2018.

[14] 霍凯特 . 现代语言学教程 [M]. 北京：北京大学出版社，2002.

[15] 杜裙 . 基于认知语言学的大学英语教学策略研究 [M]. 长春：吉林大学出版社，2018.
[16] 贾晓琳 . 应用语言学视角下英语文化导入教学思考 [J]. 戏剧之家，2020（6）：123–124.
[17] 江晓丽 . 泛在学习理念下外语自主学习中心建设研究——基于国内外相关研究的分析 [J]. 外语电化教学，2016（3）：28–33.
[18] 李传松 . 新中国外语教育史 [M]. 北京：旅游教育出版社，2009：27.
[19] 李琴 . 多元文化视角下的英语教学研究 [M]. 北京：原子能出版社，2019.
[20] 李天依 . 语言价值观的阐释 [J]. 产业与科技论坛，2017，16（18）：185–186.
[21] 李廷福 . 国外语言学通观 [M]. 济南：山东教育出版社，1999.
[22] 刘珣 . 汉语作为第二语言教学简论 [M]. 北京：北京语言大学出版社，2002.
[23] 刘燕侠 . 高校英语教学面临的问题与改革策略 [J]. 海外英语，2020（2）：1–2.
[24] 于慧川 . 语用学的会话含义理论在英语学习者听力能力培养中的实证研究 [J]. 品牌，2015（2）.
[25] 刘涌泉，乔毅编 . 应用语言学 [M]. 上海：上海外语教育出版社，1991.
[26] 刘志成 . 语言学视野下中西思维模式对比研究 [J]. 思想战线，2019，45（4）：162–172.
[27] 罗洁 . 基于多维视角分析英语语言学研究 [J]. 英语广场，2019（6）：45–46.
[28] 钱冠连 . 语言全息论 [M]. 北京：商务印书馆，2002.
[29] 钱冠连 . 语言——人类最后的家园 [M]. 北京：商务印书馆，2019.
[30] 乔姆斯基 . 句法理论的若干问题 [M]. 黄长著，林书武，沈家煊，译 . 北京：中国社会科学出版社，1986.
[31] 于慧川 . 基于应用语言学的高校英语教学模式探究 [J]. 大观周刊，2020（8）.
[32] 孙三军 , 周晓岩 . 语言研究——方法与工具 [M]. 合肥：安徽大学出版社，2011.
[33] 孙小春，陈新仁 . 外语生活能力：缘起与内涵 [J]. 外语教学，2020，41（2）：19–22.
[34] 王斌华 . 学习双语教育理论 透视我国双语教学 [J]. 全球教育展望，2003，32（2）:8–13.
[35] 王宏军 . 论生态语言学的研究范式 [J]. 外国语文，2019，35（4）：84–89.
[36] 危卫红 . 高等母语学习论 [M]. 北京：中国戏剧出版社，2010.
[37] 乌仁高娃 . 高校英语教学方法与策略的选择与整合 [J]. 食品研究与开发，2020，41（05）：225.

[38] 袁璇彦，姚茜 . 浅析中国现代语言学特点 [J]. 群文天地，2012（16）：120.

[39] 袁英 . 认知语言学视角下网络词汇研究 [J]. 北极光，2019（12）：83–84.

[40] 张丽霞 . 基于应用语言学的中英语言应用比较 [J]. 文教资料，2020（02）：10–11.

[41] 张庆宗，吴喜艳 . 应用语言学导论 [M]. 武汉：湖北教育出版社，2013.

[42] 张诗雪 . 大学英语教学中跨文化翻译能力培养及策略研究 [J]. 科技风，2020（5）：81–82.

[43] 张秀萍 . 认知语言学理论视角下英语教学新向度研究 [M]. 北京：中国商务出版社，2018.

[44] 章木林，邓鹂鸣 . 自主学习中心环境下大学生英语学习动机减退现象研究：基于泛在学习视角 [J]. 现代教育技术，2018，28（2）：68–74.

[45] 郑侠，李京函，李恩 . 多元文化视角下的大学英语教学研究 [M]. 北京：知识产权出版社，2018.

[46] 钟茜韵 . 语言学视角下的同行评议研究 [J]. 海外英语，2019（15）：252–253.

[47] 周国光 . 汉语句法结构习得研究 [M]. 合肥：安徽大学出版社，1997.

[48] 周流溪 . 新中国 70 年语言研究成就评述 [J]. 外语教学与研究，2019，51（6）：803–808+959.